Das Mac OS X Buch
für Mountain Lion

Thomas Kraetschmer

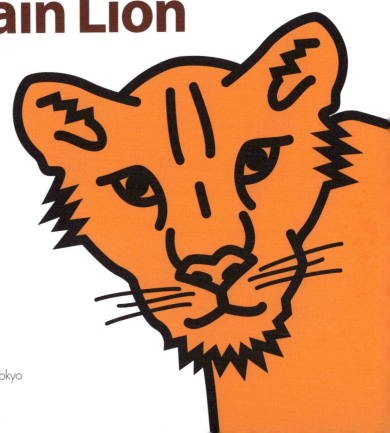

Beijing · Cambridge · Farnham · Köln · Sebastopol · Tokyo

Die Informationen in diesem Buch wurden mit größter Sorgfalt erarbeitet. Dennoch können Fehler nicht vollständig ausgeschlossen werden. Verlag, Autoren und Übersetzer übernehmen keine juristische Verantwortung oder irgendeine Haftung für eventuell verbliebene fehlerhafte Angaben und deren Folgen.

Alle Warennamen werden ohne Gewährleistung der freien Verwendbarkeit benutzt und sind möglicherweise eingetragene Warenzeichen. Der Verlag richtet sich im Wesentlichen nach den Schreibweisen der Hersteller. Das Werk einschließlich aller seiner Teile ist urheberrechtlich geschützt. Alle Rechte vorbehalten einschließlich der Vervielfältigung, Übersetzung, Mikroverfilmung sowie Einspeicherung und Verarbeitung in elektronischen Systemen.

Kommentare und Fragen können Sie gerne an uns richten:
O'Reilly Verlag
Balthasarstr. 81
50670 Köln
E-Mail: kommentar@oreilly.de

Copyright:
© 2012 by O'Reilly Verlag GmbH & Co. KG

Bibliografische Information der Deutschen Nationalbibliothek
Die Deutsche Nationalbibliothek verzeichnet diese Publikation in der Deutschen Nationalbibliografie; detaillierte bibliografische Daten sind im Internet über http://dnb.d-nb.de abrufbar.

Lektorat: Susanne Gerbert, Köln
Korrektorat: Kathrin Jurgenowski, Köln, und Katharina Heider, Köln
Satz: III-satz, Husby
Umschlaggestaltung: Michael Oreal, Köln
Produktion: Andrea Miß, Köln
Belichtung, Druck und buchbinderische Verarbeitung: Mediaprint, Paderborn

ISBN 978-3-86899-839-9

Dieses Buch ist auf 100% chlorfrei gebleichtem Papier gedruckt.

ÜBER DEN AUTOR

Thomas Kraetschmer ist diplomierter Medientechniker und Adobe Certified Expert. Seit 2004 arbeitet er als Grafiker unter dem Label hocsigno media design (*http://www.hocsigno.net*). Für Adobe ist er auf AdobeTV (*http://tv.adobe.com/de*) vertreten und stellt verschiedene Anwendungen der Creative Suite auf Messen und Events vor. Für video2brain zeichnet er als Autor zahlreicher Videotrainings für Software von Apple und Adobe verantwortlich. Darüber hinaus beschäftigt er sich mit Webentwicklung, Panoramafotografie, Videoregie, Screendesign, Open Source-Entwicklung und Scripting. Der selbständige Media Designer lebt und arbeitet in Wien.

Inhaltsverzeichnis

Vorwort 9
Einleitung 11
Von Versionsnummern und Raubkatzen 13
Immer am Ball bleiben 15
Neues in Mountain Lion 17
Chance oder Einschränkung? 19
Hinweise zur Tastatur 21
Hinweise zur Maus 23

1. Oberfläche und Bedienung 25
Willkommen auf Ihrem Mac: der Finder 27
Im System anmelden 29
Die Oberfläche: so steuern Sie Ihren Mac 31
Ordnung auf dem Schreibtisch halten 33
Die Menüleiste kennenlernen 35
Die Menüleiste benutzen 37
Das Dock nutzen 39
Das Dock anpassen 41
Fenster im Finder kennenlernen 43
Weitere Elemente des Fensters im Finder 45
Bereitstellen von Inhalten (Sharing-Button) 47
Verschlüsselung und Fortschritt 49
Das Apfel-Menü als Schaltzentrale I 51
Das Apfel-Menü als Schaltzentrale II 53
Programme im Launchpad organisieren 55
Suchen und Finden mit Spotlight I 57
Suchen und Finden mit Spotlight II 59
Suchen und Finden mit Spotlight III 61
Mit Mission Control den Überblick bewahren I 63
Mit Mission Control den Überblick bewahren II 65
Das Dashboard nutzen 67
Vorschau auf Dateien erhalten 69
Systemeinstellungen verwalten 71
Mitteilungszentrale 73
Diktieren 75
Den Mac mit Gesten steuern 77
Darstellung der Oberfläche anpassen 79
Mac mittels Tastenkurzbefehlen steuern 81

2. Tägliche Aufgaben organisieren — 83

Texte formatieren	85
Schriften verwalten I	87
Schriften verwalten II	89
Farben wählen	91
Spracheinstellungen verstehen I	93
Spracheinstellungen verstehen II	95
Toneinstellungen anpassen	97
Bedienungshilfen einrichten	99
Mac mittels Spracheingabe steuern	101
Datum und Uhrzeit festlegen	103
Ordnerstruktur auf dem Mac verstehen	105
Der Benutzerordner (Heimverzeichnis)	107
Mehrere Benutzer im System verwalten I	109
Mehrere Benutzer im System verwalten II	111
Mehrere Benutzer im System verwalten III	113
Benutzerrechte kennenlernen	115
Automatisches Backup einrichten	117
Mit Versionen arbeiten I	119
Mit Versionen arbeiten II	121
Drucken mit dem Mac I	123
Drucken mit dem Mac II	125
Drucken mit dem Mac III	127
Schnell auf Kamerabilder zugreifen	129
Scannen mit dem Mac	131
Umgang mit CDs und DVDs	133
Einstellungen zum Energiesparen	135
Die neue Funktion PowerNap	137
Geräte per Bluetooth mit dem Mac verbinden	139
Den Mac auf dem neuesten Stand halten	141
Weitere Geräte über Systemeinstellung einrichten	143
Von Volumes und Startvolumes	145
Windows auf dem Mac laufen lassen – Boot Camp	147
Windows auf dem Mac laufen lassen – Emulation	149
Das Terminal kennenlernen I	151
Das Terminal kennenlernen II	153

3. Internet und andere Netzwerke — 155

Überblick der Netzwerkanschlüsse	157
AirDrop in OS X Mountain Lion nutzen	159
Systemeinstellung Netzwerk verstehen I	161

Systemeinstellung Netzwerk verstehen II	163
Netzwerkverbindung mittels Ethernet (LAN)	165
Netzwerkverbindung mittels WLAN	167
Ein eigenes WLAN-Netzwerk anlegen	169
Eine Verbindung über VPN herstellen	171
Vernetzung und Datenaustausch (Sharing) I	173
Vernetzung und Datenaustausch (Sharing) II	175
Vernetzung und Datenaustausch (Sharing) III	177
Vernetzung und Datenaustausch (Sharing) IV	179
Drucker im Netzwerk freigeben	181
Bildschirmfreigabe mittels VNC	183
Dateien mit Windows-Computern austauschen	185
Auf einen FTP-Server zugreifen	187
Integration von Twitter ins System	189

4. Fotos, Musik und Video — 191

iPhoto – Überblick über das Programm	193
iPhoto – Fotos von der Kamera importieren	195
iPhoto – Album erstellen und Bilder bearbeiten	197
iPhoto – Fotos auf Grußkarten	199
iTunes – Überblick über das Programm	201
iTunes – Darstellung der Mediathek	203
iTunes – Wiedergabelisten erstellen	205
iTunes – Synchronisation mit iPod und Co.	207
QuickTime Player I	209
QuickTime Player II	211
GarageBand – Überblick über das Programm	213
GarageBand – Podcast aufnehmen	215
GarageBand – Instrumente lernen mit dem Mac	217
iMovie – Überblick über das Programm	219
iMovie – Arbeitsweise verstehen	221

5. Internet, Mail, Kalender und Kontakte — 223

Überblick zu iCloud	225
iCloud im Einsatz	227
Weitere Konten	229
Zentrale Einrichtung des Mailkontos	231
Das Programm Mail kennenlernen	233

Mail – VIP und Suchen	235
Im Internet mit Safari I	237
Im Internet mit Safari II	239
Im Internet mit Safari III	241
Neuerungen in Safari	243
Einstellungen von Safari	245
Leseliste in Safari nutzen	247
Kontakte in Mountain Lion I	249
Kontakte in Mountain Lion II	251
Eine Kontaktliste ausdrucken	253
Integration von Facebook	255
Kalender verwalten I	257
Kalender verwalten II	259

6. Anwendungen in Mac OS X 261

Installation von Anwendungen	263
Prozesse automatisieren mit Automator	265
Videotelefonate mit FaceTime	267
Nachrichten	269
Notizen und Erinnerungen	271
DVD-Player	273
Lexikon	275
PhotoBooth	277
Game Center	279
Rechner	281
Vorschau I	283
Vorschau II	285
Vorschau III	287
Dienstprogramme – Aktivitätsanzeige	289
Dienstprogramme – das ColorSync-Dienstprogramm	291
Dienstprogramme – DigitalColor Meter	293
Dienstprogramme – Festplatten-Dienstprogramm	295
Dienstprogramme – Schlüsselbundverwaltung	297

Index 299

Vorwort

Ich kann mich noch gut an jenen Wintertag 1999 erinnern: an den ersten Start meines ersten eigenen Mac, den ich einem Freund abgekauft hatte. Der Startton (Chime) ist bis heute der gleiche geblieben, andere Dinge haben sich natürlich über die Jahre geändert. »Der ist irgendwie viel besser für Grafikdesigner« war ein überzeugendes Argument für mich als jungen Studenten der Medientechnik, eine – im Vergleich zu meinen früheren Computern – ganz schöne Summe Geld für einen Mac auf den Tisch zu legen. Zunächst mal fühlte ich mich gleich viel mehr als »Grafikdesigner« mit dem edlen Computer unter meinen Fingern.

Mittlerweile kenne ich jede Menge erheblich bessere Argumente für den Mac. Denn in vielen Jahren intensiver Arbeit mit Apple-Rechnern hat sich mein damaliger erster Eindruck immer wieder bestätigt: Endlich eine Oberfläche, die einfach gehalten ist. Endlich ein System, das nicht so oft abstürzt. Endlich eindeutige Befehle, die man ganz leicht finden kann – zugegeben, teilweise nach einer gewissen Eingewöhnung. Endlich eine Hardware, die optimal mit der Software zusammenspielt.

Sie merken schon, so ganz unparteiisch bin ich nicht. Ich muss sagen, dass ich wirklich gerne auf dem Mac arbeite – ja, viel lieber als unter Windows oder Linux. Ich hoffe, ich kann den Funken meiner Begeisterung auf Sie überspringen lassen und wünsche auch Ihnen: viel Spaß mit Ihrem Mac!

Einleitung

Die Geschichte des Mac geht bis zu den Anfängen des Personal Computers zurück. Als die Firma Apple 1976 gegründet wurde, waren zwar im berühmten Silicon Valley in Kalifornien bereits große Unternehmen tätig. Aber nur wenige davon beschäftigten sich mit der Idee eines Personal Computer (PC) – also eines Gerätes, das einer einzelnen Person bei Berechnungen, bei der Texteingabe und der Automatisierung von Aufgaben behilflich sein sollte. Als eine der ersten Firmen – neben Hewlett Packard (HP) und Xerox PARC – konzentrierte sich Apple auf die Schaffung einer grafischen Benutzeroberfläche. (Heute spricht man übrigens, nicht zuletzt aufgrund geschickten Marketings von IBM, vom PC meist in Zusammenhang mit Computern mit dem Betriebssystem Microsoft Windows.)

Durch Apple sind viele Innovationen entstanden, die aus unserer Vorstellung von Computern absolut nicht mehr wegzudenken sind, z.B. Ausklappmenüs, Bedienung mit der Maus, Doppelklick, Schreibtischsimulation (Desktop) und der Papierkorb. Viele dieser Ideen haben sich andere Hersteller abgeschaut und in ihre eigenen Systeme integriert.

Auf die Frage, was den Mac so faszinierend macht, werden Sie von verschiedenen Mac-Nutzern ganz unterschiedliche Antworten bekommen: Er ist benutzerfreundlich, innovativ, hübsch, stabil, durchdacht, übersichtlich, hochwertig, die Geräte sind gut aufeinander abgestimmt – das könnten einige der Antworten sein.

Was ich persönlich am Mac ganz besonders toll finde, sind einerseits die ausgeprägte Benutzerfreundlichkeit und andererseits die große Innovationsfreudigkeit bei der Entwicklung der Computer. Und schließlich – so eigenartig das klingen mag – verschiedene Einschränkungen seitens Apple, die das System aufgeräumt erscheinen lassen. Für viele Befehle gibt es nur einen Weg, etwas zu erreichen, und deshalb merkt man sich diesen ganz einfach leichter.

Von Versionsnummern und Raubkatzen

Fangen wir beim **Namen Ihres Betriebssystems** an. Vielleicht fragen Sie sich, was hinter der kryptischen Zeichenfolge »Mac OS X 10.8 Mountain Lion« steckt. Hier die Auflösung:

- *Mac* ist die Abkürzung für Macintosh, jene Apfelsorte, nach der die Computer von Apple benannt wurden.
- *OS* steht für Operating System, also Betriebssystem. Ein solches System kümmert sich einerseits im Hintergrund darum, dass Hardware und Software gut zusammenspielen. Andererseits bietet es eine Oberfläche zur Bedienung des Systems – genau diese zu erklären, ist Aufgabe dieses Buches.
- *X* ist die römische Ziffer für 10, die neue Generation des Mac OS, die rund um das Jahr 2000 eingeführt wurde und den Nachfolger des auch damals schon veralteten Mac OS in der Version 9 darstellte. Die Mac OS X-Technologie besaß nicht nur eine völlig neue Oberfläche, sondern vor allem als Basis ein sehr stabiles und ausgereiftes UNIX-System. Dies ist auch der Grund, weshalb viele Technologien, die beispielsweise von Linux-Systemen bekannt sind, einwandfrei auf dem Mac funktionieren.
- *10.8* ist die aktuelle Versionsnummer des Systems. Eine solche neue Version (Release) wird von Apple meist alle ein bis zwei Jahre mit wesentlichen Neuerungen an Bord kostenpflichtig veröffentlicht. Innerhalb dieses Zeitraums wird aber das aktuelle System immer wieder durch Softwareaktualisierungen (Updates) auf dem neuesten Stand gehalten, das erkennt man dann an der Zahl hinter dem zweiten Punkt (Dot-Release).
- *Mountain Lion* ist schließlich der ursprünglich interne Codename für die aktuelle Version, der mittlerweile auch für die Vermarktung genutzt wird. Jede neue Version des Betriebssystems hat bisher einen solchen Raubkatzennamen: 10.0 (Cheetha), 10.1 (Puma), 10.2 (Jaguar), 10.3 (Panther), 10.4 (Tiger), 10.5 (Leopard), 10.6 (Snow Leopard), 10.7 (Lion), 10.8 (Mountain Lion).

Immer am Ball bleiben

Seit der letzten Version lässt Apple das vorangestellte »Mac« weg und bezeichnet es nur mehr als OS X Mountain Lion. Das hat wohl mit dem Zusammenwachsen des Systems mit jenem der mobilen Geräte iPad, iPhone und iPod zu tun. Wir haben uns entschieden, in diesem Buch immer dann von Mac OS X zu sprechen, wenn es um die Technologie des Systems allgemein geht, und von OS X Mountain Lion, wenn es um die aktuelle Version geht. Es handelt sich aber immer um ein und dasselbe System.

Auch wenn wir uns in diesem Buch stark auf das Betriebssystem des Mac konzentrieren, können für Sie als Mac-Benutzer auch folgende Bereiche der Apple-Welt sehr interessant sein:

1. **iTunes und App Store** – Digitale Medien bestimmen unsere Welt wie nie zuvor. Das gilt natürlich auch für die Unterhaltungsindustrie. Das Angebot und der kommerzielle Zugriff auf Musik und Videos, aber auch Apps (also Anwendungen für die mobilen Geräte oder Ihren Mac) ist für Sie als Nutzer mittels iTunes und App Store sehr komfortabel. Ein bestehendes Konto vorausgesetzt, können so auch mehrere Geräte mit medialen Inhalten auf dem gleichen Stand gehalten werden. Die Abspielbarkeit von derlei Inhalten mit digitalem Zugriffsschutz (DRM – Digital Rights Management) kann aktuell auf bis zu fünf Computern freigeschaltet werden.

2. **Cloud Computing** – Ebenso klar ist, dass wir in einer stark vernetzten Welt leben und viele Nutzer von Computern oder mobilen Geräten fast permanent Zugriff auf das Internet haben. Deshalb wurde seitens Apple im Jahr 2011 der Dienst iCloud eingeführt, der eine Synchronisierung von Daten mit einem Online-Speicher ermöglicht und den früheren Dienst MobileMe ersetzt. Siehe dazu auch die Vorstellung von iCloud ab Seite 225.

3. **Mobile Geräte** – Apple hat mit dem digitalen Audioplayer iPod Anfang der 2000er Jahre eine Erfolgsgeschichte eingeläutet. Keine zehn Jahre später spielen das enorm erfolgreiche Smartphone iPhone und der Tablet-Computer iPad, die sich beide durch einfachste Bedienung mit den Fingern auszeichnen, eine große Rolle. Einige der Innovationen aus dem eigens für diese Geräte entwickelten iOS haben in Mac OS X Aufnahme gefunden, wie wir noch an einigen Stellen in diesem Buch sehen werden.

Neues in Mountain Lion

Mit der neuen Version 10.8 sind wieder eine ganze Menge Neuerungen in Mac OS X hinzugekommen – genaugenommen über 200, wenn man sich die offizielle (englischsprachige) Liste von Apple durchsieht: http://www.apple.com/osx/whats-new/features.html. Wer gewohnt war, mit der Vorgängerversion OS X Lion zu arbeiten, wird zwar auf den ersten Blick nicht viel revolutionär Neues in der Oberfläche entdecken. Allerdings spielen sich viele Neuerungen eher subtil im Bereich der Benutzerfreundlichkeit ab und sind hinter kleinen Buttons und neuen Tastenkurzbefehlen zu finden. Ich möchte hier einige Hauptpunkte zusammenfassen:

- Die wohl offensichtlichste Änderung ist die neue **Mitteilungszentrale** (Notification Center) am rechten Bildschirmrand, die auf Seite 73 genauer vorgestellt wird. Hier werden Statusnachrichten und Erinnerungen zusammengefasst und als kurzer Text mit Zusatzinformationen zum Beispiel zu Anwendung, Termin, Person usw. angegeben. Dies dient einerseits zur Erinnerung, kann aber auch dafür genutzt werden, um direkt mit einem Klick zu dem jeweiligen Element in einem Programm zu springen.
- Systemweit einsetzbar und erstaunlich ausgereift ist das neue **Diktieren**. Sie aktivieren es in den Systemeinstellungen, weisen der Funktion einen Tastenkurzbefehl zu und können es überall dort verwenden, wo Sie Text eingeben möchten. Wir stellen die Funktion auf Seite 75 näher vor.
- Die **iCloud** wurde in Ihrer Funktionalität erweitert. So ist nun beispielsweise das Speichern und Laden von Dokumenten direkt innerhalb der Anwendungen möglich und stellt so die nahtlose Bearbeitung von Dokumenten auf mobilen Geräten (iPad, iPhone, iPod) sowie am Mac sicher. Näheres dazu auf Seite 227.
- **Soziale Netzwerke** im Internet, wie Twitter (Seite 189) und Facebook (Seite 257), haben an verschiedenen Stellen Einzug in OS X Mountain Lion gehalten. Darüber hinaus gibt es **neue und überarbeitete Anwendungen** – vorgestellt in Kapitel 5 und 6.

Chance oder Einschränkung?

Sogenannte **Cloud-Services** werden immer populärer. Anstatt eines konkreten Speicherortes oder Servers, stellen Anbieter ein Konto zur Verfügung, das Ihnen einen verhältnismäßig umfangreichen Speicherplatz zusichert und automatisch die verschiedenen Computer und mobilen Geräte synchronisiert. Sowohl die Big Player wie Apple iCloud, Google Drive, Microsoft Skydrive, Adobe Creative Cloud sowie Amazon Cloud Drive, als auch spezialisierte Dienstleister wie Dropbox, Box.net oder einzelne ISP (Internet Service Provider) haben hier entsprechende Angebote. Erlauben Sie mir bitte, an dieser Stelle meine persönliche, wohl etwas **kritische Meinung** festzuhalten:

1. Durch die Funktion des gemeinsamen Bearbeitens mit anderen Benutzern, werden diese natürlich an das gewählte Service gebunden, müssen dort zumindest ein kostenloses Konto anlegen und sich näher damit beschäftigen – eventuell, um später zu zahlenden Kunden zu werden.
2. Manche Dienste innerhalb von OS X Mountain Lion funktionieren beispielsweise nur mit iCloud. Das ist akzeptabel, weil Apple auf diese Weise seine Dienste optimal miteinander verzahnen kann. Da es aber »so komfortabel« ist, wird man leicht versucht, auch gleich für andere Daten auf iCloud zu setzen. Der Austausch mit anderen Partnern außerhalb des Apple-Universums ist dann aber wieder schwierig.
3. Die Skalierung – also das Set an Einschränkungen innerhalb eines Cloud-Service – ist meist recht geschickt angelegt, sodass es bei professioneller Nutzung schnell an seine Grenzen stößt. Die angeblich so großzügigen Basiskonten relativieren sich einigermaßen schnell.
4. Bedenken Sie auch die Abhängigkeit von einer Internetverbindung. Selbstverständlich leben und arbeiten wir heutzutage mehr oder weniger ständig online. Und doch gibt es auch heute noch Stromausfälle oder Zugriffsprobleme. In solchen Fällen auf ein Cloud-Service vollkommen angewiesen zu sein, wäre doch recht problematisch. Die Daten der Cloud bleiben zwar oft auch offline gespeichert – das gilt aber bei weitem nicht für alle Arten von Daten und löst auch nicht die Herausforderung des Datenaustausches.

An Sie als Benutzer appelliere ich ganz einfach, **aufmerksam zu bleiben**, durchaus viel auszuprobieren, aber schließlich zu einer ausgereiften Entscheidung zu kommen, welchen Cloud-Service Sie wofür einsetzen und auf was Sie vielleicht sogar absichtlich verzichten wollen.

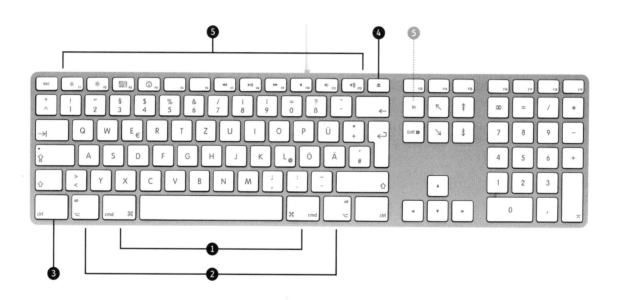

Hinweise zur Tastatur

Auf Ihrer **Tastatur am Mac** finden Sie zwar die normale Anordnung der Tasten in Ihrer Sprache, allerdings auch ein paar spezielle Tasten, die es zum Beispiel auf einer PC-Tastatur nicht gibt. So werden zahlreiche Sonderzeichen und bestimmte Tastenkurzbefehle möglich. Konkret handelt es sich um folgende Tasten:

❶ ⌘ – (cmd) steht für das englische Wort »command« und wird als Befehlstaste bezeichnet. Sie zeigt auf manchen Tastaturen auch ein kleines Propeller- und ein Apfel-Symbol. Früher wurde Sie daher auch »Apfeltaste« genannt. Diese Taste entspricht weitestgehend der (Strg)-Taste auf einer PC-Tastatur. Sie befindet sich zweimal auf der Tastatur, links und rechts der Leertaste.

❷ ⌥ – (alt) steht für das englische Wort »alternative« und wird als Optionstaste bezeichnet. Sie zeigt auf manchen Tastaturen auch ein kleines Gabel-Symbol. Sie kommt bei manchen Tastenkurzbefehlen zum Einsatz. Außerdem tippen Sie mittels ⌥ + (E) das Symbol €, sowie mittels ⌥ + (L) das Symbol @. Auch diese Taste gibt es zweimal auf der Tastatur, links und rechts der Befehlstaste.

❸ (ctrl) steht für das englische Wort »control«, die Taste wird daher als Controltaste bezeichnet. Sie wird für manche Tastenkurzbefehle verwendet. In den Menüs wird sie mit dem Dachsymbol ^ abgekürzt. Achtung: Verwechseln Sie die Funktion von (ctrl) auf dem Mac nicht mit der (Strg)-Taste auf der PC-Tastatur!

❹ Die Auswurftaste dient dazu, eine CD oder DVD aus dem Laufwerk auszuwerfen. Da seit geraumer Zeit die optischen Laufwerke auf dem Mac keine Auswurftaste besitzen, ist diese Funktion fest in die Tastatur integriert. Sie finden die Taste immer ganz rechts oben. Alternativ dazu können Sie das Symbol für die CD oder DVD auf dem Schreibtisch auch auf den Papierkorb ziehen und dort loslassen, um das Medium auszuwerfen.

❺ Schließlich gibt es noch eine Doppelbelegung der Funktionstasten F1, F2, F3 und so weiter. Die kleinen Symbole daneben zeigen die jeweilige Funktion an, beispielsweise die Helligkeit des Monitors anzupassen oder die Lautstärke zu regeln. Sollten Sie in einem Programm übrigens einmal wirklich die eigentliche Funktionstaste benötigen, halten Sie einfach die (fn)-Taste gedrückt und betätigen Sie dann die Funktionstaste.

Hinweise zur Maus

Die **Maus** war und ist auf dem Mac über die Jahre hinweg ein Statussymbol guten Designs. Auf den ersten Blick fehlen ihr sämtliche Tasten und oft auch das Scrollrad – so zum Beispiel bei der aktuellen Magic Mouse. Das Geheimnis liegt darin, dass die gesamte Oberfläche des Geräts als Maustaste funktioniert, zusätzlich aber noch Gesten für die Bedienung (siehe Seite 77) auf der Mausoberfläche unterstützt werden.

Historisch gesehen gab es auf dem Mac über lange Zeit lediglich die Ein-Tasten-Maus. Damals hielt man die `ctrl`-Taste gedrückt und klickte mit der Maus, um einen **rechten Mausklick** auszuführen. Diese Zeiten sind nun vorbei und alle aktuellen Mäuse von Apple haben eine linke und eine rechte Seite der Mausoberfläche, die als linke und rechte Maustaste funktionieren. Es ist aber weiterhin möglich, bei gedrückter `ctrl`-Taste auf die linke Maustaste zu klicken, um damit einen rechten Mausklick auszuführen.

Das **Trackpad** ist schon seit langer Zeit auf mobilen Computern das Eingabegerät schlechthin, es ersetzt eine Maus. Es handelt sich hier um das rechteckige Feld unter der Tastatur, das es ermöglicht, den Mauszeiger auf dem Bildschirm mit den Fingern zu steuern. Auf dem Mac kommt es schon länger zum Einsatz, wurde aber in den letzten Jahren massiv weiterentwickelt. So sind mittlerweile die eigentlichen Tasten am unteren Rand des Trackpads verschwunden – wie bei der Maus ist die gesamte Oberfläche des Trackpads die Taste. Darüber hinaus wird hier die Steuerung mit mehreren Fingern unterstützt. Und schließlich kommen auch hier die Gesten zum Einsatz (siehe auch Seite 77). Da sich das Trackpad des MacBooks anscheinend großer Beliebtheit erfreut, gibt es mittlerweile auch eine große Variante namens Magic Trackpad, die kabellos mit dem Mac verbunden ist und als Alternative zur Maus verwendet werden kann.

Ein Beispiel für Gesten gefällig? Wischen Sie einmal mit drei Fingern gleichzeitig auf dem Trackpad nach oben. Sie erhalten eine Übersicht über die geöffneten Fenster und können von hier aus das gewünschte in den Vordergrund holen (Mission Control).

1

KAPITEL 1 | Oberfläche und Bedienung

Mac OS X ist ja bekanntlich ein Betriebssystem. Das bedeutet, es kümmert sich um den Betrieb Ihres Mac. Es steuert enorm vieles sehr stabil und vollautomatisch im Hintergrund. Und damit Sie Ihrem Mac genau sagen können, was Sie von ihm wollen, bietet es auch eine Benutzeroberfläche (GUI – Graphical User Interface).

Darunter versteht man die Ansammlung von Menüs, Mauszeiger (Cursor), Fenstern, Symbolen, Leisten, Texteingabefeldern, Dialogen und vielem mehr. In diesem Kapitel geht es um all diese Elemente der Oberfläche, wie man sie nutzt und wie sie zusammenspielen. Sie bieten den Zugriff auf alle Dateien und Ordner. Sie lassen sich optimal mit Kurzbefehlen ansteuern – was übrigens prinzipiell eine der schnellsten Arten ist, einen Computer zu bedienen.

Viele Nutzer lieben ihren Mac besonders dafür, dass er so leicht und intuitiv zu bedienen ist. Auch Sie werden sicher schon bald feststellen: Es ist einfach schön hier auf dem Mac.

Innovation auf dem Mac

Wussten Sie übrigens, dass viele heutige Selbstverständlichkeiten der Computerbedienung auf dem Mac entwickelt wurden? Der Informatiker Jef Raskin (1943–2005) hat als Apple-Mitarbeiter Anfang der 80er Jahre beispielsweise das »Drag-and-Drop« erfunden. Er erzählt davon unter anderem in seinem Buch »The Humane Interface« (Addison Wesley, 2000).

Willkommen auf Ihrem Mac: der Finder

Sehen Sie mal in die Leiste mit den Symbolen am unteren Bildschirmrand. Dort finden Sie ganz links dieses kleine freundliche Gesicht. Es handelt sich dabei um das Icon für den sogenannten **Finder**. Dieses Programm ist auf Ihrem Mac für die Darstellung der Benutzeroberfläche und für die Dateinavigation zuständig. (Wenn Sie von Microsoft Windows kommen, entspricht der Finder in etwa dem Windows Explorer.)

Wenn Sie Ihren Mac neu starten, dann befinden Sie sich automatisch im Finder. Das erkennen Sie an dem kleinen hellblauen Punkt unter dem Symbol. Außerdem steht oben links auf dem Bildschirm in der Menüleiste als Erstes der Begriff »Finder« und danach einige Menüs. Diese gehören zum Finder, und wir sehen sie uns auf den nächsten Seiten noch genauer an. Wenn Sie nun *Finder → Über den Finder...* auswählen, dann erhalten Sie das links abgebildete Fenster mit der Angabe zur aktuellen Version. Der Finder wird übrigens bei jeder neuen Version von OS X überarbeitet und mit neuen Funktionen ausgestattet, so auch in der aktuellen Version 10.8 Mountain Lion. Wenn dahinter noch ein Punkt und eine Zahl zusätzlich stehen, bezeichnet man das als sogenanntes »Dot-Release«, also ein Update, das Fehler ausbessert und ein stabileres System bringt – aber in den meisten Fällen keine neuen Funktionen.

Egal wie viele Programme Sie auf Ihrem Mac gerade ausführen oder in welchem Sie sich aktiv befinden, der Finder bleibt stets aktiv. Er hilft Ihnen, wenn Sie

- schnell etwas auf Ihrer Festplatte suchen müssen
- eine Datei mit einem Programm öffnen
- einen Ordner anlegen
- auf einen Speicherort im Netzwerk zugreifen
- etwas kopieren, verschieben, umbenen oder löschen
- den verfügbaren Speicherplatz überprüfen wollen
- auf eine eingelegte CD, eine externe Festplatte oder einen USB-Stick zugreifen müssen
- Daten auf eine CD oder DVD brennen wollen
- und bei vielen weiteren Aufgaben.

Im System anmelden

Wenn Sie Ihren Mac ganz neu »von der Stange« kaufen, müssen Sie sich anfangs gar nicht anmelden, sondern springen automatisch auf den Schreibtisch jenes Benutzers, den Sie mit dem Software-Assistenten beim ersten Start eingerichtet haben. Dabei haben Sie ein Benutzerkonto auf dem Computer angelegt, mit dem Sie auf dem Mac arbeiten können. Das ist für einen Computer, zu dem nur Sie Zugang haben, in der Regel auch ganz in Ordnung. In diesem Fall ignorieren Sie diese Seite einfach.

Von seiner Natur aus ist Mac OS X aber als System für mehrere Benutzer ausgelegt (Multi User System). Das bedeutet, dass auf einem Mac mehrere Benutzerkonten angelegt sein können. Ein solches Konto besteht aus dem echten Namen, einem Kurznamen (Benutzername) und einem geheimen Passwort. Neuerdings gehört zu einem Konto auch eine Apple-ID, die für viele Zwecke zum Einsatz kommt, beispielsweise für die Aktualisierung der Software über den App Store. Jeder Benutzer kann zahlreiche Einstellungen auf dem Mac abspeichern und so seine Arbeitsumgebung individuell einrichten. Die Daten der einzelnen Nutzer sind gut und sicher voneinander getrennt. Wir werden noch an mehreren Stellen in diesem Buch sehen, wo all das eine Rolle spielt. Sollten Sie also einer von mehreren Benutzern auf diesem Mac sein, dann werden Sie wahrscheinlich eine **Anmeldemaske** vorfinden. Die Gestaltung dieser Maske wurde bereits in der Vorversion OS X Lion angepasst und stark vereinfacht. In diese geben Sie Benutzername und Passwort ein und bestätigen mit ⏎. Dann starten Sie automatisch ins System.

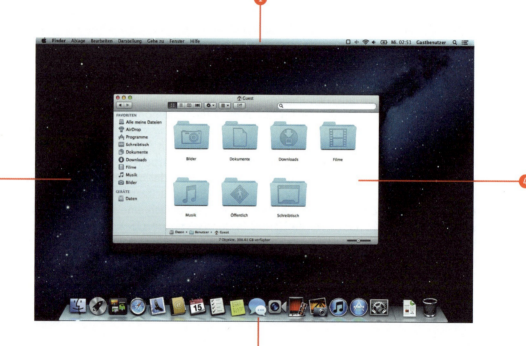

Die Oberfläche: so steuern Sie Ihren Mac

Zur Bedienung Ihres Macs stehen Ihnen vier Bereiche auf dem Bildschirm zur Verfügung: die Menüleiste, der Schreibtisch, das Dock und das Fenster. Alle diese Bereiche werden vom Programm *Finder* automatisch verwaltet.

❶ Die **Menüleiste** befindet sich immer am oberen Bildschirmrand. Sie zeigt für das gerade aktive Programm alle verfügbaren Menüs an, in denen die Befehle des Programms untergebracht sind. Sobald Sie zu einem anderen Programm wechseln, schalten auch die Menüs um. (Sollten Sie von Microsoft Windows kommen, so kann dies anfangs etwas verwirrend sein.) Außerdem befindet sich als Steuerzentrale immer das sogenannte Apfel-Menü ganz links.

❷ Der **Schreibtisch** nimmt den größten verfügbaren Platz auf Ihrem Bildschirm ein. Hier können Sie mit Dateien und Ordnern arbeiten, aber auch auf externe Datenspeicher zugreifen. Der Schreibtisch selbst ist ein Ordner in Ihrem Benutzerordner, wohin Sie auch Dateien kopieren können und vieles mehr. Viele nutzen den Schreibtisch, um für die Dauer eines Projektes Dateien abzulegen (und ein kreatives Chaos zu hinterlassen, wenn sie möchten). Nach getaner Arbeit schieben sie diese Daten aber wieder in entsprechende Ordner, um Ordnung auf dem Schreibtisch zu schaffen.

❸ Das **Dock** befindet sich traditionell am unteren Bildschirmrand, kann aber auch am linken oder rechten Bildschirmrand platziert werden. Hier können Programmsymbole zum schnellen Start, aber auch immer wieder benötigte Dateien und Ordner abgelegt werden, und zwar ganz nach Wunsch. Im Dock behalten Sie außerdem den Überblick über alle geöffneten Programme auf Ihrem Mac. Sie können eine Datei aus einem Fenster oder vom Schreibtisch direkt auf ein Symbol im Dock ziehen, um sie mit diesem Programm zu öffnen.

❹ Das **Fenster** im Finder dient zur Navigation im System und ermöglicht es, den Inhalt und den Speicherort eines Ordners anzuzeigen. Dazu gibt es verschiedene Darstellungsformen, zwischen denen Sie über die oben angebrachte Symbolleiste umschalten können. Auf der linken Seite finden Sie eine Seitenleiste, um oft benötigte Speicherorte in Ihrem System anzuspringen. Ein neues Fenster öffnen Sie mit einem einfachen Klick auf das Finder-Symbol im Dock oder mit der Tastenkombination ⌘ + N.

Ordnung auf dem Schreibtisch halten

Standardmäßig ist der Schreibtisch auf einem Mac komplett leer. Sie sehen als Hintergrundbild ein beeindruckendes Foto aus dem Weltall. Wenn Sie dieses Bild ändern möchten, rufen Sie *Apfel-Menü → Systemeinstellungen… → Schreibtisch & Bildschirmschoner* auf und wählen dort aus den verfügbaren Bildern oder verwenden ein eigenes Bild. So richten Sie Ihren Schreibtisch ein:

❶ Wenn Sie auf dem Mac arbeiten, können Sie hier auf dem Schreibtisch **Daten zusammentragen**, die Sie aktuell verwenden wollen. Sie können hier zum Beispiel Ordner anlegen, Dateien verschieben und vieles mehr. Sobald Sie ein externes Gerät, wie die Speicherkarte einer Digitalkamera, eine externe Festplatte oder einen USB-Stick anschließen, wird dieses auf dem Schreibtisch angezeigt.

❷ Mit einem Doppelklick öffnen Sie ein **Fenster mit dem Inhalt des angeschlossenen Speichermediums** und können von hier aus auf die Daten zugreifen. Über das Menü *Finder → Einstellungen…* können Sie festlegen, was alles auf dem Schreibtisch angezeigt werden soll: Festplatten, externe Festplatten, CDs, DVDs, iPods und verbundene Server. Diese Speicher (Volumes) werden – sobald verbunden – von rechts oben beginnend auf dem Schreibtisch angezeigt, sodass Sie darauf zugreifen können. Meistens wird je nach Speicher mit eindeutigem Namen auch ein anderes Symbol verwendet, das zeigt, wie das Gerät mit dem Computer verbunden ist, z.B. über USB oder Firewire.

❸ Wenn Sie viele Dateien und Ordner auf dem Schreibtisch abgelegt haben, kann es leicht passieren, dass Sie den **Überblick** verlieren. Über das Menü *Darstellung → Darstellungsoptionen einblenden* können Sie aber festlegen, wie die Elemente angeordnet werden sollen, zum Beispiel nach Größe, Name oder Art. Außerdem finden Sie in diesem Fenster ganz unten die Möglichkeit, ein unsichtbares Raster zu verwenden. Sobald dies aktiviert ist, werden alle Elemente, die Sie verschieben, automatisch in diesen Raster eingeordnet; sie schnappen in fixen Positionen ein.

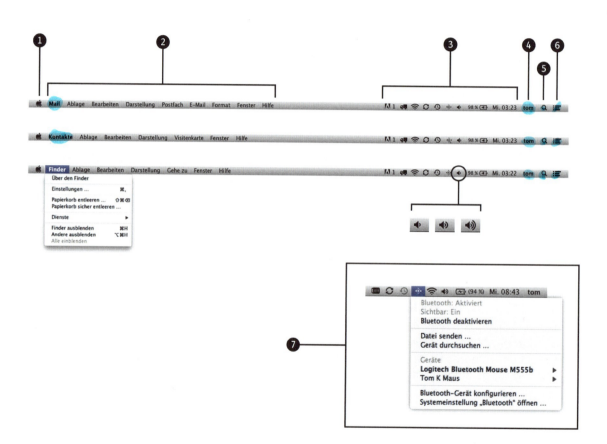

Die Menüleiste kennenlernen

Die Menüleiste ist auf Ihrem Mac immer am oberen Bildschirmrand zu finden. Hier sehen Sie beispielhaft die Menüleisten, die erscheinen, wenn Sie die Programme Mail, Kontakte und Finder öffnen. Genau genommen gliedert sich jede Menüleiste in fünf Bereiche mit unterschiedlichen Aufgaben:

❶ Das **Apfel-Menü** steht immer ganz links, egal, welches Programm gerade aktiv ist. Es ist die Schaltzentrale, von der aus Sie systemweite Einstellungen vornehmen, Updates installieren, sich als Benutzer abmelden oder das System herunterfahren bzw. neu starten können.

❷ Das **Programm-Menü** ist immer – in fetter Schrift – mit dem Namen des gerade aktiven Programms gekennzeichnet. Rechts davon folgen die Menüs des Programms. Darin sind die einzelnen Befehle und Optionen enthalten, die man dort ausführen kann. Es gibt über fast alle Programme hinweg immer wiederkehrende Menüs mit wiederkehrenden Optionen darin wie »Ablage« und »Bearbeiten« ganz vorne sowie »Fenster« und »Hilfe« am Ende.

❸ Die **Status-Menüs** auf der rechten Seite der Menüleiste beinhalten kleine, platzsparende Symbole, die eine Doppelfunktion haben: Einerseits zeigen Sie den aktuellen Zustand bestimmter Funktionen an. Beispielsweise sehen Sie hier die aktuelle Lautstärkeeinstellung. Andererseits erhalten Sie bei einem Klick auf das Symbol ein Menü – hier zum Beispiel jenes für die Bluetooth-Funktion ❼, mit der externe Geräte zur Steuerung oder zum Datenaustausch angesprochen werden.

❹ Der **Benutzername**, rechts in der Zeile, zeigt nicht nur den aktuell verwendeten Benutzer an, sondern bietet auch die Möglichkeit, direkt zu einem anderen Benutzerkonto umzuschalten. So können auch mehrere Benutzer gleichzeitig auf einem Mac angemeldet sein und müssen sich beim Umschalten nur mit ihrem Passwort anmelden.

❺ Die kleine Lupe ist die Funktion **Spotlight** auf Ihrem Mac. Damit können Sie schnell und effizient nach Dateien und Ordnern und vielem anderen suchen. Sie finden hier zum Beispiel auch Fotos anhand bestimmter Aufnahmedaten der Kamera, Mails via Textsuche, eine Person im Adressbuch anhand ihrer Telefonnummer u.ä.

❻ Neu in Mountain Lion ist die **Mitteilungszentrale** mit dem Symbol ganz rechts in der Menüleiste. Sie dient zum Anzeigen der Benachrichtigungen verschiedener Programme und kann in den Systemeinstellungen angepasst werden.

Die Menüleiste benutzen

Wenn Sie auf einen Eintrag in der Menüleiste klicken, wird dieser blau hinterlegt und es klappt das eigentliche Menü aus. Von hier können Sie die **verfügbaren Befehle** aufrufen. In diesem Fall habe ich auf das Programm-Menü des Finder geklickt. Dieses Menü existiert für jedes Programm auf Ihrem Mac, hier können Sie meist alle Einstellungen für das Programm vornehmen, es ausblenden und es auch wieder beenden.

Innerhalb des Menüs können Sie nun mit der Maus oder mit den Pfeiltasten ▲ und ▼ die einzelnen Einträge anspringen und sie mit einem Mausklick oder ↵ auf der Tastatur aufrufen. Sie können übrigens bereits aus der Darstellung der Befehle in den Menüs viel herauslesen:

- Einträge in hellgrauer Schrift sind im Moment **nicht verfügbar**. In meinem Fall ist nichts im Papierkorb abgelegt, also kann ich ihn auch nicht entleeren.
- Einträge mit nachfolgenden drei Punkten rufen einen **weiteren Dialog** auf – also ein Fenster, in dem Sie etwas auswählen können oder den Befehl genauer definieren. Hier zum Beispiel bei »Einstellungen…«.
- Einträge mit einem kleinen grauen Dreieck am rechten Rand sind **Untermenüs**. Wenn Sie diese anwählen, klappt nach rechts ein weiteres kleines Menü auf, in dem Sie Befehle auswählen können. Hier zum Beispiel verbergen sich hinter dem Eintrag »Dienst« noch einige Befehle.
- Ebenso am rechten Rand finden Sie für einige Befehle die zugehörigen **Kurzbefehle** (Shortcuts). Sie geben an, mit welcher systemweit eindeutigen Tastenkombination Sie diesen Befehl aufrufen können. Dabei kommen auch Symbole zum Einsatz, die Sie auf den Tasten Ihres Macs wiederfinden. Um zum Beispiel alle anderen Programme außer den Finder auszublenden, drücken und halten Sie die folgenden Tasten: ⌥ + ⌘ + H.

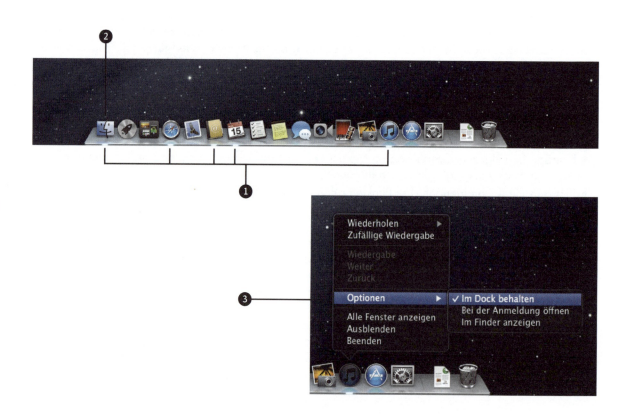

Das Dock nutzen

Das Dock dient dem schnellen Zugriff auf Programme und Ordner. Zusätzlich befindet sich hier der Papierkorb. Standardmäßig wird das Dock am unteren Bildschirmrand mit einem bunten Reigen an Symbolen eingeblendet – es kann aber auch am linken oder rechten Bildschirmrand positioniert werden. Die Anordnung der Symbole ist frei wählbar. So kann man sich je nach aktueller Arbeitsaufgabe die oft benötigten Programme und Ordner zusammenstellen.

Sobald Sie ein Programm angeklickt haben, sehen Sie am Hüpfen des Symbols, dass es gerade gestartet wird. Der kleine hellblaue Punkt ❶ darunter gibt an, wenn es geladen ist. So behalten Sie alle geöffneten Programme stets im Überblick. Wenn Sie auf das Symbol eines gestarteten Programms klicken, bringen Sie dieses Programm auf dem Mac in den Vordergrund. Das bedeutet: Die Menüleiste schaltet zu dem aktuellen Programm um. Alle geöffneten Fenster des Programms werden in den Vordergrund geladen. Da sich auch der Finder im Dock befindet, können Sie sehr einfach ein neues Finder-Fenster öffnen, indem Sie im Dock auf das ganz vorne/links stehende lachende Gesicht (Symbol für den Finder) ❷ klicken.

Außerdem ist es möglich, eine zu öffnende Datei einfach auf das zugehörige Programm im Dock zu ziehen und dort auszulassen. Sie wird automatisch mit diesem Programm geöffnet. Bei den Symbolen handelt es sich lediglich um Verknüpfungen zu den Ordnern und Programmen. Um ein solches hinzuzufügen, gibt es zwei Möglichkeiten:

- Ziehen Sie die Programmdatei einfach aus einem Finder-Fenster ins Dock und lassen Sie das Symbol dort los. Automatisch wird es an der gewünschten Stelle eingefügt.
- Starten Sie das Programm aus dem Programme-Ordner Ihres Mac. Sobald das Programm geladen wird, erscheint es im Dock. Klicken Sie mit der rechten Maustaste darauf und wählen Sie Optionen → Im Dock behalten ❸ – damit wird das Programm fix in das Dock aufgenommen.

Das Dock anpassen

Im Dock am unteren Bildschirmrand können Sie ein Symbol verschieben, indem Sie es anklicken, die Maustaste nun aber gedrückt halten und nach links oder rechts ziehen. Die anderen Symbole weichen automatisch aus und schaffen Platz. Sind sie mit der Position zufrieden, lassen sie die Maustaste einfach wieder los. Wenn Sie ein Symbol herauslösen möchten, ziehen Sie es einfach nach oben – es verpufft in einer kleinen Wolke und Sie haben neuen Platz im Dock geschaffen.

Innerhalb des Docks gibt es zwei Seiten, die durch eine gestrichelt Linie voneinander getrennt sind:

❶ Auf der linken (meist viel volleren) Seite können nur **Programmsymbole** abgelegt werden. Sie können jedes Symbol – mit Ausnahme des Finders, der immer im Dock bleiben muss – beliebig herauslösen oder verschieben. Ihr Dock wird in Ihrem Benutzerprofil sicher abgespeichert und steht beim nächsten Anmelden wieder genau so zur Verfügung, wie Sie es eingerichtet haben.

❷ Rechts von der Trennlinie können **Ordner und Dateien** abgelegt werden. Auch hier handelt es sich um Verknüpfungen zu Speicherorten auf Ihrer Festplatte. Wenn Sie mit der rechten Maustaste auf den Ordner klicken, sehen Sie noch weitere Darstellungsformen für die Inhalte dieses Ordners.

❸ Die **Trennlinie** dient dazu, das Dock selbst anzupassen. Sobald Sie mit der Maus darüber fahren, erscheint ein kleiner Doppelpfeil. Bei gedrückter Maustaste und Ziehen mit der Maus nach oben oder unten vergrößern oder verkleinern Sie die Symbole. Bei einem rechten Mausklick auf die Trennlinie erscheint ein Kontextmenü ❹. Von hier aus können Sie das Dock automatisch ein- und ausblenden lassen. Dann erscheint es nur, wenn Sie mit der Maus ganz nah an den Bildschirmrand heranfahren. Außerdem lässt sich das Dock von hier aus auch an andere Seiten des Bildschirms bewegen. Und wenn Sie einen kleinen visuellen Effekt erzielen wollen, schalten Sie die Vergrößerung ❺ ein. Nun werden die Symbole je nach Mausposition vergrößert und Sie entdecken die Schönheit der Programmsymbole.

Übrigens: Wenn Sie eine Datei per Drag-and-Drop mit einem Programm im Dock öffnen möchten, ziehen Sie diese einfach auf das Symbol. Überall dort, wo der Name des Programms eingeblendet wird, ist es möglich, diesen Dateityp mit dem Programm zu öffnen.

Symbole

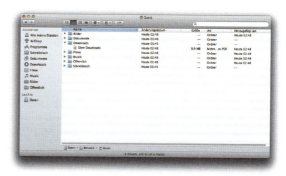
Listen

Spalten

Cover Flow

Fenster im Finder kennenlernen

Fenster im Finder dienen dazu, den Inhalt eines Speicherorts darzustellen. Je nachdem, was Sie mit den dort vorhandenen Dateien und Ordnern machen wollen, gibt es vier verschiedene Darstellungsarten für ein Fenster. Sie können zwischen diesen Arten über die Buttons in der Symbolleiste umschalten. Oder Sie verwenden dazu die Kurzbefehle. Der angezeigte Speicherort bleibt aber immer der gleiche! Die vier Darstellungsarten sind:

- **Symbole** (Kurzbefehl ⌘ + 1) – Ordner und Dateien werden in Form von kleinen Vorschaubildern dargestellt. Bei vielen Dateitypen (z.B. Fotos oder Videos) wird der Inhalt der Datei als kleines Bild angezeigt. Mit einem Schieberegler rechts unten im Fenster können Sie die Größe der Symbole noch anpassen. So finden Sie rein visuell ungemein schnell die gesuchten Daten. Allerdings benötigen die Symbole auch einiges an Platz im Fenster.
- **Liste** (Kurzbefehl ⌘ + 2) – Wie der Name schon sagt, erhalten Sie hier eine Liste aller Dateien und Ordner. Die Liste enthält noch viele zusätzliche Informationen wie Änderungsdatum, Größe, Art und so weiter. Nach diesen Details können Sie die Liste auch sortieren, indem Sie einmal in den gewünschten Spaltenkopf klicken. Beachten Sie dabei das kleine Dreieck im Spaltenkopf: Zeigt seine Spitze nach oben, sortieren Sie aufsteigend numerisch-alphabetisch. Zeigt seine Spitze nach unten, sortieren Sie absteigend, also wird hinten im Alphabet begonnen. Wenn Sie noch mehr Details in der Listendarstellung anzeigen wollen, führen Sie einen rechten Mausklick im Bereich der Spaltenköpfe aus. So erhalten Sie eine Liste aller darstellbaren Informationen, in der Sie einzelne aktivieren und deaktivieren können. Alternativ dazu wählen Sie bei aktivem Fenster *Darstellung → Darstellungsoptionen einblenden* und wählen dort im Bereich »Spaltenanzeige« die gewünschten Details aus.
- **Spalten** (Kurzbefehl ⌘ + 3) – Besonders auf den heute weit verbreiteten querformatigen Bildschirmen ist die Spaltendarstellung sehr praktisch. Hier können Sie durch die Ordner navigieren, indem sie jeweils einen anklicken, dessen Inhalt dann in der Spalte rechts davon angezeigt wird. Das geht je nach Verschachtelung der Ordner beliebig so weiter. Dabei behalten Sie den Überblick über die Speicherorte.
- **Cover Flow** (Kurzbefehl ⌘ + 4) – Mittels Cover Flow wird das Fenster zweigeteilt. Im oberen Bereich erhalten Sie eine Vorschau auf die Inhalte der Dateien, unten eine Listendarstellung.

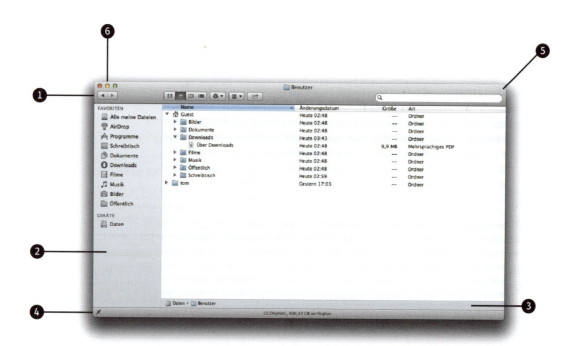

Weitere Elemente des Fensters im Finder

Ein Finder-Fenster zeigt aber nicht nur die Dateien und Ordner an einem Speicherort an, sondern es besteht noch aus weiteren wichtigen Elementen:

❶ Direkt unter dem Fenstertitel (mit der Angabe des gerade geöffneten Ordners) befindet sich die **Symbolleiste**. Darin finden Sie Buttons, mit denen Sie zwischen den zuletzt besuchten Ordnern hin- und herwechseln, die Darstellung im Hauptteil des Fensters umschalten oder auch nach Dateien und Ordnern an diesem Speicherort suchen können. Über das Menü *Darstellung* → *Symbolleiste anpassen...* steuern Sie, was und wie hier alles angezeigt werden soll.

❷ Auf der linken Seite, leicht grau eingefärbt, finden Sie die **Seitenleiste**. Von hier aus können Sie immer wieder benötigte Ordner anspringen und selbst per Drag-and-Drop in die Seitenleiste aufnehmen.

❸ Über das Menü *Darstellung* lässt sich die **Pfadleiste** einblenden. Dort sehen sie mit anklickbaren Ordnern von links nach rechts die Hierarchie des gerade angezeigten Ordners auf Ihrem Computer. In der Informatik nennt man das den »Pfad«, sozusagen die eindeutige »Adresse des Ordners« auf Ihrem System.

❹ Ganz unten habe ich ebenfalls über das Menü *Darstellung* die **Statusleiste** eingeblendet. Mittig zeigt diese immer an, wieviele Objekte – also Ordner und Dateien – an diesem Speicherort enthalten sind und wieviel freier Platz auf dem System noch verfügbar ist. Ist ein Ordner schreibgeschützt, erscheint ganz links ein durchgestrichener Bleistift.

❺ Um die Größe eines Fensters anzupassen, können Sie an einer beliebigen Ecke des Fensters, sobald ein Doppelpfeil erscheint, mit gedrückter Maustaste ziehen.

❻ Ganz links oben finden Sie aber auch drei farbige Buttons: der erste in Rot mit dem X schließt das Fenster, der zweite in Gelb mit dem Minus-Symbol legt das Fenster im rechten Bereich des Docks ab, der dritte in Grün vergrößert das Fenster so weit, bis entweder alle Inhalte sichtbar sind oder der Bildschirm voll ist.

Ein guter alter Trick auf dem Mac ist es übrigens, bei gedrückter ⌘-Taste auf den Fenstertitel (Name des aktuell dargestellten Ordners) zu klicken. Es öffnet sich ein kleines Fenster, mit dem Sie alle übergeordneten Ordner direkt anwählen können.

①

②

Bereitstellen von Inhalten (Sharing-Button)

Das Arbeiten am Computer ist gar nicht so selten auch ein sozialer Vorgang. Anstatt nur vor sich hinzuarbeiten, gibt es immer wieder Gelegenheiten, etwas mit Freunden, Bekannten oder Arbeitskollegen **zu teilen** oder sie einfach nur **auf etwas hinzuweisen**. Die zahlreichen elektronischen Kommunikationsmittel von E-Mail über Kurznachrichten (iMessage) bis hin zu Sozialen Netzwerken und Plattformen im Internet machen das immer einfacher. All das ist prinzipiell nichts Neues, jedoch schon mit einem gewissen Aufwand verbunden: Der Inhalt muss markiert, in die Zwischenablage kopiert, das Programm zur Kommunikation geöffnet, eine neue Nachricht angelegt und schließlich der Inhalt dort aus der Zwischenablage eingefügt werden. In OS X Mountain Lion wird dies nun wesentlich komfortabler.

Der neue **Bereitstellen-Button** (Sharing-Button) ❶ findet sich sowohl in jedem Finder-Fenster als auch in einigen anderen Programmen am Mac. Bei einem Klick darauf erscheint ein sogenanntes Kontextmenü – also ein Menü, das auf den Inhalt abgestimmt ist. Dort wählen Sie den gewünschten Kommunikationsweg: Ein gerade markiertes Bild können Sie beispielsweise als E-Mail oder iMessage versenden, mittels AirDrop mit einem anderen Benutzer im WLAN austauschen oder auf Twitter oder Flickr veröffentlichen. Praktisch ist dabei, dass Ihnen viele Arbeitsschritte abgenommen werden. Wenn Sie Ihr jeweiliges Konto (z.B. bei Twitter) in der nunmehr erweiterten Systemeinstellung ❷ Mail, Kontakte und Kalender (siehe auch Seite 229) schon angelegt haben, dann kümmert sich Mountain Lion automatisch darum, den Inhalt zu veröffentlichen bzw. zu verschicken. Der aktuell geladene oder markierte Inhalt wird auf dem gewählten Kommunikationsweg bereitgestellt – ganz egal ob eine Datei im Finder, ein Bild in der Vorschau oder ein Web-Link in Safari, um nur einige zu nennen.

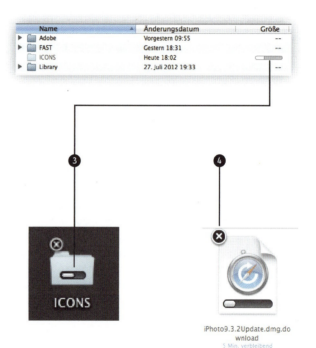

Verschlüsselung und Fortschritt

Seit einigen Versionen von Mac OS X gibt es die Möglichkeit, Ihre Daten sicher abzuspeichern. Damit ist eine Technologie namens File Vault gemeint, die die Ordner und Dateien auf einem Speicher (Festplatte, USB-Stick, SD-Karte und so weiter) vernünftig stark **verschlüsselt**. Das bewirkt, dass Sie nach Eingabe eines Passwortes ganz normal auf die Daten zugreifen und mit ihnen arbeiten können, aber Mac OS X im Hintergrund die Daten so verwaltet, dass sie von keinem anderen Benutzer gesehen oder gelesen werden können. Der beschränkte Zugriff auf Ordner und Dateien ist zwar auch über die Benutzerrechte (siehe Seite 115) geregelt, doch bei der Verschlüsselung sieht man von außen nur noch ein großes Datenpaket ohne Hinweis auf den Inhalt, zu dessen Entschlüsselung man eben das Passwort braucht, das nur Sie als Eigentümer besitzen. So kann selbst bei Verlust oder Diebstahl eines Speichermediums von fremden Personen nicht darauf zugegriffen werden. Neu in OS X Mountain Lion ist nunmehr die Möglichkeit, mit einem rechten Mausklick auf ein Speichermedium (Volume) zu klicken ❶ und direkt von dort die Verschlüsselung einzuschalten ❷. (Natürlich kann man über die Stärke der Verschlüsselung und in diesem Zusammenhang auch über amerikanische Regierungs-Richtlinien immer diskutieren, aber für eine Großzahl der Computerbenutzer ist diese Art von Sicherheit schon ein enormer und sinnvoller Schritt in die richtige Richtung.)

Eine weitere praktische Kleinigkeit als Neuerung in OS X 10.8 ist die **Fortschrittsanzeige beim Kopieren** ❸ innerhalb des Finders. In den verschiedenen Ansichten des Finders sehen Sie das jeweilige Element, das gerade kopiert oder auch aus dem Internet heruntergeladen wird, mit einem kleinen Balken versehen. In der Symbol-Ansicht können Sie den Kopierprozess auch mit dem kleinen X ❹, das links oben eingeblendet wird, abbrechen. So verschwindet in OS X Mountain Lion das bisher übliche kleine Fenster mit dem Fortschrittsbalken, Sie werden bei einem Kopiervorgang weniger bei der Arbeit abgelenkt und haben dennoch volle Kontrolle über den Vorgang.

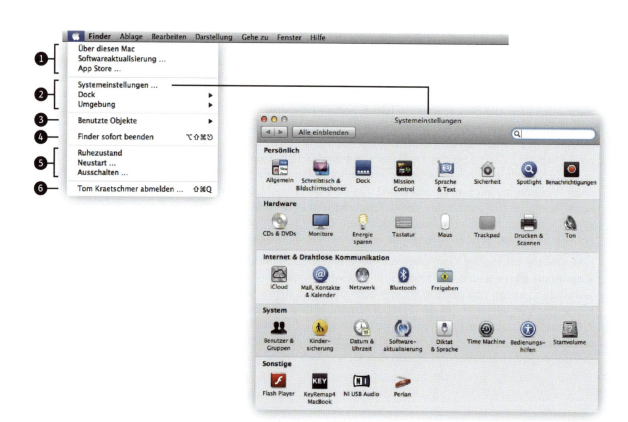

Das Apfel-Menü als Schaltzentrale I

Egal, welches Programm Sie gerade benutzen, das Apfel-Menü ist stets ganz links oben auf Ihrem Bildschirm verfügbar. Es kann getrost als Schaltzentrale bezeichnet werden, befinden sich doch hier einige der wichtigsten Systembefehle auf Ihrem Mac. Das Menü gliedert sich mit dünnen Trennlinien in verschiedene Bereiche:

❶ Mittels *Über diesen Mac...* erhalten Sie eine schnelle Übersicht über die aktuelle Version des Betriebssystems und Informationen über den Computer. Diese gibt es noch etwas ausführlicher, wenn Sie auf den Button *Weitere Informationen...* klicken. Dort bekommen Sie Angaben zum Monitor, zur Speicherplatzbelegung auf Ihren Festplatten und zum installierten Arbeitsspeicher. Mit der Softwareaktualisierung prüft Ihr Mac, ob es für Mac OS X oder bestimmte Programme von Apple aktuelle Updates gibt, die Sie von hier aus komfortabel herunterladen können. Seit OS X Mountain Lion läuft diese Aktualisierung nur mehr über den App Store, wo Sie auch ein (kostenloses) Konto als Apple-ID einrichten müssen. Schließlich können Sie von hier aus auch auf den App Store zugreifen. Dort kann man Programme (Applications) teils kostenpflichtig, teils gratis herunterladen und direkt auf dem Mac installieren – alles in einem komfortablen Ablauf.

❷ Der wohl am meisten gewählte Eintrag im Apfel-Menü lautet Systemeinstellungen. Sie rufen damit die Steuerzentrale für das Verhalten Ihres Macs sowie das Zusammenspiel mit externen Geräten auf. Die Einstellungen des Dock entsprechen jenen, die Sie mit einem rechten Mausklick auf die Trennlinie im Dock selbst festlegen (siehe Seite 41). Mittels Umgebung können Sie mehrere Netzwerkeinstellungen ablegen, zum Beispiel fürs Büro und zu Hause. Sehr komfortabel schalten Sie dann hier auf die jeweilige Umgebung um und können problemlos auf das Netzwerk zugreifen.

❸ Unter den Benutzten Objekten protokolliert Ihr Mac die zuletzt geöffneten Programme, Dokumente und Server. So können Sie schnell darauf zugreifen, ohne sie an den jeweiligen Speicherorten zu suchen.

❹ Der nächste Eintrag bezieht sich immer auf das aktuelle Programm. Sie können es nämlich sofort beenden, was man auch als »Abschießen« einer Anwendung bezeichnet. Wenn einmal ein Fenster eingefroren ist, das Programm auf keine Tastatur- und Maus-Eingaben mehr reagiert, dann führt wohl kein Weg daran vorbei. Achtung: Alle nicht gespeicherten Änderungen gehen dabei verloren. Aber immer noch besser, als nicht mehr damit arbeiten zu können!

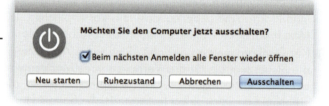

Das Apfel-Menü als Schaltzentrale II

❺ Die drei nächsten Befehle sind ziemlich selbsterklärend: Mit dem Ruhezustand schicken Sie Ihren Mac sozusagen schlafen. Der Monitor wird deaktiviert, der Computer läuft aber weiter und kann jederzeit »geweckt« werden. Ebenso ist hier der Neustart und das Ausschalten möglich. Diese Befehle werden übrigens auch aufgerufen, wenn Sie auf Ihrem Mac den Einschaltknopf drücken. Er fragt Sie dann, ob Sie den Computer jetzt wirklich ausschalten möchten. Seit der Vorversion OS X Lion gibt es hier noch eine weitere Funktion: Bei einem neuen Start werden die gerade geöffneten Fenster und Dokumente auf Wunsch wieder genau so hergestellt, wie Sie sie zurückgelassen haben. Man kann also getrost auch »plötzlich« seinen Arbeitsplatz verlassen und beim Zurückkehren und neuen Einstieg alles wie gehabt wiederfinden.

❻ Zu guter Letzt können Sie sich von Ihrem Mac als Benutzer abmelden. Man sagt dazu auch »die Session schließen«. Das ist besonders dann wichtig, wenn Sie Ihren Computer für einen längeren Zeitraum verlassen, um Ihre Arbeit vor neugierigen Blicken oder gar Zugriff durch andere Personen zu schützen. Außerdem ermöglichen Sie damit einem anderen Benutzer am Mac die Anmeldung.

Schnell herunterfahren

Wenn Sie Ihren Mac wirklich schnell – also ohne nochmalige Nachfrage des Systems – ausschalten oder neu starten möchten, halten Sie beim Aufruf des Befehls *Ausschalten* oder *Neustart* im Apfel-Menü einfach die Taste ⌥ gedrückt. Es verschwinden dann die drei Punkte hinter dem Eintrag und der Mac führt den Befehl direkt aus.

Programme im Launchpad organisieren

Vielleicht haben Sie schon einmal eines der mobilen Geräte von Apple – also ein iPhone, ein iPad oder einen iPod Touch – in der Hand gehabt oder besitzen sogar ein solches. Dann ist Ihnen die Darstellung der Apps (Abkürzung von Applications = Programme) in Form von Symbolen auf der Oberfläche bekannt. Ebenso wissen Sie wohl, wie Sie zwischen den verfügbaren Seiten mittels Fingerbewegung navigieren.

Genau diese Darstellung ist seit der Vorversion OS X Lion in die Oberfläche eingebaut, mit der Sie einen Überblick über alle installierten Programme erhalten und diese auch gleich starten können. Gleich neben dem Finder-Symbol finden Sie im Dock zu ihrer Bedienung das Symbol für das **Launchpad**: eine kleine Rakete auf einem runden Metallknopf ❶.

Wenn Sie darauf klicken, blendet der Hintergrund unscharf ab ❷ und zeigt große Symbole aller im System installierten Programme. Ganz oben in der Mitte kann man nach dem Namen eines Programms suchen ❸. Am unteren Bildschirmrand (über dem Dock angeordnet) finden Sie einige Punkte ❹. Sie zeigen an, auf welcher Seite mit Programmsymbolen man sich gerade befindet, denn wenn man viele Programme auf seinem Mac hat, passen oft nicht alle Symbole zugleich auf den Bildschirm. Mit der Geste Wischen auf dem Touchpad oder auf einer Magic Mouse bzw. mit den Pfeiltasten nach links oder rechts blättern Sie. Wenn Sie eine App starten möchten, dann klicken Sie einfach darauf. Das Launchpad blendet dann aus, Sie kehren zurück zum Schreibtisch und das Programm wird im Dock geladen.

Das Launchpad kommt auch zum Einsatz, wenn Sie ein Programm aus dem App Store laden. Es wird dann im Launchpad eingefügt, bleibt grau, solange es noch heruntergeladen wird, und es wird sowohl für das Programmsymbol als auch beim Launchpad im Dock ein kleiner Fortschrittsbalken angezeigt. Das Symbol wird farbig, sobald das Programm fertig geladen ist. Und weil das alles genauso wie auf den mobilen Geräten funktioniert, gilt das auch für das Entfernen von im App Store geladenen Programmen: Sie klicken auf eines der Programmsymbole (egal welches) im Launchpad, halten aber die Maustaste für einige Momente gedrückt. Alle Programmsymbole beginnen zu »zittern« und Sie können alle Programme, die aus dem App Store stammen, mit einem Klick auf das kleine weiße X in der linken oberen Ecke ❺ entfernen.

Suchen und Finden mit Spotlight I

Dateien und Ordner lassen sich in Mac OS X wirklich sehr einfach auffinden. Das verdankt der Mac-Nutzer einer Technologie namens **Spotlight**, die ganz tief in das System eingebaut ist. So tief, dass man damit nicht nur Datei- und Ordnernamen, sondern auch vieles andere aufspürt: Inhalte aus E-Mails, Kontakte im Adressbuch, Digitalfotos anhand ihrer Aufnahmedaten (von der Kamera angelegt), Inhalte aus PDF-Dokumenten, Musik, Schriften, Webseiten im Browserverlauf, Programme und so weiter. Es werden nämlich nicht nur Dateinamen und Inhalte, sondern auch sogenannte Metadaten in die Suche einbezogen. Dabei handelt es sich um Beschreibungen für Dateien, die nicht unbedingt auf den ersten Blick »sichtbar« sein müssen, aber dennoch oft zum Einsatz kommen. Denken Sie beispielsweise an Informationen wie den Dateityp, das letzte Änderungsdatum oder die verwendete Blende bei einem Foto. All diese Informationen werden schließlich intelligent gruppiert als Suchergebnis von Spotlight angezeigt.

So suchen Sie im gesamten System nach Inhalten:

❶ Klicken Sie auf das Lupen-Symbol für Spotlight in der Menüleiste – ganz rechts oben auf Ihrem Bildschirm. Oder noch viel besser: Verwenden Sie den Kurzbefehl ⌘ + Leertaste . (Den sollten Sie sich wirklich merken – er ist unglaublich praktisch in der täglichen Arbeit!)

❷ Tippen Sie die ersten paar Buchstaben des gesuchten Begriffs ein. (Der Cursor steht automatisch im Eingabefeld.) Es werden, bereits während Sie noch schreiben, die ersten Suchergebnisse angezeigt. Je mehr Sie tippen, desto weiter werden die Suchergebnisse verfeinert. Außerdem sehen Sie eine Gliederung der Ergebnisliste in verschiedene Dateitypen.

❸ Fahren Sie mit der Maus (oder den Pfeiltasten) über ein Suchergebnis, ohne es anzuklicken. Links von der Ergebnisliste erscheint eine Vorschau auf die ausgewählte Datei. Mit dieser Funktion können Sie sich also im wahrsten Sinne des Wortes ein Bild davon machen.

❹ Klicken Sie auf die gefundene Datei, um Sie mit dem zugehörigen Programm zu öffnen. Alternativ dazu können Sie weitere Ergebnisse im Finder ❺ anzeigen lassen. Beachten Sie außerdem am unteren Rand der Ergebnisliste die Möglichkeit, nach dem Begriff im Web oder auf Wikipedia zu suchen.

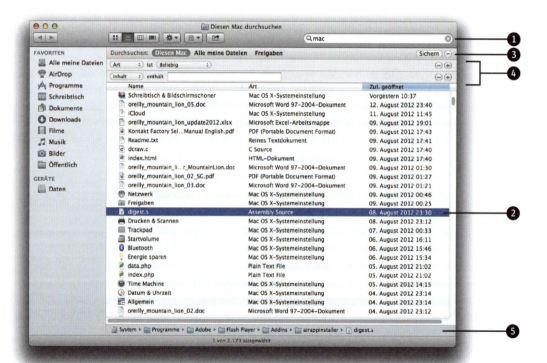

Suchen und Finden mit Spotlight II

Wenn Sie sich für die **weiterführende Suche im Finder** entschieden haben, öffnet sich zunächst ein neues Finder-Fenster. In diesem wurde dann der gesuchte Begriff in das Suchfeld rechts oben eingefügt und es werden alle Ergebnisse im System aufgelistet. Sie können aber auch jederzeit eine Suche starten, indem Sie einfach in einem geöffneten Finder-Fenster rechts oben in das Suchfeld einen Begriff eingeben. Bei dieser Art von Suche gibt es ein paar Besonderheiten zu beachten.

So suchen Sie im Finder nach Inhalten:

❶ Klicken Sie in einem bereits geöffneten Finder-Fenster rechts oben in das Suchfeld. Oder wählen Sie im Finder aus dem Menü *Ablage → Suchen*, wozu Sie auch den Kurzbefehl ⌘ + F nutzen können.

❷ Geben Sie den gesuchten Begriff ein – im Fenster werden in der Listen-Darstellung die Suchergebnisse samt Spalten mit Details ausgegeben. Wie üblich können Sie durch einen Klick in den Spaltenkopf die Ergebnisliste nach bestimmten Details sortieren.

❸ Geben Sie in der Zeile unter dem Suchfeld nun an, wo Sie nach den Inhalten suchen möchten – zum Beispiel nur auf einer externen Festplatte oder nur in einem bestimmten Ordner.

❹ Zusätzlich können Sie Ihre Suche noch filtern. Dazu finden Sie in der Leiste darunter jeweils eine Eigenschaft (Metadaten) in einer Auswahlliste, eine Definition (»enthält« oder »ist« zum Beispiel) und ein Eingabefeld, in das Sie den gewünschten Wert zum Filtern eintragen. Mit einem Klick auf diese Eigenschaft bekommen Sie Zugang zu anderen auswählbaren Details. Ganz unten in dieser Auswahlliste kommen Sie mit *Andere...* noch zu einer Vielzahl anderer Sucheigenschaften. Das ist optimal, um in großen Datenbeständen zu navigieren. Beachten Sie aber, dass nicht alle dieser Eigenschaften für alle Dateitypen Sinn machen. (Ein Textdokument hat zum Beispiel kein Belichtungsprogramm.) Mit dem Plus-Symbol am Ende der Zeile fügen Sie weitere Sucheigenschaften hinzu. Mit dem Minus entfernen Sie diese.

❺ Wenn Sie einen einzelnen Eintrag in den Suchergebnissen per Mausklick markieren, bleibt – im Gegensatz zur Spotlight-Suche über die Menüleiste – das Suchergebnis als Liste erhalten. Im unteren Bereich des Fensters erscheint zusätzlich die Pfadleiste, die den Speicherort des Eintrages anzeigt. Sie können auf die einzelnen Ordner doppelklicken, um diese in einem neuen Fenster zu öffnen.

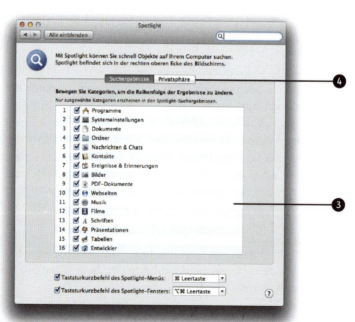

Suchen und Finden mit Spotlight III

Vielleicht wundern Sie sich, wieso sofort beim Eintippen der ersten Buchstaben Suchergebnisse eingeblendet werden. Das ist nur dadurch möglich, dass Mac OS X vom ersten Anschließen eines Datenspeichers an einen sogenannten **Suchindex** erstellt, der dann als Grundlage für die Suche verwendet wird. Sie erkennen das Anlegen des Suchindex an einem kleinen pulsierenden Punkt im Lupensymbol von Spotlight. Während Sie im System arbeiten, neue Dateien anlegen und schreiben oder kopieren, wird der Suchindex laufend angepasst.

Eine ganz besondere Techologie, die Sie an verschiedenen Stellen in Mac OS X entdecken werden, ist der Einsatz von sogenannten **Intelligenten Ordnern**. Sie erkennen diese am violetten Ordner-Symbol mit dem kleinen Zahnrad in der Mitte ❶. Dabei handelt es sich um eine gespeicherte Suche. Sie können sich ein Suchergebnis wie auf der Vorseite individuell zusammenstellen und mittels des Buttons »Sichern« ❷ in die Seitenleiste des Finder-Fensters aufnehmen. Alternativ gehen Sie im Finder auf das Menü *Ablage* → *Neuer Intelligenter Ordner* und stellen Ihre Suche zusammen. Beim Anklicken dieses Intelligenten Ordners wird im Fenster die Suche mit all diesen Sucheigenschaften erneut ausgeführt.

Alle Konfigurationen für Spotlight finden Sie unter *Apfel-Menü* → *Systemeinstellungen…* → *Spotlight*. Dort können Sie definieren, welche Kategorien in welcher Reihenfolge bei der Suche im gesamten System als Ergebnisse angezeigt werden. Etwas ungewohnt: Sie können in dieser Liste ❸ nicht nur mit Checkboxen Kategorien ab- und anwählen, sondern auch mittels Drag-and-Drop die Reihenfolge verändern. Außerdem definiert man hier ❹ auch im Menü *Privatsphäre*, welche Speicherorte nicht in die Suche einbezogen werden sollen.

Eine kurze Anekdote zum **Suchen und Finden** gefällig? In den älteren Generationen von Apple Mac OS (etwa bis 1999) war der Button der Suchfunktion mit »Finden« beschriftet. In Microsoft Windows hingegen stand auf diesem Button »Suchen«. Mit kleinem Augenzwinkern Richtung PC sind Mac-Nutzer noch heute stolz darauf.

Mit Mission Control den Überblick bewahren I

Manchmal kommt es vor, dass man in den vielen übereinander geöffneten Fenstern von verschiedenen Programmen den Überblick verliert. Zur Beseitigung dieses Problems wurde Mac OS X im Laufe seiner Geschichte mit einigen Hilfsfunktionen ausgestattet: Exposé, Spaces, Dashboard und Widgets. All diese sind seit OS X Lion unter dem Namen **Mission Control** zusammengefasst. Damit ist es möglich, alle geöffneten Fenster logisch gruppiert zu sehen.

Mission Control kann entweder über das dazugehörige Symbol im Dock ❼ – standardmäßig das dritte von links – oder über die spezielle F3-Taste auf der Mac-Tastatur gestartet werden ❽. Sollten Sie ein älteres Mac-Keyboard besitzen, so können Sie die in Folge beschriebenen Funktionen von Mission Control mit den Tasten [F9] und [F10] aufrufen. Sobald Sie die Taste gedrückt haben, erscheint eine nach Programmen gruppierte Übersicht der geöffneten Fenster mit einigen wichtigen Elementen:

❶ Im Hauptbereich sehen Sie alle auf dem aktuellen Schreibtisch geöffneten Programme samt Symbol und Namen, darunter die im jeweiligen Programm geöffneten Fenster hintereinander aufgeschichtet.

❷ Innerhalb einer solchen Fensterübersicht können Sie mit der Maus oder den Pfeiltasten auf der Tastatur und dann mit einem Klick oder [↵] ein Fenster auswählen und in den Vordergrund bringen.

❸ Oben auf dem Bildschirm erhalten Sie eine Übersicht der geöffneten Schreibtische. Es handelt sich dabei um die Technologie **Spaces**. Sie ermöglicht, innerhalb Ihrer Arbeitsumgebung mehrere solcher virtuellen Schreibtische einzurichten und hier zwischen ihnen zu wechseln. Sobald Sie ein Programm auf einem Schreibtisch öffnen, bleiben alle Fenster dieses Programms auf diesem Schreibtisch. (Das können Sie nutzen, um zum Beispiel zwischen zwei Programmen mit voller Bildschirmausnutzung zu wechseln.)

❹ Wenn Sie die Taste [⌥] gedrückt halten oder den Mauscursor in die rechte obere Bildschirmecke bewegen, erscheint ein etwas abgeschwächt dargestelltes Plus-Symbol. Ein Klick darauf lässt einen neuen virtuellen Schreibtisch entstehen.

❺ Der Schreibtisch ganz links wird mit **Dashboard** beschriftet. Hier werden Mini-Programme für ganz einfache Aufgaben zusammengefasst. Wir beschäftigen uns auf Seite 67 genauer damit.

❻ Das Dock bleibt unten eingeblendet und zeigt alle gerade laufenden Programme (blauer Punkt) an.

❶ und ❸

❷

❹

Mit Mission Control den Überblick bewahren II

Zusätzliche hilfreiche Funktionen bietet Mission Control im Zusammenspiel mit bestimmten zusätzlich gedrückten Tasten. Es mag am Anfang etwas abstrakt wirken, beschleunigt aber das Arbeiten enorm. Deshalb zahlt es sich aus, sich einige davon zu merken:

❶ Halten Sie die Taste ⌘ gedrückt und aktivieren Sie Mission Control (wie auf der vorigen Seite beschrieben). Damit schieben Sie schnell **alle geöffneten Fenster zur Seite** und machen den Blick auf den Schreibtisch frei. Nur am schmalen, abgedunkelten Bildschirmrand erkennen Sie die Fenster. Das ist praktisch, wenn Sie eine Datei oder einen Ordner vom Schreibtisch an einen neuen Speicherort verschieben, den Sie gerade in einem Finder-Fenster geöffnet haben. Sie schieben also mit dieser Funktion alle Fenster zur Seite, klicken das Objekt am Schreibtisch an und halten die Maustaste gedrückt, aktivieren nochmals diese Funktion, und können nun das Objekt ganz einfach im nach wie vor aktiven Finder-Fenster am gewünschten Speicherort ablegen.

❷ Halten Sie die Taste ctrl gedrückt und aktivieren Sie Mission Control. Nun sehen Sie **alle Fenster eines einzelnen Programms**, und zwar desjenigen, das gerade aktiv ist. Mit einem Mausklick bringen Sie das gewünschte Fenster in den Vordergrund. Der Vorteil dieser Art von Mission Control liegt in der größeren Darstellung der Fensterinhalte. In diesem Modus können Sie mit der Taste → zwischen allen geöffneten Programmen wechseln.

❸ Bei zusätzlich gedrückter Taste ⇧ können Sie das Zusammenschieben der Fenster **langsamer animieren lassen**. Damit kann man einen »Zaungast« am Mac visuell beeindrucken.

❹ Am Rande sei hier auch noch erwähnt, dass Sie **zwischen geöffneten Programmen** nicht nur über das Dock und Mission Control wechseln können, sondern auch ganz einfach mittels ⌘ + →. Es erscheint dann eine querliegende Auswahl an Programmsymbolen, in der Sie – bei gedrückt gehaltener Taste ⌘ – mit der Tabulatortaste von links nach rechts einzelne Programme durchspringen. Sobald Sie auf dem gewünschten gelandet sind und die Taste ⌘ auslassen, wechseln Sie zu diesem Programm.

Alle Detaileinstellungen zu Mission Control finden Sie unter *Apfel-Menü* → *Systemeinstellungen…* → *Mission Control*. Diese können Sie auch über den Aufruf von Mission Control bei gedrückter Taste ⌥ erreichen.

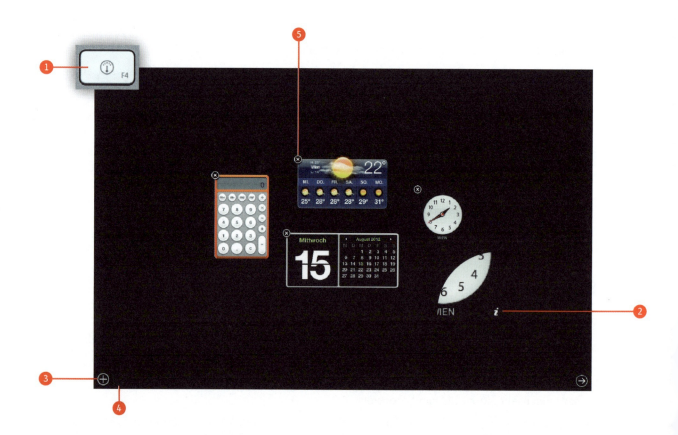

Das Dashboard nutzen

Bei der Übersicht der Schreibtische innerhalb von Mission Control ist Ihnen wahrscheinlich schon das ganz links stehende **Dashboard** aufgefallen. Hier handelt es sich um einen Bereich, in dem Mini-Programme (sogenannte **Widgets**) aufgerufen werden können. Sie dienen meist nur einem ganz spezialisierten Zweck, haben keine Menüleiste oder Befehle, sondern alles spielt sich innerhalb der Maske des Widgets ab. Das Dashboard gibt es schon seit einigen Versionen von Mac OS X, wurde aber in der Vorgängerversion OS X Lion neu organisiert (siehe Seite 63). Sie können aber auch in den Mission-Control-Systemeinstellungen die Funktion *Dashboard als Space anzeigen* deaktivieren, dann wird es – wie früher – über dem gerade aktuellen Schreibtisch eingeblendet.

Zum Aufrufen des Dashboard gibt es eine eigene Taste ❶ auf der aktuellen Tastatur von Apple. Mac OS X wird mit einer Reihe von vorinstallierten Widgets ausgeliefert. Standardmäßig sind einige Widgets bereits aktiv: eine Uhr, ein Kalender, ein Rechner und eine Wettervorschau. Wie Sie sehen, führen einige Widgets ihre Aktion ganz automatisch aus (z.B. Sekundenzeiger der Uhr), andere wiederum warten auf Ihre Eingaben. Die Widgets können Sie nun frei im Dashboard platzieren. Dazu klicken Sie einfach irgendwo in das Widget und ziehen es bei gedrückter Maustaste an die gewünschte Stelle. Die meisten Widgets können Sie auch noch zusätzlich einstellen, indem Sie die Maus über das Widget führen und auf das in der rechten unteren Ecke erscheinende kleine »i« klicken ❷. Das Widget klappt um, Sie treffen Ihre gewünschten Einstellungen und kehren mit dem Button »Fertig« wieder zurück zur normalen Anzeige.

Wenn Sie zusätzliche Widgets laden wollen – auch mehrere gleiche sind möglich – klicken Sie auf das eingekreiste Plus-Symbol ❸ in der linken unteren Ecke des Bildschirms. Es erscheint eine Ansicht aktivierbarer Widgets – ähnlich wie das Launchpad für die Programme auf dem Mac. Klicken Sie einfach das gewünschte Widget an; es wird im Dashboard geladen. Mit dem eingekreisten Minus-Symbol ❹ erhalten alle Widgets ein kleines X in der linken oberen Ecke ❺. Mit einem Klick darauf entfernen Sie das Widget wieder. Eine große Auswahl weiterer Widgets finden Sie unter http://www.apple.com/downloads/dashboard/.

Vorschau auf Dateien erhalten

Um beim Suchen nach Inhalten nicht für jede Datei das zugehörige Programm voll laden zu müssen, unterstützt Mac OS X eine ganze Menge an Formaten, die das System in einer Vorschau anzeigen kann. So erhalten Sie eine **Vorschau für eine Datei**:

- Klicken Sie in einem Finder-Fenster einmal auf eine Datei, um diese zu markieren. Drücken Sie nun einfach die Leertaste auf Ihrem Mac-Keyboard. Es öffnet sich ein Vorschaufenster ❶, das den Inhalt der Datei zeigt. Nicht nur Texte oder Bilder lassen sich hier anzeigen, sondern zum Beispiel auch eine Microsoft Excel-Tabelle wird vereinfacht dargestellt, sodass Sie einen Überblick über den Inhalt erhalten und auch darin navigieren können. Mehrere Dateien können Sie über das Raster-Symbol ❷ einblenden. In der rechten oberen Ecke des Fensters erscheint ein Button ❸, mit dem Sie die als Vorschau dargestellte Datei im zugeordneten Programm öffnen können. Apropos, es gibt auf dem Mac auch ein Programm namens Vorschau.app im Programmordner, das standardmäßig zum Anzeigen von Bildern und PDF-Dateien verwendet wird. Dieses ist auch gemeint, wenn auf dem Button rechts oben »Öffnen in Vorschau« steht.

- Alternativ können Sie die Vorschau auch mit dem kleinen Doppelpfeil ❹ auf den ganzen Bildschirm erweitern, der dann schwarz abblendet und bildschirmfüllend den Inhalt der Datei(en) anzeigt. Am unteren Bildschirmrand erscheint dann mittig eine Leiste mit weiteren Optionen. Sie erlauben es beispielsweise, ein Bild aus der Vorschau direkt in iPhoto zu importieren. Mit dem X in dieser Leiste oder einem Druck auf die Taste `esc` schließen sie die Vorschau wieder.

- Eine weitere Möglichkeit der Vorschau gibt es in der Symboldarstellung von Mac OS X, wenn Sie im Finder im Menü *Darstellung → Darstellungsoptionen einblenden* wählen und dort einen Haken beim Eintrag *Symbolvorschau einblenden* setzen ❺. Dort gibt es auch die Option *Objektinfo einblenden*, die Ihnen zum Beispiel die Abmessungen eines Bildes in Pixel angibt oder die Spieldauer eines Videos.

Sehr nützlich ist die Vorschau via Leertaste auch in sämtlichen Dialogen zum Öffnen oder Speichern einer Datei in Programmen. Auch dort können Sie in der Listendarstellung eine Datei anklicken und mit Drücken der Leertaste den Inhalt als Vorschau einsehen.

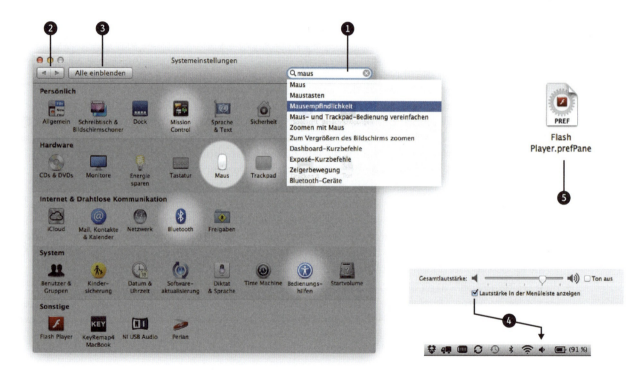

Systemeinstellungen verwalten

Jedes Betriebssystem hat in der Regel einen zentralen Bereich, in dem alle veränderlichen Einstellungen verwaltet werden können. In Mac OS X befindet sich dieser Bereich *im Apfel-Menü → Systemeinstellungen...* und bietet in übersichtlicher Form Zugriff auf eine ganze Menge an Optionen. Ich möchte hier nicht auf eine ganz bestimmte Systemeinstellung eingehen, sondern Ihnen ganz allgemein die Bedienung erklären. Haben Sie diese verstanden, können Sie sie leicht auf jede beliebige Systemeinstellung übertragen.

Die Systemeinstellungen sind in verschiedenen Zeilen organisiert. Hier handelt es sich um Kategorien, die im oberen Bereich der Zeile auch benannt sind. Zunächst fällt rechts oben in diesem Fenster ein Suchfeld ❶ auf. Da hier wirklich sehr viele Funktionen verwaltet werden, kann man leicht einmal vergessen, wo eine bestimmte zu finden ist. Mithilfe der Suche erhalten Sie sofort ein Ergebnis mit möglichen Fundstellen, ja mehr noch: Wenn Sie mit den Pfeiltasten durch die Liste blättern, wird mit Spots beleuchtet, wo die gesuchte Funktion am wahrscheinlichsten zu finden ist. Alternativ kann man auch die einzelnen Einstellungen mit den Pfeilbuttons durchblättern ❷.

Haben Sie die richtige Systemeinstellung mit einem Klick auf das Icon gewählt, klappt das Fenster zu den gewünschten Einstellungen um. Sie wählen dort mittels Checkboxen, Auswahllisten, Eingabefeldern usw. Ihre Parameter. Eine immer wieder innerhalb einzelner Systemeinstellungen aufscheinende Funktion ist das *»Anzeigen in der Menüleiste«* ❹. Mit einem Klick darauf aktivieren Sie die kleinen schwarzen Icons im rechten Bereich der Menüleiste. Sind Sie mit den Einstellungen zufrieden, kehren Sie mit dem Button *Alle Einblenden* ❸ stets zur Übersicht der Systemeinstellungen zurück.

Ganz unten sehen Sie in den Systemeinstellungen eine Zeile, die auf Ihrem Mac vielleicht ein wenig anders aussieht. Es handelt sich hier um Systemeinstellungen, die von Programmen mitinstalliert wurden. Diese werden in .prefPane-Dateien ❺ (Preference Pane) verwaltet. Wenn Sie einmal eine solche löschen wollen, führen Sie einen rechten Mausklick darauf in den Systemeinstellungen aus und wählen Sie dort *Entfernen*.

NEU in Mountain Lion

Mitteilungszentrale

Bei der Kommunikation zwischen zwei Menschen gibt es große Abstufungen der Wichtigkeit der mitgeteilten Information in der jeweiligen Situation. Natürlich sind Bemerkungen, die wir im Rahmen von Smalltalk äußern, nicht annähernd so dringlich wie etwa ein Hilferuf aus einem brennenden Haus. So ähnlich ist es auch bei Informationen auf Ihrem Mac.

Manches sind wichtige Warnhinweise, die zum Beispiel erscheinen, wenn Sie dabei sind, tief greifende Änderungen an Daten vorzunehmen. Zur Sicherheit wird dann ein Dialog vorgeschaltet, den Sie abbrechen oder mit OK bestätigen können. Andere Informationen sind eher beiläufiger Natur: zum Beispiel dass der Brennvorgang für eine DVD im Hintergrund abgeschlossen wurde. Wieder andere Informationen wie der Geburtstag eines Freundes »schlummern« zwar im Kalender, werden aber erst nach einem Aufruf dieses Programms sichtbar. Besonders für letztere Beispiele gibt es die neue ❶ **Mitteilungszentrale**, die Sie über einen Klick auf das Symbol ganz rechts in der Menüleiste ❷ aktivieren. Alternativ können Sie auch mit zwei Fingern von rechts in Ihr Trackpad hereinwischen, um sie einzublenden. Sie informiert sehr deutlich und doch wenig störend über diverse aktuelle Meldungen. So wird auf Termine im Kalender hingewiesen, auf Erwähnungen Ihres Namens innerhalb von Twitter, auf die Verfügbarkeit von Software-Updates im AppStore und vieles mehr.

Das Erscheinen solcher Mitteilungen wird im *Apfel-Menü* → *Systemeinstellungen* → *Benachrichtigungen* gesteuert. In der Liste auf der linken Seite ❸ legen Sie zunächst per Drag-and-Drop fest, ob das Programm in der Mitteilungszentrale erscheinen soll (oben, standardmäßig so eingerichtet) oder nicht (unterer Bereich). Wenn Sie dann auf einen einzelnen Eintrag in der Liste klicken, können Sie rechts festlegen, in welchem *Stil* ❹ die Hinweise erscheinen sollen. Dabei handelt es sich um kurze Einblendungen als Balken rechts oben am Bildschirm, der nur kurz informiert und nach wenigen Augenblicken auch wieder verschwindet, ohne dass Sie in Ihrer Arbeit gestört werden.

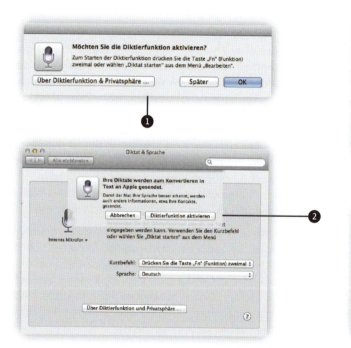

Diktieren

Bislang war die Spracheingabe auf dem Mac auf die sogenannten Speakable Items beschränkt – der Möglichkeit, mittels englisch ausgesprochener Befehle Ihren Computer zu steuern. Diese Funktion gibt es nach wie vor – sie ist nun unter *Apfel-Menü* → *Systemeinstellungen* → *Bedienungshilfen* untergebracht worden.

Ganz neu in OS X Mountain Lion ist aber die Möglichkeit, Ihrem Mac **Texteingaben zu diktieren**. Diese Funktion ist so tief in das System eingebaut, dass Sie wirklich in jedem Texteingabefeld verwendet werden kann. Zunächst müssen Sie dazu unter *Apfel-Menü* → *Systemeinstellungen* → *Diktat & Sprache* die Funktion einschalten ❶. Es erfolgt ein Hinweis – den Sie übrigens auch unter dem Button unten ❷ genauer nachlesen können –, dass Ihre Spracheingaben über das Internet auf Server von Apple übermittelt werden, um sie zu analysieren und gut zu interpretieren. Wenn Sie damit einverstanden sind, klicken sie auf *Diktierfunktion aktivieren*. Mit dem auswählbaren Kurzbefehl (Standard: zweimal die Taste Fn) und nach Festlegung Ihrer Sprache können Sie die Systemeinstellungen wieder schließen.

Öffnen Sie nun testweise das Programm TextEdit über das Launchpad. Legen Sie ein neues Dokument an und stellen Sie sich mit dem Cursor an die gewünschte Stelle. Nun drücken Sie den vorhin gewählten Kurzbefehl und es erscheint eine kleine Sprechblase ❸ mit einem Mikrofon. Ihr Mac ist nun bereit für das Diktieren. Sprechen Sie Ihren Text inklusive Satzzeichen (wie »Komma«, »Punkt« oder »Fragezeichen«). Mittels nochmaligem Drücken der Taste Fn oder ↵ schließen Sie die Eingabe ab und erhalten in der Regel wirklich beeindruckend schnell das Ergebnis der Spracherkennung ❹. Diese neue Funktion, die Sie übrigens auch in jedem anderen Programm mit Texteingabe über das Menü *Bearbeiten* → *Diktat starten* aufrufen können, ist die sinnvolle Weiterführung der eingeführten Spracherkennung namens »Siri« auf den mobilen Geräten iPhone und iPad.

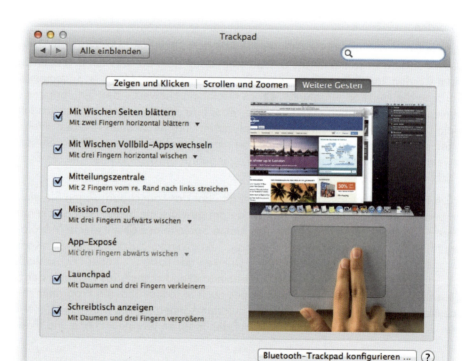

Den Mac mit Gesten steuern

Jedem neu ausgelieferten Mac liegt eine Magic Mouse bei oder ist zumindest ein intelligentes Trackpad eingebaut. Diese Geräte können die Eingabe mit einem oder mehreren Fingern unterscheiden. Außerdem ist vielen Benutzern die Bedienung mit den Fingern auch von den mobilen Geräten schon gut bekannt. Diese Technologie wurde in Mac OS X aufgenommen und das System mit einer Vielzahl von Möglichkeiten zur **Bedienung mit Gesten** ausgestattet.

Dabei handelt es sich um bestimmte Bewegungen mit zwei oder mehr Fingern auf einem dieser Eingabegeräte, die mit bestimmten Funktion belegt sind. Diese gelten dann systemweit. Sie werden unter *Apfel-Menü* → *Systemeinstellungen…* → *Trackpad* oder *Maus* verwaltet. Hier finde Sie die jeweilige Funktion und darunter dann die Geste, die dafür festgelegt werden kann. Schön ist dabei, dass die besagte Funktion gleich in einem kleinen Video rechts davon angezeigt wird. So braucht man nicht seine Fantasie zu bemühen, um zu wissen, was man hier einstellt, sondern bekommt es gleich anschaulich präsentiert.

Nicht unterstützte Trackpads

Sollte Sie ein etwas älteres MacBook einsetzen, dessen Trackpad die Gestensteuerung nicht unterstützt, werden Sie diese auch nicht in den Systemeinstellungen finden. Wenn Sie auf die Gestensteuerung dennoch nicht verzichten wollen, können Sie immer noch ein externes Magic Trackpad erwerben, das per Bluetooth mit Ihrem MacBook verbunden werden kann, all diese Gesten versteht und auch in den Systemeinstellungen erscheint.

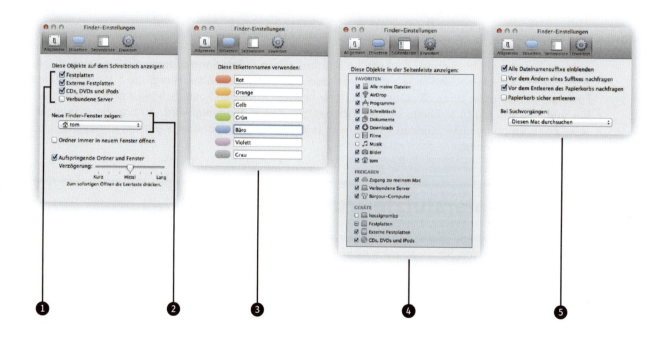

Darstellung der Oberfläche anpassen

All das, womit man täglich arbeiten muss, sollte man sich so komfortabel wie möglich einrichten. Das gilt natürlich auch für die Arbeitsoberfläche innerhalb von Mac OS X. Hier sind zwei Anlaufstellen ratsam:

- Rufen Sie unter *Apfel-Menü* → *Systemeinstellungen…* → *Allgemein* jene **systemweiten Detaileinstellungen** auf, die das Verhalten von Fenstern innerhalb des Systems betrifft. Angefangen vom Erscheinungsbild und den Farben im System, über die Anzeige von Rollbalken (Scrollbalken) in den Fenstern bis hin zu der Merkliste für die *Benutzten Objekte* im Apfel-Menü stellen Sie hier an zentraler Stelle alles ein. Die Funktionsbeschreibungen sind selbsterklärend. (Fortgeschrittene Mac-Benutzer können noch mehr »versteckte« Funktionen in Mac OS X mittels der frei verfügbaren Drittanbieter-Software Onyx freischalten: http://www.titanium.free.fr/)

- Neben dem im Finder bereits kennengelernten Menü *Darstellung* → *Darstellungsoptionen einblenden* gibt es auch noch unter *Finder* → *Einstellungen…* die Möglichkeit festzulegen, wie man das **Arbeiten innerhalb der Finder-Fenster gestalten** möchte. Auch hier sind die Funktionen recht selbsterklärend. Daher nur ein paar Gedanken dazu: Ich persönlich finde es sehr praktisch zumindest externe Datenspeicher wie Festplatten, USB-Sticks oder DVDs auch auf dem Schreibtisch anzeigen zu lassen ❶. Wenn Sie Ihre Arbeit immer wieder an einem bestimmten Punkt beginnen – z.B. in den Dokumenten in Ihrem Benutzerordner – empfiehlt es sich diesen unter *Neue Finder-Fenster zeigen* ❷ festzulegen. Etiketten sind ein sehr effizientes Mittel, um sich im Datenchaos zu orientieren. Damit können Sie Dateien über einen rechten Mausklick einfärben und so besser hervorheben. Aber auch eigene Begriffe lassen sich zuordnen ❸ und mittels Spotlight suchen. Um immer wieder besuchte Speicherorte stets im Blick zu haben, empfiehlt sich eine gute, aber nicht zu ausführliche Zusammenstellung der Seitenleiste für Finder-Fenster ❹. Schließlich helfen die Einstellungen unter *Erweitert* dabei, dass der Umgang mit Dateisuffixen (meist dreistelliger Anhang am Dateinamen, z.B. ».txt«) und das Entleeren des Papierkorbs sicher vonstatten gehen – und Sie dennoch nicht in Ihrer Arbeit ausbremsen ❺.

Übrigens: Nach einer Änderung dieser Einstellungen müssen Sie Ihr System nicht neu starten, sondern können sofort mit der angepassten Oberfläche weiterarbeiten.

| Finder | Ablage | **Bearbeiten** | Darstellung | Gehe zu | Fenster | Hilfe |

Widerrufen	⌘Z
Wiederholen	⇧⌘Z
Ausschneiden	⌘X
„Daten" kopieren	⌘C
Einsetzen	⌘V
Alle auswählen	⌘A
Zwischenablage einblenden	
Diktat starten …	fn fn
Sonderzeichen …	

Mac mittels Tastenkurzbefehlen steuern

An vielen Stellen in diesem Buch begegnet Ihnen der Hinweis auf den **Tastenkurzbefehl (Shortcut)** eines Befehls. In der Tat gibt es am Mac seit Jahren eine Tendenz, möglichst viele Funktionen so aufrufbar zu machen. Meist stecken die Anfangsbuchstaben des englischen Funktionsnamens hinter den Befehlen. Auch wenn Sie schon einige davon kennengelernt haben, hier eine Top-20-Liste jener Tastenkurzbefehle, die ich in meiner täglichen Arbeit am Mac nicht mehr missen möchte – die meisten davon sind auf den Finder bezogen:

- ⌘ + N ... Öffnen eines neuen Finder-Fensters (Englisch: new)
- ⌘ + ⇧ + N ... Anlegen eines neuen Ordners innerhalb des Finders
- ⌘ + O ... Öffnen einer Datei (Englisch: open)
- ⌘ + W ... Schließen einer Datei, Programm bleibt geöffnet
- ⌘ + Q ... Programm beenden/schließen (Englisch: quit)
- ⌘ + H ... alle Fenster eines Programms ausblenden/Programm bleibt aktiv (Englisch: hide)
- ⌘ + S ... aktuelle Datei speichern (Englisch: save)
- ⌘ + C und ⌘ + V ... in die Zwischenablage kopieren und an anderer Stelle einfügen
- ⌘ + ← ... Löschen eines markierten Elements/in den Papierkorb verschieben
- ⌘ + E ... externen Datenspeicher oder CD/DVD auswerfen (Englisch: eject)
- ⌘ + ... Einstellungen eines Programms öffnen (funktioniert in praktisch jeder Software am Mac)
- ⌘ + ▲ bzw. ▼ ... in verschachteltem Ordner eine Hierarchie höher/tiefer springen
- ⌘ + ▶ bzw. ◀ ... in Listen-Darstellung einen Ordner auf-/zuklappen
- ⌘ + ⌥ + D ... Dock ein- und ausblenden (Englisch: dock)
- ⌘ + ? ... Hilfe für ein Programm aufrufen
- ⌘ + Leertaste ... Suche mittels Spotlight aufrufen
- Leertaste ... Vorschau auf markierte Datei öffnen
- ⌘ + ⌥ + esc ... Programme sofort beenden (wenn ein Programm »eingefroren« ist)
- ⌘ + Z ... Letzte Aktion wiederrufen (rückgängig machen)
- ⌥ + E bzw. L ... Erzeugung des €- bzw. @-Symbols (Klammeraffe) in einem Text

2

KAPITEL 2 | Tägliche Aufgaben organisieren

Nach dem Kennenlernen der Oberfläche auf dem Mac geht es nun um all die Aufgaben, die täglich auf Ihrem Arbeitsplatz anfallen: Texteingabe, Tonausgabe, Datum und Uhrzeit, systemweit gültige Standards, Drucken, Geräte mit dem Mac verbinden, das System auf dem neuesten Stand halten, Windows auf dem Mac starten und vieles mehr.

In den 90er Jahren wurde der Begriff »plug and play« geprägt. Er bedeutet, dass man gleich nach dem Anstecken eines Geräts an den Computer loslegen kann, damit zu arbeiten. Dieses Prinzip ist am Mac sehr konsequent umgesetzt und trägt viel zur positiven Benutzererfahrung bei. Dennoch verbergen sich unter den Menüs, Systemeinstellungen und Kontextmenüs zahlreiche Optionen, die Sie hier nachschlagen und für Ihren individuellen Arbeitsplatz nutzen können.

Ich möchte Ihnen empfehlen, ein wenig Zeit dafür einzuplanen, sich Ihre Arbeitsumgebung auf dem Mac so komfortabel wie möglich einzurichten. Es ist eben so wie im echten Leben: Jeder hat ganz andere Anforderungen an seine Umgebung.

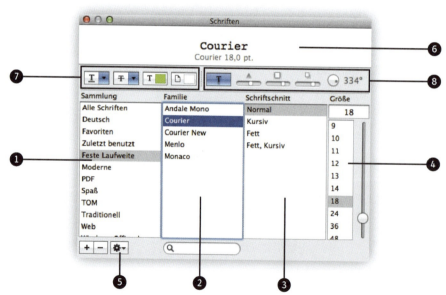

Texte formatieren

Alles rund um die Eingabe und Darstellung von Texten möchte ich im Programm *TextEdit* zeigen. Das ist ein nützliches Textverarbeitungsprogramm, das bereits mit Mac OS X mitinstalliert wird. Wenn Sie dort Text eingegeben haben, diesen markieren und nun in einer anderen Schrift formatieren wollen, gibt es dafür die Steuerelemente am oberen Fensterrand. Noch viel detaillierter können Sie dabei vorgehen, wenn Sie im Menü *Format* → *Schrift* → *Schriften einblenden* wählen oder den – übrigens in fast allen Programmen gleich lautendenden – Kurzbefehl ⌘ + T aufrufen. Im nun erscheinenden Fenster gibt es viele Einstellungen:

❶ In der Spalte ganz links können Sie aus einer Sammlung verschiedener Schriften wählen. OS X hat bei der Installation einige eingerichtet, sie können diese aber individuell festlegen, wie wir auf Seite 87 noch genauer sehen. Wenn Sie unsicher sind, wählen Sie *Alle Schriften*.

❷ In der nächsten Spalte wählen Sie die Familie aus – umgangssprachlich sagt man auch einfach »die Schrift« dazu. Hier sind also alle Namen der im System installierten Schriften verfügbar. Sie können auch über das Suchfeld darunter nach einer bestimmten Schriftfamilie suchen.

❸ Nun wählen Sie in der dritten Spalte den Schriftschnitt, sofern verschiedene zur Verfügung stehen. Damit ist gemeint, ob die Schrift fett oder kursiv dargestellt wird.

❹ Schließlich können Sie in der Spalte ganz rechts die Größe entweder mit einem Zahlenwert oder mit dem vertikalen Schieberegler festlegen.

❺ Mit dem Zahnrad-Button ganz unten greifen Sie noch auf eine Menge anderer Menübefehle zurück, um sich beispielsweise – wie links zu sehen – die aktuelle Schriftwahl als Favorit abzuspeichern, auf den Sie immer wieder zugreifen können, oder die Vorschau zu aktivieren.

❻ Genau diese Vorschau zeigt in der ersten Zeile den Schriftnamen in der aktuellen Formatierung und darunter in Grau und etwas kleiner die gewählten Werte aus den Spalten.

❼ Im oberen Bereich des Fensters können Sie dann mittels kleiner Buttons zusätzliche Formatierungen festlegen. Von links nach rechts: Unterstreichung, Durchstreichung, Textfarbe, Hintergrundfarbe.

❽ Sofern Sie unter ❺ die Effekte aktiviert haben, erscheinen außerdem noch Regler für den Schlagschatten. Mit dem ersten Button aktivieren Sie den Effekt, die übrigen dienen zur Steuerung von Deckkraft, Weichheit der Kante, Abstand und Winkel des Schlagschattens.

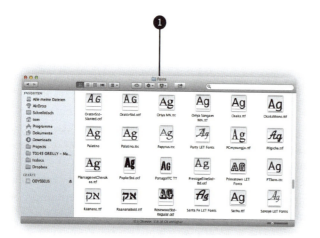

❶

❷

❸

Schriften verwalten I

Wenn Sie sich einmal mit Grafikern über Schriften unterhalten, kann es leicht passieren, dass diese zu schwärmen beginnen. In der Tat ist dieses Feld unglaublich spannend. Eine Schrift ist bei genauer Betrachtung ein kleines Kunstwerk und doch täglicher Gebrauchsgegenstand. Jedes Betriebssystem muss sich mit dem Thema Schriftverwaltung auseinandersetzen, und so hat auch Mac OS X eine solide Anwendung dafür bekommen.

Zunächst gibt es verschiedenste **Dateiformate für Schriften**, die vom System unterstützt werden und die an ihrer Dateinamenerweiterung erkannt werden können. Beispiele dafür sind Open Type Fonts (.otf), True Type Fonts (.ttf) oder Font Suitcases. Es würde den Rahmen dieses Buches sprengen, hier genauer auf die Geschichte und die Unterschiede einzugehen, seien Sie aber versichert, dass Ihr Mac eine ganze Menge unterstützt. Einen kleinen Auszug aus dem Verzeichnis *Library* von OS X Mountain Lion sehen Sie hier links im Bildschirmfoto ❶. Diese Dateien sind meist nur einige Hundert Kilobyte groß. Es handelt sich dabei um bereits vorinstallierte Schriften; selbstverständlich können aber beliebig viele nachinstalliert werden. Hier gibt es eine Menge kommerzieller Angebote z.B. unter http://www.linotype.de oder http://www.fontshop.de, auch frei verfügbare Schriften z.B. unter http://www.theleagueofmoveabletype.com. Sie können auch einfach in der Suchmaschine Ihrer Wahl nach »free fonts« oder ähnlichem suchen.

Wenn Sie nun eine Schrift heruntergeladen haben, können Sie diese mit einem Doppelklick im System installieren und so allen Programmen, die mit Schrift umgehen, zur Verfügung stellen. Nach dem Doppelklick erhalten Sie gegebenenfalls noch einen Sicherheitshinweis ❷, der auf die Internet-Quelle einer Datei verweist und fragt, ob Sie dieser vertrauen. Sind Sie damit einverstanden, erscheint eine Vorschau ❸ auf die Schrift mit einer Übersicht des Alphabets in dieser Schrift. In der rechten unteren Ecke können Sie nun mit dem Button Installieren die Schrift im System ablegen. Es öffnet sich das zuständige Programm *Schriftsammlung*, das Sie auch direkt aus Ihrem Programme-Ordner aufrufen können.

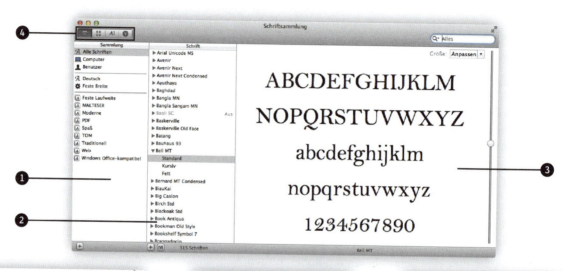

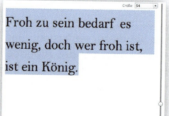

Schriften verwalten II

Im Programm **Schriftsammlung** angekommen, sehen Sie im Wesentlichen drei Spalten, mit denen Sie die auf Ihrem Mac installierten Schriften verwalten können. Dabei gibt es noch ein paar zusätzliche Bedienelemente, um sich einen guten Überblick zu verschaffen:

❶ In der ersten Spalte sehen Sie die Sammlungen. Dabei handelt es sich um eine Zusammenstellung verschiedener Schriften aus unterschiedlichen Quellen. Diese Quellen stehen ganz oben in der Spalte: Alle Schriften, Computer, Benutzer. Am Mac wird nämlich klar unterschieden, ob eine Schrift allen Computerbenutzern oder nur dem gerade Angemeldeten zur Verfügung steht. Auf Seite 105 werden Sie noch sehen, wie das funktioniert. Mit dem Plus-Button unten links können Sie neue Sammlungen anlegen oder auch wieder entfernen. So ist es zum Beispiel projektbezogen möglich, nur über eine eingeschränkte Auswahl von Schriften zu verfügen – zum Beispiel für ein Buchprojekt, bei dem nur drei verschiedene Schriften vorkommen sollen.

❷ In der zweiten Spalte erscheinen alle Schriften einer Sammlung oder Quelle, je nachdem was Sie zuvor unter ❶ gewählt haben. Bei einigen Schriftfamilien, für die es mehrere Schriftschnitte gibt, können Sie diese mit dem kleinen Dreieck aufklappen. Schriften müssen im System »aktiviert« sein, damit sie allen Programmen zur Verfügung stehen. Wenn Sie dort graue Einträge finden, dann ist die Schrift zwar im System installiert, aber aktuell »deaktiviert«. Um das umzuschalten, klicken Sie auf den Button mit dem kleinen Kästchen (mit oder ohne Haken). Gleich rechts davon sehen Sie auch die Anzahl der aktuell aktivierten Schriften im System. Beachten Sie bitte, dass eine hohe Anzahl von aktivierten Schriften den Programmstart einiger Anwendungen verlangsamen kann.

❸ Im dritten Fenster sehen Sie eine Vorschau des aktuell gewählten Schriftschnitts. Die Größe der Buchstabendarstellung können Sie mit dem Wert rechts oben oder dem Schieberegler noch genauer festlegen.

❹ Für die Vorschau gibt es auch eine Reihe verschiedener Darstellungsformen, die Sie über die Buttons oben links, über das Menü *Vorschau* oder mittels Tastenkurzbefehlen (in Klammern) durchschalten können: ❸ Beispiel (⌘ + 1), ❺ Repertoire (⌘ + 2), ❻ Eigene (⌘ + 3) und ❼ Informationen (⌘ + I) – letztere informiert über Speicherort, Art der Schrift, Ersteller, Datum, Lizenzbestimmungen und mehr.

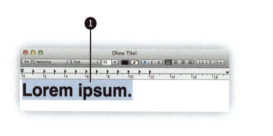
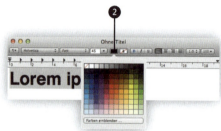
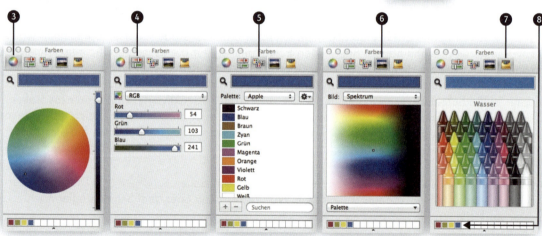

Farben wählen

Anhand der Anwendung *TextEdit* in OS X Mountain Lion möchte ich Ihnen den **systemweiten Farbwähler** erklären, der Ihnen in fast allen Programmen zu Verfügung steht, in denen Sie einem Element Farben zuweisen können. Sie können diese Art der Bedienung dann auf sämtliche andere Programme anwenden:

❶ Markieren Sie zuerst das Element, das Sie gerne einfärben möchten. (Wenn Sie diesen Schritt nicht ausführen, dann schalten Sie in der Regel sozusagen den Cursor auf die Farbe um – ab nun würden Sie also beispielsweise in der neuen Farbe weiterschreiben.)

❷ Klicken Sie auf den Button für die Farbauswahl. Sie erhalten oftmals eine kleine Liste an Farben. Über einen Button oder weiteren Eintrag ganz unten in der Liste (z.B. »Weitere…« oder »Farben einblenden…«) erhalten Sie Zugriff auf den systemweiten Farbwähler. (Er hat fünf verschiedene Darstellungsarten, die Sie über die kleinen Symbole am oberen Fensterrand auswählen können. Er startet immer in jener Art, die Sie zuletzt verwendet haben.)

❸ Beginnen wir ganz links mit dem Farbrad. Sie steuern mit einem Klick an beliebiger Stelle im Kreis den Farbton und mit dem Regler rechts die Helligkeit. Ganz oben wird die erzielte Farbe dargestellt. (Sie wird übrigens auch gleich im Hintergrund auf Ihr markiertes Element angewendet.)

❹ Über die Farbregler können Sie – je nach gewähltem Farbsystem (z.B. RGB für Rot/Grün/Blau) – mittels Schieberegler den gewünschten Wert des jeweiligen Farbanteils festlegen. Das ist hilfreich, wenn Sie zum Beispiel von einer Firma die Farbvorgaben für das Corporate Design erhalten.

❺ Über die Farbpaletten können Sie aus einer von Ihnen zusammengestellten Farbnamensliste auswählen und dann mit einem Klick auf die Farbe diese aus der Liste zuweisen.

❻ Über die Bildpaletten ist es möglich, anhand des Farbspektrums (also alle sichtbaren Farben in einem Feld) oder des Ausschnitts aus einem Bild, das Sie aussuchen, eine Farbe auszuwählen.

❼ Mit den Farbstiften können Sie aus einer Zusammenstellung von »Kreidestiften« auswählen. Die zugehörigen Farbnamen erscheinen beim Darüberfahren mit der Maus und lassen sich auch suchen.

❽ Für alle hier vorgestellten Auswahlarten im Farbwähler gilt übrigens, dass Sie per Drag-and-Drop die Farbe nach unten auf die kleinen weißen Kästchen ziehen können. Damit haben Sie die gerade aktive Farbe im Farbwähler abgespeichert und können sie jederzeit erneut aufrufen und zuweisen.

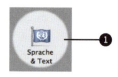

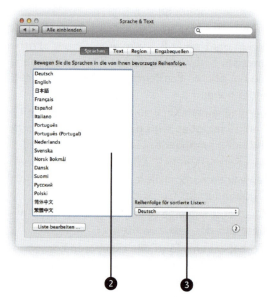

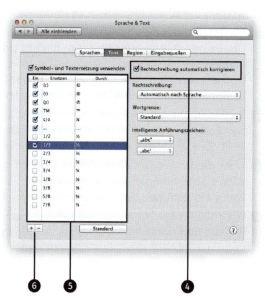

Spracheinstellungen verstehen I

Mac OS X nimmt es mit der Internationalisierung ernst und ist ein wirklich mehrsprachiges System. Das bedeutet, dass Sie an einer zentralen Stelle die Sprache einstellen können ❶, in der die Oberfläche und Menübefehle angezeigt werden. Die Sprache lässt sich per Benutzer individuell festlegen. Alle Sprachen werden beim Einrichten des Systems mitinstalliert und stehen jederzeit über die Systemeinstellung *Sprache & Text* zur Verfügung – und zwar ohne dass Sprachpakete extra nachinstalliert werden müssten.

Die Sprachliste ❷ ist etwas ungewohnt zu bedienen: Sie klicken dabei auf die Textzeile mit der gewünschten Sprache und ziehen diese bei gedrückter Maustaste nach oben oder unten, um sie höher oder niedriger einzustufen. Das Prinzip dabei ist ganz einfach: Ein Programm auf dem Mac hat mehrere Sprachen »eingebaut«, und beim Starten wird nachgesehen, welche Sprache aktuell in der Liste ganz oben steht. Ist sie verfügbar, wird das Programm in dieser Sprache gestartet. Ist dem nicht so, wird die nächste für das Programm verfügbare Sprache aus der Liste verwendet. Auch die Sprache, die bei sortierten Listen (entweder in Auswahlfeldern oder in der Listendarstellung im Finder) zur Anwendung kommt, legen Sie hier fest ❸.

Nicht nur die Anzeige, sondern zum Beispiel auch die systemweite Rechtschreibprüfung ❹ basiert auf der eingestellten Sprache. Sie haben richtig gelesen: Mac OS X prüft all ihre Texteingaben automatisch, schlägt Verbesserungen vor und ist dabei doch nicht allzu aufdringlich. Das gilt nicht nur für das mitgelieferte Textverarbeitungsprogramm *TextEdit,* sondern sämtliche Eingaben – zum Beispiel in Textfeldern auf Webseiten angezeigt im Browser *Safari,* beim Beschriften von Fotos in *iPhoto,* oder beim Textchat mit Freunden via *iChat.*

Da es bei der Texteingabe aber nicht nur um das Ausbessern der Schreibfehler geht, sondern immer wieder auch um die Ersetzung von Zeichen mit speziellen Symbolen – denken Sie nur an © oder ¼ zum Beispiel –, können auch diese von hier aus ❺ zentral gesteuert werden. Wenn Sie noch weitere Zeichenersetzungen hinzufügen oder löschen wollen, nutzen Sie einfach die Plus- und Minus-Buttons ganz unten ❻.

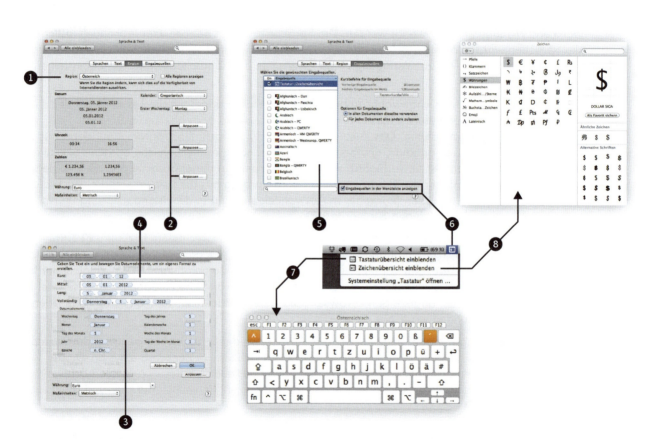

Spracheinstellungen verstehen II

Andere Länder, andere Sitten. Das gilt auch für Benutzer von Mac OS X. Ganz deutlich wird das, wenn man in der Systemeinstellung *Sprache & Text* den Bereich *Region* aufruft. Dort legen Sie zahlreiche Details fest, wie in Ihrem Kulturkreis immer wiederkehrende Textformatierungen angezeigt und eingegeben werden: Datumsangaben, Währung, Uhrzeit, Zahlen, Maßangaben und so weiter. Mac OS X schlägt hier in einem Auswahlmenü ❶ entsprechend Ihrer ausgewählten Sprache einige Regionen der Welt vor, in denen diese gesprochen wird. Wollen Sie diese Liste erweitern, klicken Sie auf die Checkbox neben *Alle Regionen anzeigen*. Die hier getroffene Auswahl enthält alle Regionsdetails in dieser Systemeinstellung. Und wenn Sie diese ganz individuell festlegen möchten, dann klicken Sie auf die Buttons zum *Anpassen* ❷.

Hier begegnet Ihnen übrigens eine weitere, anfangs etwas ungewohnte Art von Dialogen in Mac OS X. In der unteren Hälfte des Fensters sehen Sie kleine hellblaue Balken mit Begriffen – das sind die Elemente ❸. Diese können Sie per Drag-and-Drop in die Eingabefelder ❹ in der oberen Hälfte ziehen und dort loslassen. Das können Sie beliebig oft wiederholen. Sobald das Element eingefügt wurde, erscheint darin auf der rechten Seite ein kleiner weißer Pfeil. Mit einem Klick darauf können Sie nun aus den verschiedenen Darstellungsarten für dieses Element auswählen. Nicht mehr benötigte Elemente lassen sich aus den Eingabefeldern einfach mit der Taste ⟵ löschen.

Zu guter Letzt finden Sie im Bereich *Eingabequellen* – ganz bewusst von den anderen Spracheinstellungen getrennt – die Vorgabe für die Tastatur. Selbstverständlich können Sie Ihren Mac mit jeder beliebigen Tastatur steuern. Die Angaben »QWERTY« (z.B. Englisch) oder »QUERTZ« (z.B. Deutsch) beziehen sich übrigens immer auf die erste Buchstabenzeile. Sobald Sie in der Liste ❺ mehrere mögliche Eingabequellen oder oben zusätzlich die *Tastatur-* ❼ bzw. *Zeichen-Übersicht* ❽ ausgewählt haben, wird die Option zur Anzeige in der Menüleiste ❻ aktiviert. Von hier aus sehen Sie die Zeichenbelegung auf Ihrer Sprachtastatur und was sich – beispielsweise bei Druck auf eine der Tasten links von der Leertaste – alles erzeugen lässt, etwa Sonderzeichen wie Pfeile, Symbole oder Währungssymbole.

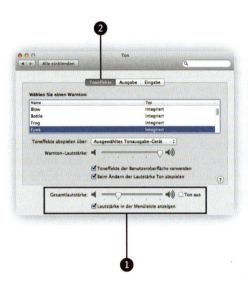

Toneinstellungen anpassen

Im Gegensatz zu manch anderem Computer hat jeder Mac Lautsprecher eingebaut, die durchaus zum vernünftigen Abspielen von Musik genutzt werden können. Sowohl Tonausgabe als auch -eingabe können in der Systemeinstellung *Ton* geregelt werden. Dieses Fenster ist dabei folgendermaßen aufgebaut:

❶ Am unteren Rand des Fensters befindet sich der Regler für die Gesamtlautstärke. Er lässt sich entweder mit der Maus nach links (leiser) oder rechts (lauter) schieben. Oder Sie verwenden dazu einfach die entsprechenden Tasten. Von hier aus lässt sich der Mac auch gänzlich stummschalten (über die Funktion *Ton aus* bzw. die Taste mit dem Lautsprechersymbol ohne Wellen).

❷ Im oberen Bereich des Fensters starten Sie üblicherweise in der Kategorie Toneffekte, wo Sie den Warnton festlegen können, der immer dann erklingt, wenn Sie der Mac auf etwas hinweisen möchte: beispielsweise eine Aktion, die im Finder gerade nicht ausgeführt werden kann, oder die Fehlermeldung eines Programms. Bei mehreren verfügbaren Audioausgängen können Sie auch festlegen, wo dieser Ton abgespielt werden soll. Die Optionen darunter sind recht selbsterklärend.

❸ Schalten Sie oben zur Ausgabe um, können Sie festlegen, wie der Ton aus Ihrem Mac herauskommt. Sie werden dort immer den Eintrag Interne Lautsprecher finden. Alle Macs haben auch einen kleinen Stereo-Klinken-Anschluss für die Tonausgabe. Dabei erkennt Ihr Mac automatisch, ob dort zum Beispiel Kopfhörer angeschlossen sind, schaltet dann die internen Lautsprecher stumm und gibt den Ton über das angeschlossene Gerät aus. Der Regler darunter dient dazu, die Stärke der Ausgabe auf dem linken oder rechten Ausgang zu erhöhen oder abzuschwächen. Wenn Sie nun eine weiteres Audiogerät angeschlossen haben, das zur Ausgabe geeignet ist, so wird es auch in der Liste angezeigt. In der rechten Spalte sehen Sie auch den Anschluss, mit dem das Gerät verbunden ist (hier »Firewire«).

❹ Ganz ähnlich verhält es sich auch mit der Eingabe. Hier haben viele Macs gleich zwei Einträge: Zum einen das interne Mikrofon, das sich meist neben der eingebauten Webcam (iSight) befindet, zum anderen den Line-In-Audioanschluss (daneben finden Sie meist ein Kreissymbol mit zwei kleinen Dreiecken). Für das Mikrofon können Sie hier die Eingangslautstärke regeln, und sehen mit den kleinen blauen Balken darunter die aktuell empfangene Lautstärke sowie eine Option zur Unterdrückung der Umgebungslautstärke (für Ton- oder Videokonferenzen sehr zu empfehlen).

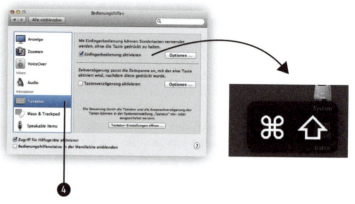

Bedienungshilfen einrichten

Ein Thema, das zwar nicht jeden Computernutzer betrifft, aber unglaublich wertvoll sein kann, ist die Unterstützung von Menschen mit Einschränkungen. Mac OS X hat dazu sehr komfortabel in der Systemeinstellung die *Bedienungshilfen* angelegt.

Von dort ist es möglich, zahlreiche Unterstützungen für Einschränkungen der verschiedenen Sinne zu erhalten – diese sind in einer Spalte auf der linken Seite als Kategorien anwählbar: Sehen, Hören und Interaktion. Das Ziel ist es, im System genau die gleichen Aktionen durchführen zu können wie Mac-Nutzer ohne Einschränkungen. Die meisten **Bedienungshilfen** sind weitestgehend selbsterklärend. Sie sehen die Anwendung in der Regel sofort auf Ihrem Bildschirm oder in der Bedienung Ihres Mac. Daher möchte ich nur ein paar Highlights auflisten, die ich persönlich sehr praktisch finde:

- Fast schon als Klassiker kann man die Hilfen im Bereich des Sehens betrachten. Beispielsweise ist es dort möglich, mit dem Zoom eine bestimmte Zoomstufe ❶ einzustellen und auf dem Monitor ganz einfach den Bildausschnitt rund um Ihren Mauscursor vergrößert darstellen zu lassen. Während Sie die Maus bewegen, fährt der Bildausschnitt ganz einfach mit. (Dies wird übrigens auch gerne verwendet, um in Computerpräsentationen auf ein bestimmtes Detail, einen kleinen Button oder ähnliches hinzuweisen.)

- Ein weiterer bekannter Vertreter der Bedienungshilfen ist die Voice-Over-Technologie: Die Unterstützung mit einer deutschen (Computer-)Sprecherstimme ist mittlerweile recht gut verständlich. Damit können Sie sich die gerade aktive Programmoberfläche und Textinhalte vorlesen lassen. Diese werden mit einem schwarzen Rahmen hervorgehoben ❷, zusätzlich werden am unteren Bildschirmrand die vorgelesenen Worte nochmals eingeblendet ❸. Das ist anfangs etwas gewöhnungsbedürftig, folgt aber einem logischen Schema, bei dem nicht nur der Name der Funktion, sondern auch die Art (z.B. Menüleiste, Button etc.) genannt werden. Dazu gehört übrigens auch ein Dienstprogramm ❹, in dem Sie noch zahlreiche andere Einstellungen treffen können (z.B. Braille-Lesezeile für Blindenschrift).

- In der Kategorie Tastatur können Sie mittels der *Einfingerbedienung* das Gedrückthalten mehrerer Sondertasten simulieren – die Symbole der Tasten werden auf dem Bildschirm eingeblendet ❹.

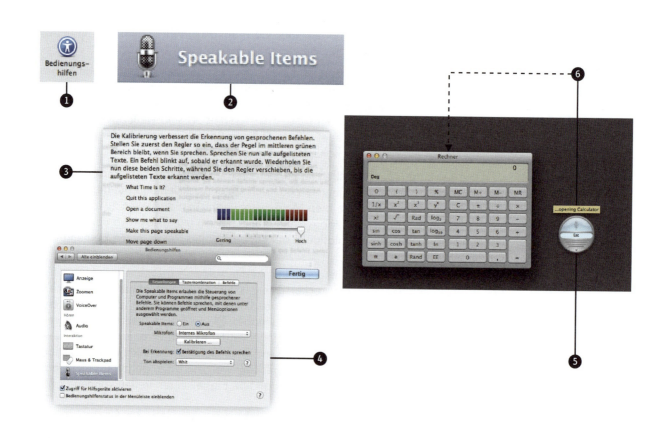

Mac mittels Spracheingabe steuern

Nicht nur die Sprachausgabe, sondern auch die Steuerung des Mac mittels Spracherkennung ist möglich. Dazu können Sie das – auf dem Mac meist eingebaute – Mikrofon verwenden und mit einfachen Anweisungen, leider derzeit nur in englischer Sprache, den Mac Aktionen ausführen lassen. Die Technologie nennt sich Speakable Items und ist schon seit vielen Versionen fester Bestandteil von Mac OS X. So gehen Sie vor, um die **Spracheingabe am Mac** zu aktivieren:

❶ Öffnen Sie die Systemeinstellungen und rufen Sie aus der Kategorie System (vierte Zeile) die Einstellung *Bedienungshilfen* auf. (Achtung: Verwechseln Sie diese nicht mit *Diktat & Sprache* in der gleichen Zeile.)

❷ Klicken Sie in der Liste auf der linken Seite die *Speakable Items* an.

❸ Unter den Einstellungen können Sie nun das Mikrofon Ihrer Wahl kalibrieren. Das bedeutet, dass Sie die Lautstärke einstellen sowie einige aufgelistete Befehle testen können. Werden diese sprachlich erkannt, blinken sie kurz auf und es gibt einen Bestätigungston. Hier muss man mitunter eine etwas deutlichere Aussprache üben.

❹ In den weiteren Einstellungen legen Sie noch fest, wie der Mac auf Ihre Eingabe reagieren soll, wann genau er auf Sie hört (also z.B. nur während Sie die Taste `esc` gedrückt halten) und vor allem, welche Befehle aber z.B. auch Namen aus dem Adressbuch verfügbar sind.

❺ Auf dem Bildschirm erscheint ein kleines rundes Bedienelement mit einem blau hinterlegten Mikrofon-Symbol. Wenn Sie die im türkisen Feld darunter bezeichnete Taste auf der Tastatur gedrückt halten, können Sie mit Ihrem Befehl loslegen. Die grauen Balken darunter geben die Signalstärke Ihrer Spracheingabe an. Wenn Sie die Taste wieder loslassen, beginnt die Erkennung, die meist innerhalb eines Sekundenbruchteils erfolgt.

❻ Wenn der Befehl erkannt wurde, hören Sie einen Bestätigungston, der Befehl wird als Text über diesem Bedienelement gelb hinterlegt angezeigt und die Aktion wird ausgeführt. Wird der Befehl einmal nicht erkannt, passiert entweder gar nichts oder es erscheinen drei Fragezeichen.

Genaueres zur Sprachsteuerung und Unterstützung mittels Bedienungshilfen auf dem Mac finden Sie auch auf der Webseite von Apple: http://www.apple.com/de/accessibility/macosx/physical.html

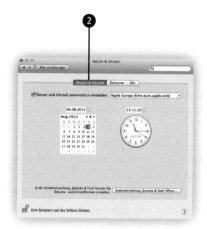

Datum und Uhrzeit festlegen

Sowohl für die rechts oben in der Menüleiste angezeigte Uhr als auch für das Arbeiten mit Dateien und Ordnern ist die Einstellung von Datum und Uhrzeit im Betriebssystem sehr wichtig. Mac OS X bietet hier in der **Systemeinstellung Datum & Uhrzeit** drei verschiedene Kategorien:

❶ Starten Sie am besten im Bereich Zeitzone, wo Sie die nächstgelegene größere Stadt in Ihrer Nähe suchen können, um die zugehörige Zeitzone einzustellen. Im deutschsprachigen Raum ist das komfortablerweise einheitlich die MEZ (Mitteleuropäische Zeit) – auf Englisch heißt diese CET (Central European Time). Sie können dazu entweder im Feld unten die nächste Stadt eingeben oder oben auf der Weltkarte mit der Maus eine Region anklicken.

❷ In der Kategorie Datum & Uhrzeit ganz links legen Sie nun die exakte Uhrzeit und das Datum fest. Auch dies können Sie manuell mittels Kalender und Uhreingabefeld vornehmen oder – sofern eine Verbindung zum Internet besteht – sehr komfortabel über einen sogenannten Time-Server. Das sind Server im Internet (hier zum Beispiel direkt von Apple), die die exakte Uhrzeit an den Computer übertragen. Alles, was sie dazu tun müssen, ist, den Server zu wählen (oder eine Serveradresse einzugeben) und einen Augenblick zu warten. Schon haben Sie die Uhr exakt eingestellt.

❸ Schließlich können Sie in der Kategorie Uhr ganz rechts noch festlegen, wie genau die Zeitanzeige in der Menüleiste rechts oben erscheinen soll. Alles von digitaler Uhrzeitanzeige mit Sekunden über eine Miniatur-Analoganzeige bis hin zur Wochentags- und Datumsanzeige lässt sich hier konfigurieren. Die Änderungen sehen Sie sofort in der Menüleiste. Sollten Sie einen Beruf ausüben, bei dem es auf genaue Uhrzeiten ankommt, können Sie sich auch zu jeder vollen Stunde die aktuelle Uhrzeit als »Erinnerung« in der gewünschten Sprache vorlesen lassen.

Sollte einmal Ihr Mac komplett abstürzen oder sehr lange nicht in Gebrauch sein, kann die sogenannte Puffer-Batterie (die die Internet-Uhrzeit weiterlaufen lässt, auch wenn der Mac ausgeschaltet ist) leer werden. In einem solchen Fall werden Datum und Uhrzeit auf den 1. Januar 1970 um 00:00 Uhr zurückgesetzt. Dies ist der Beginn der Zeiterfassung (oder auch die sogenannte »Epoche«) für UNIX-Systeme, zu denen auch Mac OS X gehört. Näheres dazu finden Sie unter *http://de.wikipedia.org/wiki/Unixzeit*.

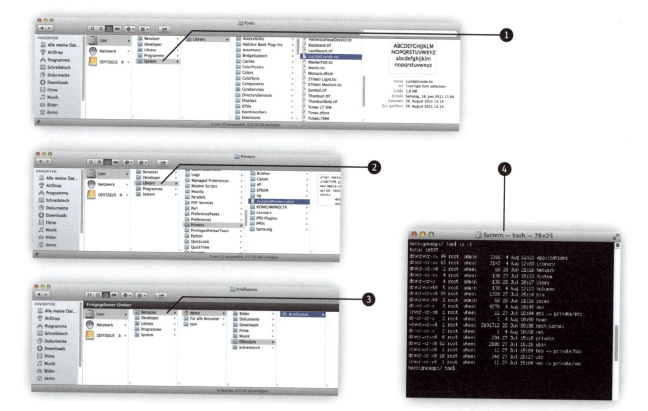

Ordnerstruktur auf dem Mac verstehen

Mittlerweile wissen Sie bereits, dass Mac OS X ein UNIX-Betriebssystem ist. Als solches besitzt es eine eindeutige Ordnerstruktur, die auf den ersten Blick verwirrend aussehen kann, sich aber als sehr nützlich erweist. Zu diesem Thema wurden bereits ganze Bücher verfasst, an dieser Stelle können wir uns jedoch nur einen raschen Überblick verschaffen. Es gibt zwei grundlegende Prinzipien:

- Jede Datei und jeder Ordner (Verzeichnis) auf dem Mac besitzt einen eindeutigen Pfad. Das ist sozusagen eine eindeutige Adresse, die übrigens auch im Finder mit dem Menübefehl *Gehe zu → Gehe zum Ordner...* aufgerufen werden kann. Das oberste Verzeichnis nennt sich wie bei UNIX üblich das Root-Verzeichnis und wird mit einem »/« (Slash) abgekürzt.

- Das, was Sie im Finder innerhalb von Fenstern, also auf der grafischen Benutzeroberfläche sehen ist nur ein Auszug der wichtigsten Ordner auf dem Computer, in denen Sie als Benutzer hier und da etwas zu tun haben. Alle anderen systemwichtigen Ordner sind in Mac OS X versteckt, können aber beispielsweise über die Kommandozeile (Terminal) aufgerufen werden ❹.

Die **drei wichtigsten Orte** auf Ihrem Mac sind folgendermaßen zu unterscheiden:

❶ Im Root-Verzeichnis gibt es in der Regel die vier wichtigen Ordner Benutzer, Library, Programme und System. (Sofern Sie auch Software auf dem Mac entwickeln, kann hier noch zusätzlich der Developer-Ordner abgelegt sein.) Der System-Ordner beinhaltet das eigentliche System, in dem der Mac vollkommen selbstständig alle notwendigen Dateien verwaltet. Sie selbst sehen darin nur den Ordner Library, der alle systemwichtigen Einstellungen verwaltet – hier sollten Sie nach Möglichkeit nichts eigenmächtig ändern.

❷ Der Ordner Library wird verwendet, um alle notwendigen Dateien zu speichern, die für alle Benutzer auf dem Computer zur Verfügung stehen. Wird beispielsweise ein Drucker für alle Benutzer installiert, speichert Mac OS X die relevanten Daten in diesem Ordner. Darüber hinaus gibt es hier den Programme-Ordner, in dem in der Regel sämtliche Programme nur einmal für alle Benutzer installiert sind.

❸ Der Benutzerordner schließlich beinhaltet die einzelnen Benutzerkonten und ihre Unterordner. Hier kann man nur auf den angemeldeten Benutzer zugreifen und alle exklusiv für ihn verfügbaren Daten ablegen.

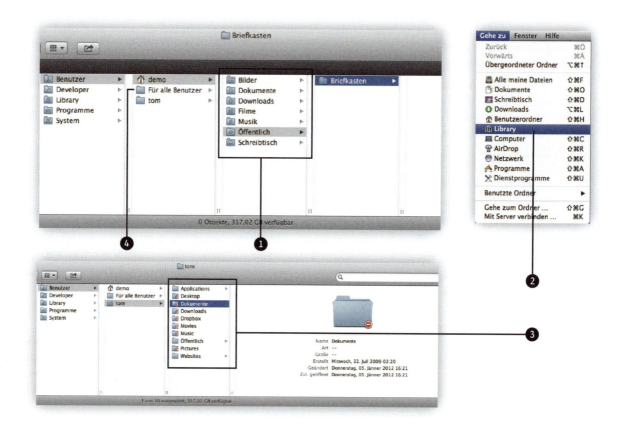

Der Benutzerordner (Heimverzeichnis)

Innerhalb der zuvor kennengelernten Ordnerstruktur auf dem Mac gibt es den Benutzerordner. Darin können Sie am kleinen Haus-Symbol den gerade angemeldeten Benutzer erkennen. In diesem Ordner – und zwar nur darin! – können Sie navigieren, Ordner und Dateien anlegen sowie auch wieder löschen. Mit einem Wort: Sie besitzen dort die notwendigen Benutzerrechte (siehe auch Seite 115) für diese Aktionen.

In Ihrem Benutzerordner gibt es eine recht einleuchtende Ordnerstruktur ❶, die genau dafür verwendet werden sollte, wofür Sie steht: *Bilder*, *Dokumente*, *Downloads*, *Musik*, *Öffentlich* und *Schreibtisch*. Dabei hat der vorletzte Ordner, also *Öffentlich*, eine gewisse Sonderstellung. Hier findet sich beispielsweise der *Briefkasten*. Dies ist ein schönes Bild für die Funktion des Verzeichnisses: Sie können hier einem anderen Benutzer auf dem Computer Daten übermitteln – allerdings wirklich nur durch den Briefschlitz hineinstecken. Die Daten werden dorthin kopiert, aber Sie haben keine Möglichkeit den Briefkasten des anderen Benutzers einzusehen. Nur Ihren eigenen Briefkasten können Sie besuchen und dort Daten nach Belieben herauskopieren und löschen, also Ihren Briefkasten ausleeren. Versteckt finden Sie hier auch noch die Library Ihres aktiven Benutzerkontos. Hier werden alle Systembestandteile abgelegt, die exklusiv nur Ihnen zur Verfügung stehen – zum Beispiel Schriften oder persönliche Systemeinstellungen. Um diesen Ordner aufzurufen, halten Sie beim Aufruf des Menüs *Gehe zu* im Finder die Taste ⌥ gedrückt ❷.

Die Inhalte der Ordner anderer Benutzer ❸ – sie tragen immer den Kurznamen des jeweiligen Benutzers – sind mit einem Einfahrt-Verboten-Symbol gesperrt und Sie können darin auch keine Inhalte sehen. Daher macht es Sinn, eigene Dateien wirklich in die Ordner Dokumente, Bilder, Musik etc. abzulegen, um sie vor neugierigen Augen anderer Mac-Benutzer zu schützen. Überall sonst könnten andere Benutzer eventuell darauf zugreifen.

Schließlich gibt es noch den Ordner Für alle Benutzer, der dazu dient, gemeinsame Dokumente zu verwalten ❹. Einige Programme legen hier zum Beispiel die Vorlagen ab, die in der Library nichts zu suchen haben, aber von allen Benutzern verwendet werden sollen.

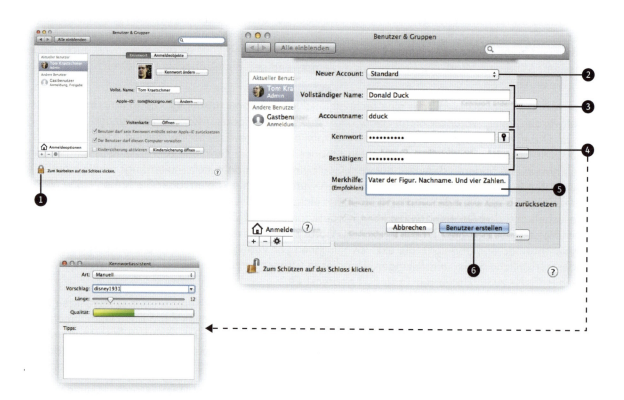

Mehrere Benutzer im System verwalten I

Wenn sich an Ihrem Arbeitsplatz oder zu Hause mehre Personen einen Mac teilen, macht es Sinn auch getrennte Benutzer einzurichten. Diese können sich einerseits den Arbeitsplatz individuell einrichten, andererseits ihre eigenen Mails, Fotos, Musik, Filme, Dateien, Ordner, Lesezeichen und vieles mehr verwalten. Zumindest ein Benutzer auf dem Mac muss dabei die Rolle des Admin (Administrators) übernehmen. Nur dieser besitzt die notwendigen Rechte, um neue Benutzer hinzuzufügen oder auch wieder zu löschen. So legen Sie als Administrator weitere Benutzer im System an:

❶ Rufen Sie im *Apfel-Menü* → *Systemeinstellungen* in der Kategorie System (vierte Zeile) die Systemeinstellung *Benutzer & Gruppen* auf. Zunächst erscheinen alle Optionen ausgegraut, da es sich hier um einen systemweiten Eingriff handelt. Klicken Sie daher in der linken unteren Ecke auf das *Schloss-Symbol* und geben Sie Benutzername und Passwort (Ihres Admin-Benutzers) ein. Erst dann können Sie die Optionen in dieser Systemeinstellung ändern. Diesen Vorgang nennt man Authentifizierung.

❷ Für das neu anzulegende Konto wählen Sie zunächst unter *Neuer Account* den Kontotyp aus. Es stehen mehrere Varianten zur Verfügung. Eine Übersicht dazu finden Sie gleich auf der nächsten Seite. In der Regel passt die Voreinstellung »Standard« sehr gut.

❸ Der *vollständige Name* ist üblicherweise Vor- und Nachname einer Person oder z.B. die Bezeichnung einer Abteilung für eine Gruppe. Der *Accountname* ist der Kurzname, der notwendig ist, um sich am System anzumelden, und der für den Benutzerordner verwendet wird. Der Kurzname darf keine Abstände und Sonderzeichen enthalten und darf ruhig nur kleingeschrieben sein.

❹ Legen Sie nun ein *Kennwort* für den neuen Benutzer fest. Kombinationen aus Buchstaben und Zahlen oder Sonderzeichen gelten als sicherer zum Schutz vor Hackern. (Es empfiehlt sich übrigens, das Kennwort von Zeit zu Zeit zu ändern und nicht überall das gleiche zu verwenden.) Über den kleinen Schlüssel-Button können Sie auch noch einen Assistenten für die Erstellung von Kennwörtern einblenden.

❺ Zu guter Letzt können Sie noch (optional, aber empfohlen) eine *Merkhilfe* eingeben, die sehr hilfreich sein kann, wenn Ihnen einmal Ihr Kennwort partout nicht einfallen mag. Verraten Sie hier nicht das Kennwort selbst, sondern erinnern Sie sich geschickt selbst mit einer Eselsbrücke oder ähnlichem.

❻ Mit dem Button Benutzer erstellen legen Sie erfolgreich das Konto und den Benutzerordner an.

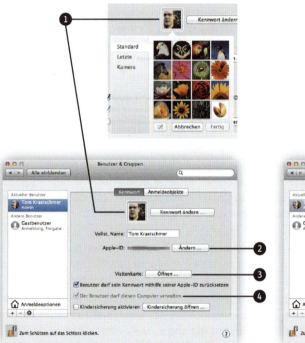

Mehrere Benutzer im System verwalten II

In der Übersicht der auf dem Mac angelegten Benutzer finden Sie unter deren Namen einen Hinweis auf den jeweiligen **Kontotyp**: Als »Administrator« (Admin) darf man das gesamte System verwalten. Als »Standard« kann man sein eigenes Konto verwalten, aber keine systemweiten Änderungen vornehmen. Unter »Verwaltet durch Kindersicherung« richtet man einen Benutzer mit eingeschränkten Zugriffsmöglichkeiten ein, die für dieses Konto über die Systemeinstellung *Kindersicherung* als Administrator geregelt werden können. Mittels »Nur Freigabe« erhält der Benutzer keinen eigenen Benutzerordner auf dem Mac sondern nur die Möglichkeit, sich mittels Netzwerkzugriff anzumelden. Mittels »Gruppe« ist es möglich, eine Zusammenfassung mehrerer Benutzer und gemeinsamer Zugriffsrechte zu erstellen.

Außerdem wird zwischen dem aktuellen Benutzer und anderen Benutzern unterschieden. Bei Ersterem können Sie viel mehr Details festlegen – es ist ja auch Ihr eigener Benutzer. Beim Anlegen des Benutzerkontos wird auf jeden Fall der Kurzname festgelegt, der nicht mehr nachträglich geändert werden kann. Alle anderen **Details eines Kontos sind veränderbar**:

❶ Neben der Änderung von Kennwort und vollständigem Namen können Sie auf das kleine Bild klicken, um eines aus der Liste der vorgeschlagenen oder ein eigenes Bild auf dem Mac festzulegen.

❷ Mit der Apple-ID ist ein Online-Konto gemeint, mit dem Sie beispielsweise im iTunes-Store einkaufen, eine Mail-Adresse einrichten oder sich als Benutzer für iCloud anmelden können. In dieser Systemeinstellung wird es auch genutzt, um sich online bei Apple authentifizieren und das Kennwort ändern zu können.

❸ Im Bereich Visitenkarte können Sie auf Ihren persönlichen Eintrag im Programm Adressbuch zugreifen. Unter dem Profilbild wird dort in einem schwarzen Balken »Ich« eingeblendet.

❹ Um einen Standard-Benutzer nachträglich zum Administrator zu machen, können Sie die Option *Der Benutzer darf diesen Computer verwalten* aktivieren. Oder umgekehrt: Um den Benutzer in seinen Rechten weiter einzuschränken, aktivieren Sie gleich darunter die *Kindersicherung*.

❺ Unter den Anmelde-Objekten finden Sie eine Reihe von Hilfsprogrammen, die direkt beim Anmelden des Benutzers geladen werden. Sie können bei Problemen von hier aus aber auch deaktiviert werden.

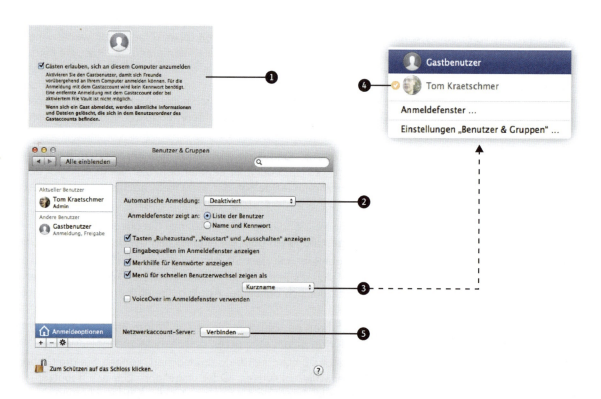

Mehrere Benutzer im System verwalten III

Eine Besonderheit stellt übrigens der **Gast-Benutzer** auf dem Mac dar. Auch dieser lässt sich in der Liste verfügbarer Benutzer auf der linken Seite auswählen. Er ist für zwei Anwendungsfälle gedacht:

- Wenn ein anderer Nutzer über das Netzwerk auf Ihren Mac zugreifen soll, um Daten in Ihrem Öffentlichen Ordner, dem Briefkasten oder einen freigegebenen Ordner abzulegen oder abzurufen.
- Wenn Sie einem persönlichen Gast an Ihrem Arbeitsplatz kurzfristig den Zugang zum Mac gewähren – zum Beispiel um schnell etwas im Internet nachzusehen –, aber sichergehen wollen, dass der Gast nicht in Ihrem Namen mit Ihrem Benutzerkonto arbeitet. Beachten Sie dabei bitte den Hinweis in der Systemeinstellung, dass nach dem Abmelden sämtliche Daten dieses Gastes wieder gelöscht werden ❶.

Kommen wir zum Schluss noch zu den **Anmeldeoptionen**, die Sie ganz unten in der Liste der Benutzer finden. Auch hier können Sie wieder nur als Administrator Änderungen vornehmen. Die Anmeldung als Benutzer kommt im System an zwei Stellen vor:

- Sobald die automatische Anmeldung deaktiviert ist ❷, erscheint beim Starten eine Eingabemaske (siehe Seite 29). Sie können entweder alle angelegten Benutzer anzeigen lassen oder nur zwei Eingabefelder für Benutzername und Kennwort. Die übrigen Optionen in diesem Zusammenhang sind selbsterklärend.
- Die zweite Art der Anmeldung erfolgt über die Menüleiste rechts oben am Bildschirm. Hier finden Sie links neben der Lupe (für die Spotlight-Suche) den aktuellen Kurznamen Ihres Benutzerkontos – dies nennt sich schneller Benutzerwechsel ❸. Klicken Sie auf den Namen, können Sie sich als ein anderer Benutzer am System anmelden. Die Besonderheit dabei ist, dass nun zwei Benutzer gleichzeitig angemeldet sind und jederzeit mit Eingabe des Kennworts hin- und herschalten können. Die Fenster des aktuellen Benutzers bleiben alle unverändert erhalten und man schaltet nur kurzfristig zum anderen Benutzer um. An dem kleinen orange hinterlegten Häkchen ❹ erkennen Sie alle aktuell angemeldeten Benutzer am Mac.

Ganz unten ❺, können Sie sich noch über einen Netzwerkaccount-Server anmelden. Dies ist etwa der Fall, wenn Sie auf einem Microsoft Windows-Server als Benutzer angelegt wurden.

Benutzerrechte kennenlernen

Als UNIX-System bietet OS X Mountain Lion selbstverständlich auch die **Unterstützung für Benutzerrechte**. Da ganze Bücher über dieses Thema verfasst werden, können wir uns an dieser Stelle nur einen groben Überblick verschaffen – gerade soviel, um es einordnen und auch an der einen oder anderen Stelle einsetzen zu können. Bereits auf Seite 107 haben wir gesehen, dass für einen angemeldeten Benutzer der Zugriff auf den Ordner eines anderen gesperrt ist. Doch funktioniert das?

Wenn Sie im Finder eine Datei oder einen Ordner markieren und über einen rechten Mausklick den Befehl *Informationen* aufrufen oder ⌘ + I drücken, erhalten Sie eine ausführliche Darstellung des Objektes samt seiner Eigenschaften. Ganz unten sind auch die Benutzerrechte aufgelistet, die für dieses Objekt gelten. Hier links im Bild sehen Sie einen Vergleich zwischen dem *Benutzerordner* ❶ und dem Unterordner *Filme* ❷. Wie bereits besprochen, dürfen den Inhalt des Benutzerordners zwar noch alle sehen (everyone = Lesen & Schreiben), aber die Inhalte des Unterordners bleiben allen anderen Benutzern verborgen (everyone = keine Rechte). Sie selbst jedoch dürfen dort lesen und schreiben. Mit den Buttons links unten (Plus und Minus) können Sie noch weitere Benutzerrechte hinzufügen ❸ oder entfernen, mit dem Zahnrad-Button ❹ können Sie die einmal angelegten Rechte auf alle Unterordner anwenden.

Ein kurzer **technischer Blick** über den Tellerrand der grafischen Oberfläche sei noch erlaubt. In UNIX wird zwischen drei verschiedenen Rechten unterschieden: *read* (r), *write* (w) und *execute* (x). Diese werden pro Datei für den Besitzer, die Gruppe und Alle festgelegt. Wenn Sie im Terminal eine Inhaltsangabe für einen Ordner mit allen Details anfordern (`ls -l`), dann sehen Sie genau diese Benutzerrechte vor jedem Eintrag ❺. Betrachten wir also den Ordner *Filme* (Movies) hier im Terminal. Die Zeichenkette ganz zu Beginn gibt die Rechte an: d steht für Directory (also Ordner), danach die Rechte für den Besitzer `rwx` (lesen, schreiben, ausführen), dann die Rechte für die Gruppe - (keine), und schließlich für alle anderen - (keine). Das entspricht genau den gerade gesehenen Benutzerrechten in der Finder-Info.

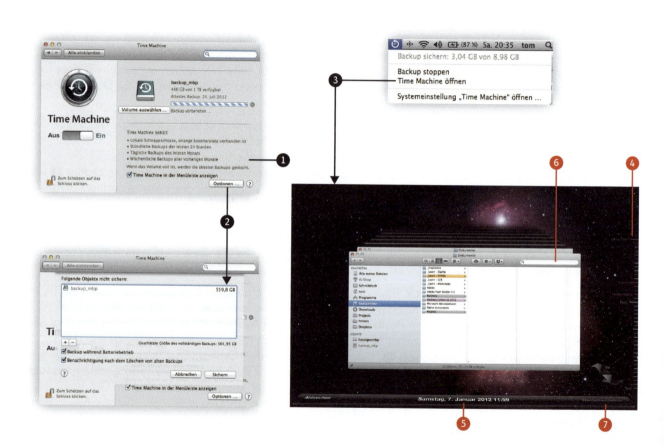

Automatisches Backup einrichten

Spätestens wenn Sie einmal einen totalen Computerabsturz erleben und der Rechner nicht mehr starten will – der Autor dieser Zeilen spricht leider aus Erfahrung –, werden Sie den Wert einer Datensicherung zu schätzen wissen. Man könnte meinen, so ein Backup sei sehr mühsam und aufwändig, muss man doch stets die Übersicht über den jeweils letzten Stand bewahren. Doch nicht in Mac OS X! Hier ist schon seit einigen Versionen ganz selbstverständlich eine wirklich sehr praktische Backup-Lösung eingebaut: die **Time Machine**. Alles was Sie fürs Backup tun müssen, ist, eine externe Festplatte, die mindestens die Kapazität Ihrer internen Festplatte(n) im Mac besitzt, an den Computer anzuschließen und exklusiv für diese Backup-Lösung zu nutzen. Gleich nach dem Formatieren werden Sie von OS X Mountain Lion gefragt, ob Sie diese Festplatte für Time Machine verwenden möchten. Bestätigen Sie mit OK und lassen Sie dann den Mac automatisch arbeiten.

Wenn Sie möchten, können Sie noch über die Systemeinstellung *Time Machine* einiges einstellen: Zunächst finden Sie hier die Angaben über die Art und Weise, wie eine solche Sicherung gemacht wird. Es handelt sich um ein selbstverwaltetes und platzsparendes Verfahren ❶, das neuerdings auch lokale Schnappschüsse auf der internen Festplatte ablegt, bis man auf das TimeMachine Volume speichert. Dann können Sie noch unter den Optionen ❷ einzelne Ordner von der Sicherung ausschließen und weitere selbsterklärende Einstellungen vornehmen. Nun können Sie sich wieder auf Ihre Arbeit konzentrieren und Ihrem Mac vertrauensvoll zusehen, wie er stündlich automatisch die neuesten Änderungen sichert. Beim ersten Backup dauert es etwas länger, da ja das gesamte System gesichert werden muss. Schön, aber was bringt Ihnen das? Es gibt zwei Möglichkeiten diese Backups zu nutzen:

- Sie können bei einem nicht mehr funktionierenden Systemstart gleich nach dem Einschalten ⌘ + R für die *Mountain Lion Recovery* gedrückt halten, sich im erscheinenden Menü für die Wiederherstellung aus einer Time Machine entscheiden, die Festplatte anschließen und aus der Liste das gewünschte Backup wählen.

- Sie können auch einzelne Dateien in der Vergangenheit suchen: Wählen Sie aus dem Status-Menü *Time Machine öffnen* ❸, blättern Sie im gewünschten Ordner mit dem Zeitstrahl ❹ zu einem früheren Zeitpunkt zurück ❺ oder suchen Sie nach einem Dateinamen ❻, markieren die gewünschten Daten und klicken auf *Wiederherstellen* ❼.

Ablage	
Neu	⌘N
Öffnen …	⌘O
Benutzte Dokumente	▶
Schließen	⌘W
Sichern	**⌘S**
Duplizieren	⇧⌘S
Umbenennen …	
Bewegen …	
Als PDF exportieren …	
Zurücksetzen auf	▶
Anhänge hinzufügen …	⇧⌘A
Eigenschaften einblenden	⌥⌘P
Papierformat …	⇧⌘P
Drucken …	⌘P

Mit Versionen arbeiten I

Eine große Neuerung, die mit der Vorversion OS X Lion eingeführt wurde, ist die **Versionskontrolle** für einige Programme. Was steckt dahinter? Immer dann, wenn man an einer Datei länger arbeitet – denken Sie zum Beispiel an eine wissenschaftliche Seminararbeit –, kann der Wunsch entstehen, zu einem früheren Zustand der Arbeit zurückzukehren. Es kann einmal vorkommen, dass man sich beim Umschreiben eines Absatzes spätnachts »in einer Sackgasse« verläuft, um am nächsten Tag festzustellen, dass eigentlich die vorherige Version besser war. Es gibt zwar im laufenden Betrieb, also während man schreibt, die Möglichkeit, mehrere Schritte rückgängig zu machen. Aber mit jedem Speichervorgang der Datei werden natürlich auch die ersetzten Passagen unwiederbringlich überschrieben.

Mit Versionskontrolle (Versionen) ist es möglich, entweder zu einem konkreten Zeitpunkt oder automatisch im Hintergrund Änderungen nachverfolgbar abzuspeichern – also auch solche, die mit neuen Inhalten »überschrieben« wurden. So kann man gewissermaßen die zeitliche Entwicklung der Datei abspeichern und jederzeit einen früheren Status wiederherstellen oder in einem neuen Dokument sichern. Das Verhalten ist dabei vergleichbar mit der Time Machine: Der Bildschirm zeigt einen Vergleich des aktuellen Dokuments mit Versionen aus der Vergangenheit. Sie können entweder einen beliebigen Inhalt aus einer alten Version herauskopieren oder das gesamte Dokument übernehmen.

Im Moment wird diese Funktion beispielsweise von den Programmen TextEdit, Pages und Numbers angeboten. Es bleibt abzuwarten, wieviele Softwareentwickler für den Mac auf diesen Zug aufspringen und eine solche Versionskontrolle in ihre Software einbauen. Auf der nächsten Seite zeigen wir Ihnen Schritt für Schritt, wie man die Versionen einsetzen kann und worauf man achten sollte.

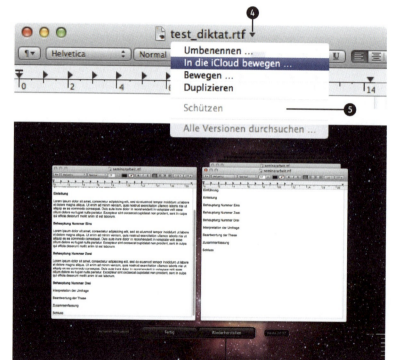

Mit Versionen arbeiten II

So arbeiten Sie mit den **Versionen in einer Anwendung** von OS X Mountain Lion. Wir zeigen die Funktion anhand des Programms TextEdit:

❶ Öffnen Sie TextEdit und starten Sie über *Ablage → Neu* eine neue Datei als formatierten oder als reinen Text. Das können Sie im Menü *Format* umschalten. Sollten Sie anfangs zum neuen Auswahlfenster zwischen iCloud und Lokal (links oben umzuschalten) kommen, treffen Sie dort Ihre Wahl für den Speicherort.

❷ Wählen Sie *Ablage → Sichern* und geben Sie dem Dokument einen Namen.

❸ Schreiben Sie nun weiter an Ihrer Datei. Der Mac kümmert sich zwar in regelmäßigen Abständen automatisch um eine Sicherung (Auto Save) – aber Sie können auch den guten Rat befolgen, möglichst oft abzuspeichern. Wenn Sie ins Menü Ablage wechseln, finden Sie neben »Sichern« ⌘ + S auch ein Untermenü namens »Zurücksetzen auf«.

❹ Möchten Sie nun auf eine frühere Version zugreifen, wählen Sie diese von hier aus. Alternativ können Sie dieses Menü auch aus der Titelleiste auswählen, und zwar dort, wo der Dateiname steht. Nach einigen Momenten erscheint beim Darüberfahren mit der Maus ein kleiner schwarzer nach unten weisender Pfeil. Klicken Sie darauf.

❺ Es stehen mehrere Optionen zur Auswahl: Mittels *Schützen* können Sie die Datei vor versehentlichem Löschen oder Überschreiben schützen. Das Dateisymbol im Finder erhält das Schloss-Symbol und der Schreibschutz wird gesetzt. Mit *Duplizieren* erhalten Sie den aktuellen Zustand des Dokuments mit seinen Versionen und legen zugleich eine neue Kopie (ohne Versionen) an. Letztere ist zum Beispiel sehr praktisch, um eine solche Datei weiterzugeben, weil Sie ja in der Regel nicht möchten, dass andere Personen die Entwicklung der Datei nachverfolgen können. Mit *Alle Versionen durchsuchen…* gelangen Sie zur eigentlichen Versionsübersicht, bei der Sie immer links den aktuellen Zustand des Dokuments sehen und rechts die früheren Versionen, die Sie genau so wie in Time Machine durchblättern können.

❻ Sie können entweder zu einer bestimmten Version zurückkehren, indem Sie diese auswählen und Wiederherstellen anklicken, oder bestimmte Passagen aus einer älteren Version des Dokuments in die Zwischenablage »herauskopieren«. Selbstverständlich bleiben bei einer Rückkehr zu einer älteren Version auch die jüngeren Versionen weiterhin erhalten, sodass Sie ganz flexibel bleiben.

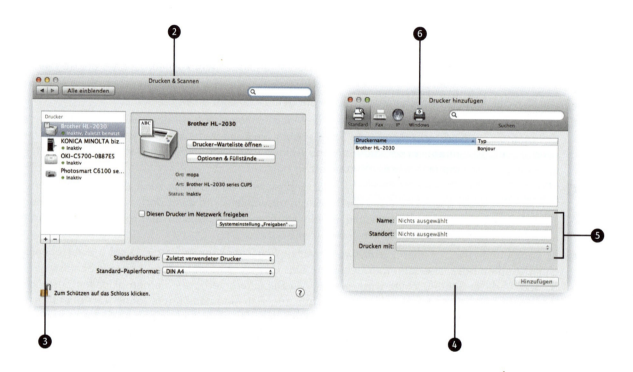

Drucken mit dem Mac I

War man früher am Mac auf nur wenige unterstützte Druckermodelle beschränkt, hat sich das in den letzten Jahren massiv verbessert: Entweder die Hersteller selbst legen den Geräten entsprechende Software bei, oder Apple hat bereits einen Druckertreiber für das Gerät mit an Bord von Mac OS X.

Bei der Installation können Sie hier nach Hersteller sortiert schon eine Menge Treiber automatisch vorinstallieren lassen. Eine offizielle Liste der von Mac OS X unterstützten Geräte finden Sie unter *http://support.apple.com/kb/HT3669?viewlocale=de_DE* – und sollte gerade Ihr Modell hier fehlen, werden Sie vielleicht beim Projekt Gutenprint unter *http://gimp-print.sourceforge.net/MacOSX.php* fündig.

So richten Sie einen **Drucker am Mac** ein:

❶ Stellen Sie sicher, dass der Drucker mit dem Mac verbunden ist – entweder über eine direkte Kabelverbindung (USB), mittels einer Netzwerkverbindung oder über eine Drahtlosverbindung wie zum Beispiel WLAN.

❷ Rufen Sie im *Apfel-Menü → Systemeinstellungen…* in der Kategorie Hardware die Systemeinstellung *Drucken & Scannen* auf.

❸ Klicken Sie auf den kleinen Plus-Button am Ende der Liste, um einen neuen Drucker hinzuzufügen.

❹ Entweder Sie finden den Drucker bereits aufgelistet und rechts davon die Art der Verbindung; hier ist zum Beispiel das Modell Brother HL-2030 mittels der Netzwerktechnologie Bonjour angeschlossen. Oder Sie navigieren über die Symbole oben zur gewünschten Technologie. Ist der Drucker zum Beispiel im Windows-Netzwerk, auf das Sie von Ihrem Mac Zugriff haben, klicken Sie auf Windows ❻ und navigieren dort über die Domäne zur Dateifreigabe. (Weitere Informationen dazu hat Ihr Microsoft-Windows-Systemadministrator.)

❺ Wählen Sie den Drucker aus und warten Sie auf den Mac. Es erscheint ganz unten die Statusmeldung *Druckerinformationen sammeln…* Hat Mac OS X einen Treiber gefunden, wird er im Auswahlfeld angezeigt. War die Suche nicht erfolgreich, können Sie den Druckertreiber auch manuell auswählen. Mit einem Klick auf den Button *Hinzufügen* übernehmen Sie das Gerät in die Liste der verfügbaren Drucker.

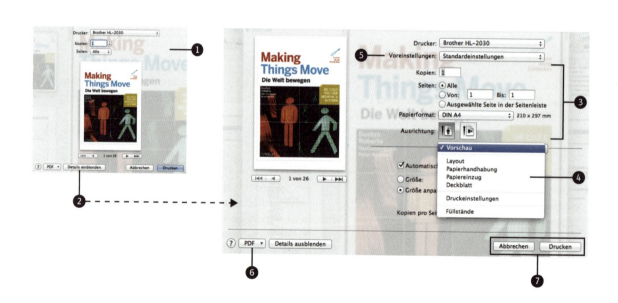

Drucken mit dem Mac II

Fast jedes Programm auf dem Mac bietet die Möglichkeit, das aktuell angezeigte Dokument zu drucken. Der auf den ersten Blick recht einfach gehaltene Dialog lädt dazu ein, **schnell zu einem Ausdruck** zu kommen. Allerdings gibt es noch eine ganze Menge mehr zu entdecken. So drucken Sie ein Dokument zum Beispiel aus dem Programm Vorschau:

❶ Wenn Sie in den einfachen Modus des Druckens gekommen sind, können Sie ganz oben den Drucker, dann die Anzahl der Kopien auswählen und einfach loslegen.

❷ Wenn Sie Ihren Ausdruck noch etwas genauer steuern möchten, klicken Sie auf *Details einblenden*.

❸ Dieser detaillierte Dialog bietet zunächst ganz generelle Einstellungen zum gewünschten Seitenbereich, zum Papierformat und zur Ausrichtung. Beachten Sie, dass sich die verkleinerte Vorschau für den Ausdruck auf der linken Seite immer sofort Ihren Einstellungen anpasst.

❹ Mittig befindet sich ein Auswahlmenü, das steuert, was im unteren Bereich des Fensters an Optionen aufscheint. Dieses Menü zeigt immer folgende Reihenfolge: zunächst die Optionen des aktuellen Programms (hier: Vorschau), dann die allgemeinen Optionen seitens Mac OS X (hier: Layout, Papierhandhabung, Papiereinzug, Deckblatt) und schließlich die zusätzlichen Einstellungen vom Druckertreiber des Modells (hier: Druckeinstellungen). Mit Letzteren stellen Sie beispielsweise den Farbauftrag, Farbprofile oder die Verwendung einer Duplexeinheit (Wendevorrichtung) ein, sofern Ihr Drucker diese Funktionen unterstützt. Mit den ganz unten aufgeführten Füllständen können Sie vor allem bei Tintenstrahldruckern den Status kurz überprüfen, ohne ein spezielles Programm zu öffnen.

❺ Wenn Sie all Ihre Einstellungen getroffen haben und möglicherweise mehrere Dokumente auf diese Art drucken möchten, können Sie diese Zusammenstellung der Optionen als Voreinstellung sichern. Später können Sie in jedem Drucken-Dialog darauf zurückgreifen.

❻ An dieser Stelle ist auch noch auf den Button *PDF* links unten hinzuweisen: Mit ihm können Sie aus fast jedem Dokument in einem beliebigen Programm eine PDF-Datei erzeugen, statt auf Papier auszudrucken.

❼ Schicken Sie nun mittels *Drucken* den Druckauftrag an den Drucker, oder, falls Sie es sich anders überlegen, wählen Sie *Abbrechen*.

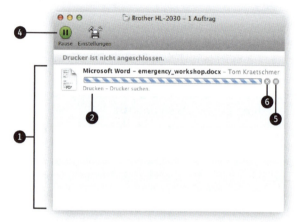

Drucken mit dem Mac III

Normalerweise erhalten Sie – je nach Umfang Ihres Dokuments – recht schnell nach dem Klick auf den Button *Drucken* das Ergebnis im Drucker. Was aber, wenn es einmal hakt? Oder wenn Sie einen viel zu umfangreichen Druckauftrag doch noch schnell abbrechen wollen? Oder wenn Sie einfach den Überblick über die Druckaufträge bewahren wollen?

Genau dazu dient die **Drucker-Warteliste**. Der Name kommt daher, dass in der Kommunikation zwischen Computer und Drucker ja mit ungleichen Partnern gespielt wird – der Computer ist in der Verarbeitung des Auftrages viel schneller als der Drucker. Daher müssen die Aufträge nacheinander abgearbeitet werden (Spooling). Immer dann, wenn Sie einen Druckauftrag abschicken, erscheint die Warteliste in Form eines Programms mit dem Namen des Druckers im Dock ❼. Alternativ können Sie sie auch in der Systemeinstellung *Drucken & Scannen* aufrufen. Das Prinzip dabei ist ganz einfach:

❶ Im unteren Bereich sehen Sie die aktuelle Liste an Aufträgen, die gerade in Bearbeitung sind. Sie können auch über das Menü *Fenster → Abgeschlossene Aufträge zeigen* kontrollieren, was Sie schon gedruckt haben.

❷ Während der Drucker die Daten empfängt, bleibt der Auftrag in der Liste und erhält als Status »Drucken«. Bei mehreren Druckaufträgen hintereinander von Ihrem Mac oder von mehreren Macs, die auf den freigegebenen Drucker zugreifen, erscheinen diese Aufträge untereinander.

❸ Über das Menü *Aufträge → Übersicht von ...* können Sie die Vorschau zu dem ausgewählten Druckauftrag einblenden. Im selben Menü ganz unten können Sie übrigens bei einem von mehreren genutzten Drucker auf *Alle Aufträge anzeigen* klicken und erhalten dann in der Liste neben dem einzelnen Auftrag den Namen des zugehörigen Benutzers.

❹ In der Symbolleiste können Sie mit *Pause* den Drucker selbst anhalten. Das gerade aktuell verarbeitete Blatt Papier kommt noch heraus, aber alle Aufträge sind nun gestoppt. Sie bleiben aber weiterhin vorhanden und fangen automatisch wieder an, sobald Sie auf *Fortsetzen* klicken.

❺ Mittels des *Pause-Symbols* können Sie auch einen einzelnen Auftrag stoppen. Er bleibt zwar erhalten, die Warteliste springt aber automatisch zum nächsten Auftrag. Wollen Sie den Auftrag erneut starten, klicken Sie auf das *Kreispfeil-Symbol*.

❻ Mittels des kleinen *X-Symbols* können Sie einen angehaltenen Auftrag aus der Warteliste löschen.

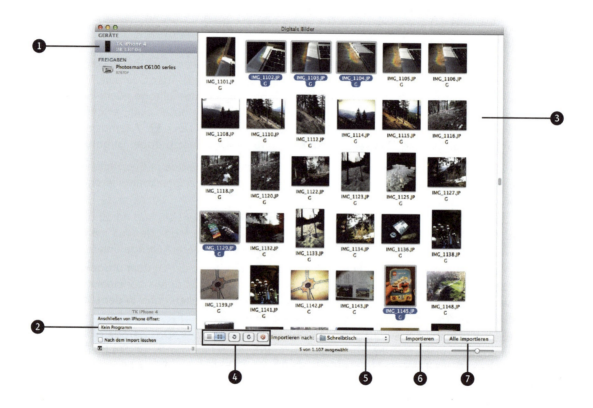

Schnell auf Kamerabilder zugreifen

Eines der wohl populärsten Programme zur Bildbearbeitung auf dem Mac ist iPhoto. Es handelt sich hier um Zusatzsoftware, die zwar nicht Teil von OS X Mountain Lion ist, aber zusätzlich im App Store erworben werden kann. Allerdings ist iPhoto auf vielen neuen Macs mitinstalliert. Das Programm dient dazu, persönliche Bibliotheken mit Bildern zu verwalten, Grußkarten auszudrucken, Fotos zu bearbeiten, auf Facebook oder Flickr hochzuladen und vieles mehr. Wenn Sie aber einmal nicht »die große Maschine« anwerfen wollen, sondern nur ganz schnell auf einen Fotospeicher – wie beispielsweise eine Digitalkamera – zugreifen wollen, können Sie auch ein Bordmittel von Mac OS X verwenden: das Programm **Digitale Bilder**.

Die Funktionsweise ist sehr schnell erklärt:

- In der linken Spalte wählen Sie das angeschlossene Gerät oder die Speicherkarte, die Sie gerade eingelegt haben ❶. Es werden die Verbindungsart zum Speicher und die Anzahl der dort gespeicherten Bilder angezeigt. Links unten legen Sie fest, wie der Mac mit dem Anschließen einer Digitalkamera verfahren soll ❷ – also ob beispielsweise iPhoto, Digitale Bilder oder ein anderes Programm gestartet wird.
- Im Hauptfenster ❸ sehen Sie die verfügbaren Fotos nach ihren Dateinamen sortiert. Sie können nun mit einem Klick einzelne Bilder markieren. Wenn Sie zusätzlich die Taste ⌘ gedrückt halten, können Sie auch mehrere Bilder auswählen, deren Dateiname dann blau hinterlegt wird.
- In der unteren Leiste ❹ wählen Sie die Art der Darstellung (Liste oder Symbole), können Bilder um jeweils 90 Grad drehen, am Speicherort löschen, oder Sie wählen schließlich in der Auswahlliste ❺ jenen Ort auf Ihrer Festplatte, an dem Sie die Bilder ablegen möchten. Der Schieberegler ganz rechts unten am Fensterrand steuert die Anzeigegröße der Vorschaubilder.
- Mit der Funktion *Importieren* ❻ kopieren Sie die Auswahl an Bildern, die Sie getroffen haben, an den vorher eingestellten Speicherort. In der Regel werden Sie gefragt, ob Sie die Bilder auf der Kamera gleich löschen möchten, um neuen Platz zu schaffen. Die Funktion *Alle importieren* ❼ kopiert alle Fotos auf die Festplatte – unabhängig von der getroffenen Markierung.

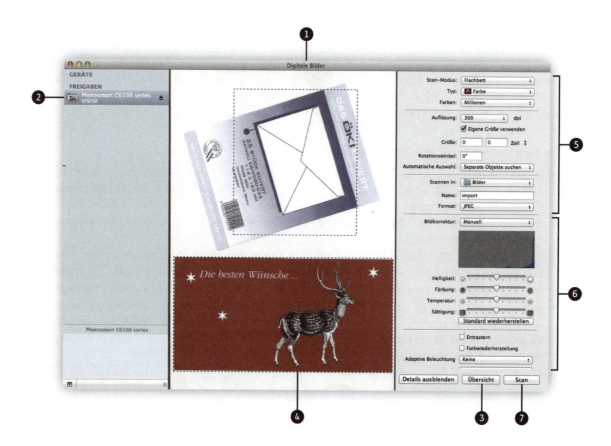

Scannen mit dem Mac

Es ist immer wieder schön, dass man in OS X mit guten Bordmitteln ausgerüstet ist. Dazu zählt auch die Fähigkeit **Scanner anzusteuern**. Selbstverständlich liefern viele Hersteller solcher Geräte bereits eine eigene Software mit. Sofern ein Scanner bestimmte Standards unterstützt, können Sie ihn direkt nach dem Anschließen (z.B. über eine USB- oder Netzwerkverbindung) folgendermaßen verwenden:

❶ Stellen Sie sicher, dass der Scanner eingeschaltet und mit dem Mac verbunden ist. Starten Sie dann zum Beispiel im Launchpad das Programm **Digitale Bilder**.

❷ In der linken Spalte des Programms wird Ihr Scanner bei einer direkten Verbindung (z.B. USB) unter *Geräte* und bei einer Netzwerkverbindung unter *Freigaben* aufgelistet. Klicken Sie auf den Eintrag des gewünschten Scanners.

❸ *Digitale Bilder* baut automatisch die Verbindung zum Scanner auf und startet mit einem Übersicht-Scan. Dieser geht meist recht schnell und bietet in der mittleren Spalte in geringer Auflösung eine Übersicht der Objekte auf dem Scanner. Sie können diesen Scan auch manuell starten.

❹ Das Programm legt automatisch strichlierte Auswahlrahmen rund um die erkannten Objekte an. Das können Sie mit der Option *Automatische Auswahl* in der rechten Spalte des Fensters festlegen. (Tipp: Wenn Sie zum Beispiel ein Foto etwas schräg aufgelegt haben, können Sie in den Auswahlrahmen klicken und mit zwei kleinen grauen Punkten den Auswahlrahmen schräg stellen. Das Objekt wird dann entsprechend Ihrer Auswahl behandelt, aber als gerade stehendes rechteckiges Bild gespeichert.)

❺ In der rechten Spalte gehen Sie am besten von oben nach unten die einzelnen Optionen durch. Sie starten also mit den grundlegenden Einstellungen zu Farbe, Auflösung, Bilddateityp und Speicherort.

❻ Dann können Sie nach Wunsch schon beim Scannen Farbanpassungen mittels Bildkorrektur vornehmen, wo sich ein große Auswahl an Feineinstellungen befindet. Im unteren Bereich der rechten Spalte finden Sie noch spezielle Optionen – z.B. zur Bereinigung von Rastern (*Entrastern*), die bei abgedruckten Bildern in Zeitungen vorkommen.

❼ Sind Sie mit Ihren Einstellungen zufrieden, können Sie mittels des Buttons *Scan* die Bilder scannen lassen. Diese werden dann im ausgewählten Format abgespeichert.

Umgang mit CDs und DVDs

Sie wissen mittlerweile, wie der Mac mit externen Datenspeichern umgeht: ein USB-Stick oder eine externe Festplatte wird beispielsweise auf dem Schreibtisch und in der Seitenleiste eines Finder-Fensters angezeigt. CDs und DVDs sind insofern ein wenig anders zu handhaben, als sie ja unterschiedliche Medien enthalten können. Es kann sich um eine CD-ROM mit Dateien und Ordnern handeln, oder um eine Audio-CD mit Musik. Bei einer DVD könnte es wiederum eine Video-DVD sein. Diese Beispiele könnte man noch fortsetzen.

Je nach Medientyp kommen andere Programme zur Darstellung in Frage:

- Eine CD-ROM oder DVD-ROM sollte in einem Finder-Fenster angezeigt werden.
- Eine Audio-CD spielt man am besten innerhalb des Programms iTunes ab.
- Eine DVD-Video wird wohl im Programm DVD Player am besten dargestellt.
- Eine Foto-DVD sollte vielleicht gleich direkt in Digitale Bilder oder iPhoto angezeigt werden.
- Eine leeres Medium (CD oder DVD) sollte vielleicht mit einem Brennprogramm geöffnet werden.

Um dies zu erreichen, gibt es in Mac OS X in den Systemeinstellungen in der Kategorie Hardware den Eintrag *CDs & DVDs*. Darunter verbirgt sich ein sehr einfacher Dialog, in dem Sie den verschiedenen Medientypen der »kleinen silbernen Scheiben« ein **individuelles Programm zuweisen** können. Meist kann man mit den Voreinstellungen schon sehr gut arbeiten. Als weitere Optionen gibt es noch die Möglichkeiten, ein anderes Programm auszuwählen, ein Skript auszuführen (hierbei handelt es sich um einen abgespeicherten Ablauf von Aktionen auf dem Mac) oder keine Aktion auszuführen, also einfach nur den Datenspeicher in der Seitenleiste des Finder-Fensters anzeigen zu lassen.

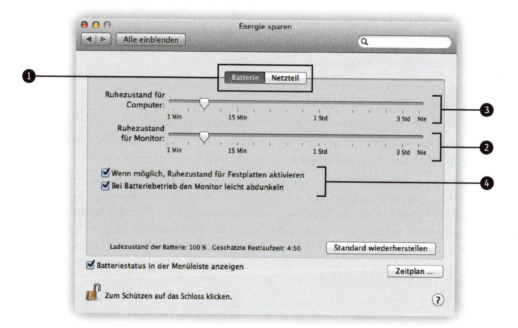

Einstellungen zum Energiesparen

Viele von uns Nutzern am Mac leben heute an einem Arbeitsplatz, an dem den ganzen Tag über der Computer läuft – manchmal sogar länger, wenn man den Computer zum Beispiel über Nacht etwas bearbeiten lässt. Besonders relevant ist dies selbstverständlich für Nutzer des MacBook oder des MacBook Pro, in die Akkus eingebaut sind. Wenn man mobil unterwegs ist und arbeiten möchte, ist nichts ärgerlicher als an einem Ort ohne Steckdose zu schnell die Akku-Energie aufzubrauchen. Aber letztlich sind die Möglichkeiten Energie zu sparen für alle Mac-Nutzer allein schon aus Umweltschutzgründen von Bedeutung. Zuvor sollten Sie noch einige Überlegungen anstellen, die auf der Hand liegen: Jede Technologie, die in irgendeiner Form mit dem Computer kommuniziert, benötigt Energie. Sie können z.B. eine externe Festplatte per USB oder Firewire anschließen. Hier muss der Motor der Festplatte mit Strom versorgt werden. Oder sei es eine Maus, die kabellos per Bluetooth mit dem Mac verbunden ist: Hier muss ständig die Verbindung aufrecht erhalten werden. Ähnliches gilt für die Wi-Fi-Verbindung (kabelloses Netzwerk). Daher liegt es auf der Hand, diese Technologien gerade beim mobilen Einsatz Ihres Mac nur gezielt und bei Bedarf einzuschalten.

Um noch weiter *Energie sparen* zu können, gibt es eine gleichnamige Systemeinstellung. Hier wird unterschieden, ob Sie die Energie vom **Netzteil** oder der **Batterie** beziehen ❶ – Sie können individuelle Einstellungen für jeden Fall treffen. Am wichtigsten sind zunächst die Schieberegler, mit denen Sie festlegen, wann der Monitor ausgeschaltet werden soll ❷ (einer der größten Stromfresser bei einem mobilen Mac) und wann der Computer selbst ❸ (also alle übrigen internen Bauteile). Wichtig ist dabei, dass der Computer nicht ausgeschaltet, sondern nur in den Ruhezustand versetzt wird, in dem er auf einem Energie-Minimum arbeiten und schnell wieder »aufgeweckt« werden kann. Das passiert auch, wenn Sie Ihr MacBook einfach zuklappen. Die kleine pulsierende Lampe an der Vorderseite gibt darüber Auskunft. Die übrigen Funktionen ❹ in der Systemeinstellung sind selbsterklärend – es müssen verschiedene Fälle bedacht werden, die den Mac wieder aktiv schalten, ohne dass Sie unbedingt davor sitzen müssen. Im Übrigen regelt das MacBook (Pro) auch sehr intelligent die Monitorhelligkeit automatisch nach der Umgebungshelligkeit.

Quelle: http://support.apple.com/kb/HT5394?viewlocale=de_DE

Die neue Funktion PowerNap

Wohl allen MacBook-Benutzern ist bekannt, dass sie ihren Mac sehr einfach durch **Zuklappen** jederzeit in den Ruhemodus schicken können. Der aktuelle Arbeitsstatus wird dabei »eingefroren« und der Laptop in einen besonders energiesparenden Modus gesetzt: Der Monitor wird deaktiviert, die Festplatte in den Ruhezustand versetzt, die Lüfter abgeschalten und vieles mehr. Nur eine sanft pulsierende kleine LED-Leuchte an der Vorderseite erinnert daran, dass der Mac nicht ausgeschaltet ist, sondern sich eben im **Ruhemodus** befindet. Beim nächsten Aufklappen wacht der Laptop binnen weniger Sekunden wieder auf und Sie können genau dort weiterarbeiten, wo Sie zuletzt aufgehört haben. Das funktioniert einwandfrei und viele MacBook-Benutzer nutzen diese Funktion so konsequent, dass sie so gut wie nie ihr MacBook neu starten müssen. (Hinweis aus der Praxis: Von Zeit zu Zeit zahlt es sich übrigens doch aus, ein paar Sekunden für einen ordentlichen Neustart in Kauf zu nehmen.)

Vielleicht haben Sie schon einmal – in ganz anderem Zusammenhang als mit Ihrem Mac – vom Begriff des Power-Napping gehört. Damit wird eine sehr kurze Schlafphase untertags bezeichnet, die ausreicht, um sich zu erholen, Kräfte zu sammeln und danach konzentrierter und geistig frischer weiterzuarbeiten.

In Anlehnung daran wurde auf aktuellen MacBooks mit eingebauter SSD (Solid State Drive, Flash-Speicher) in Mountain Lion eine neue Technologie namens **PowerNap** ❶ eingeführt. Sie ist im wesentlichen eine Erweiterung des zuvor beschriebenen Ruhemodus. Trotz Abschaltens von Monitor und anderer Hardware in Ihrem MacBook kümmert sich der Computer im PowerNap-Modus um automatisierbare Aufgaben ganz selbständig – beispielsweise um die Software-Aktualisierung (Seite 141), das Abrufen von Mails (Seite 233), die Synchronisation mittels iCloud (Seite 225) für Inhalte wie Notizen, Erinnerungen oder Nachrichten sowie automatische Backups mittels TimeMachine (Seite 117). Zu finden ist PowerNap übrigens auf einem dafür geeigneten MacBook (Pro) unter *Systemeinstellungen → Energie sparen*.

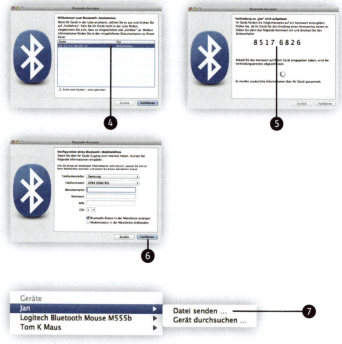

Geräte per Bluetooth mit dem Mac verbinden

Bei Bluetooth handelt es sich um einen weitverbreiteten Standard für drahtlose Verbindungen zwischen technischen Geräten. Verglichen mit WiFi (also drahtlosen Netzwerkverbindungen) ist Bluetooth zwar sehr langsam und nur im Nahbereich von wenigen Metern sinnvoll nutzbar, üblicherweise laufen aber auch nur ganz wenige Daten über eine solche Verbindung. Man muss zwischen zwei verschiedenen Typen von Geräten unterscheiden: auf der einen Seite stehen reine Eingabegeräte, wie beispielsweise die Magic Mouse und das Magic Trackpad von Apple (siehe auch Seite 23), auf der anderen intelligente Geräte, wie beispielsweise Mobiltelefone. Die »Intelligenz« bezieht sich hier auf die Fähigkeit, Daten auszutauschen und direkt am Mac im Foto- oder Musikspeicher des Mobiltelefons zu navigieren. Anhand eines solchen Telefons zeige ich Ihnen, wie Sie eine Verbindung herstellen – diese Vorgehensweise gilt natürlich auch für andere Geräte:

❶ Schalten Sie auf dem Mobiltelefon Bluetooth ein – die Anleitung dazu finden Sie im Handbuch für das Gerät. (Bei einem reinen Eingabegerät reicht es, dieses einzuschalten.)

❷ Schalten Sie auf dem Mac Bluetooth ein – und zwar über *Apfel-Menü* → *Systemeinstellungen…* → *Bluetooth* – oder nutzen Sie einfach das Status-Menü rechts oben in der Menüleiste.

❸ Wählen Sie im Status-Menü *Bluetooth-Gerät konfigurieren…*

❹ Der Bluetooth-Assistent startet und prüft automatisch, welche aktivierten Bluetooth-Geräte sich im Nahbereich befinden. Diese listet der Assistent auf. Markieren Sie das gewünschte Gerät und klicken Sie auf *Fortfahren*.

❺ Der Assistent blendet nun einen Freigabe-Code (Zahlen) ein. Parallel dazu werden Sie auf dem Mobiltelefon gefragt, ob Sie eine Verbindung zum Computer (Name) herstellen wollen. Haben Sie dies bestätigt und den Code eingegeben, schlägt der Assistent vor, entsprechende Dienste des Geräts zu konfigurieren (z.B. das Mobiltelefon als Modem für den Zugriff auf das Internet zu nutzen).

❻ Gleichgültig, ob Sie diese Dienste konfigurieren oder nicht, können Sie im nächsten Schritt auf *Fortfahren* klicken; der Assistent meldet die erfolgreiche Verbindung zum Gerät.

❼ Wählen Sie nun im Bluetooth-Statusmenü das Gerät, können Sie im Untermenü zum Beispiel Dateien senden oder auf den Speicher zugreifen und darin navigieren (*Gerät durchsuchen…*).

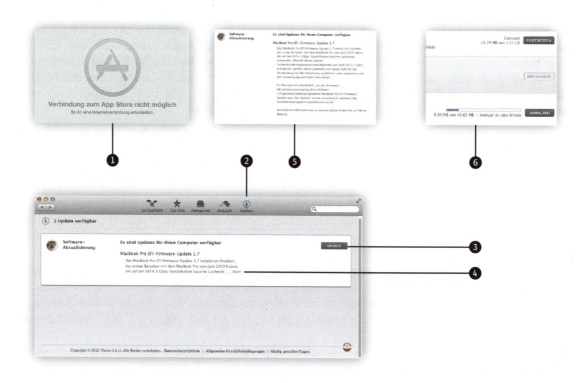

Den Mac auf dem neuesten Stand halten

Vielleicht haben Sie auch schon erlebt, dass Benutzer anderer Betriebssysteme sich über Probleme beklagen: Ein neu installierter Treiber, eine neue Software, und es läuft alles nicht mehr so rund wie zuvor. Dann müssen vielleicht noch kleine Programme installiert werden, die lediglich prüfen, welche Updates denn überhaupt für diesen Computer und seine Komponenten in Frage kommen. Und dann gibt es noch Abhängigkeiten der Updates von anderen Updates, die einen schlicht und einfach in den Wahnsinn treiben können. Bei einem Computerhersteller wie Apple, bei dem sowohl Software als auch Hardware aus einem Haus kommen, gibt es solche Schwierigkeiten praktisch nicht. Die wichtigen und vor allem auf Ihr konkretes System zugeschnittenen **Updates** können Sie nämlich an einer zentralen Stelle herunterladen und automatisch installieren lassen. Seit OS X Mountain Lion passiert diese **Softwareaktualisierung** direkt über den AppStore.

Stellen Sie zunächst sicher, dass eine Verbindung zum Internet besteht ❶. Achtung: Gewisse Systemupdates können sehr groß ausfallen, weshalb eine Breitbandverbindung dafür sehr empfehlenswert ist. Rufen Sie *Apfel-Menü → Softwareaktualisierung…* auf. Es startet automatisch der AppStore und die Verfügbarkeit neuer Updates wird geprüft. Dabei wird Ihr konkretes Computermodell mit seiner Konfiguration (also sowohl die Hardware als auch die installierte Software von Apple) ausgelesen und mit einem Katalog aller verfügbaren Updates verglichen. Nur jene für Sie relevanten Aktualisierungen werden dabei angezeigt ❷. Klicken Sie nun auf den Button *Update* ❸ und dieses wird automatisch im System installiert, während Sie im Vordergrund normal weiterarbeiten können. Wenn Sie es etwas genauer wissen wollen, klicken Sie auf den Link *Mehr…* ❹. Es erscheint eine genaue Beschreibung des Updates ❺. Sollten Sie ein Update nicht ausführen wollen, so ignorieren Sie einfach den jeweiligen Update-Vorschlag aus dem AppStore – er wird zwar immer wieder erscheinen, aber Sie müssen ihn ja nicht befolgen. Manche Updates erfordern nach der Installation direkt einen Neustart des Mac, zu dem Sie aber noch gesondert aufgefordert werden, so dass Sie die Möglichkeit haben, Ihre laufende Arbeit zu sichern. So wie bei allen anderen Software-Downloads aus dem AppStore kann man übrigens die Updates jederzeit anhalten, sich über den Fortschritt schlau machen ❻ und sie dann fortsetzen.

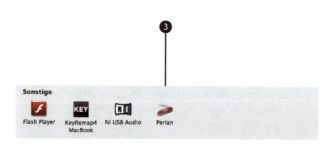

Weitere Geräte über Systemeinstellung einrichten

Die Systemeinstellungen können übrigens erweitert werden – und zwar um Einstellungen für Soft- und Hardware von Fremdherstellern. So haben Sie an einer zentralen Stelle Zugriff auf die Detaileinstellungen. Dazu dienen sogenannte **Preference Panes** ❶ mit der Dateiendung .prefPane, die Sie ganz einfach mit einem Doppelklick installieren können. Dabei werden Sie meist noch gefragt, ob Sie die Einstellung nur für Ihren Benutzer (mit dem Sie angemeldet sind) oder für alle Benutzer installieren wollen. Mac OS X kopiert die Datei dann entsprechend in die Library ❷. Beim nächsten Aufruf über *Apfel-Menü → Systemeinstellungen…* finden Sie diese neue Einstellung ganz unten in der Kategorie *Sonstige* ❸. Einige Hersteller haben übrigens auch die Optionen in ihrer Systemeinstellung in den Suchindex aufgenommen. Wenn Sie also rechts oben im Fenster der Systemeinstellungen im Suchfeld zum Beispiel »flash« eingeben ❹, werden mögliche Optionen für die Systemeinstellung des Adobe Flash Players hier aufgelistet.

Preferences zurücksetzen

Die durch die Preference Panes verwalteten Einstellungen selbst werden im Ordner *Library* (entweder für das System oder für Ihren Benutzer) gespeichert. Sollte auf Ihrem Mac etwas nicht so richtig funktionieren, kann es sein, dass eine bestimmte Preference korrupt ist. Es hilft meistens, diese einfach zu löschen – beim nächsten Programmstart wird sie neu aufgebaut und Sie können in den Systemeinstellungen alles wieder neu einrichten. Es empfiehlt sich aber, nach dem Problem zu googeln. Die Dateinamen sehen etwa so aus: *com.apple.Bluetooth.plist*

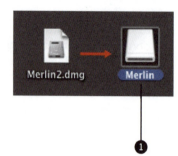

❶

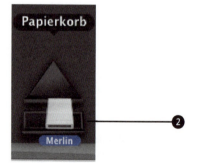

❷

Von Volumes und Startvolumes

An der einen oder anderen Stelle in Mac OS X sind Sie vielleicht schon über den Begriff »Volume« gestolpert. Damit ist generell jede Art von Datenspeicher gemeint, die Sie über die Finder-Seitenleiste eines Fensters oder über den Schreibtisch auswählen können. Meistens handelt es sich um physikalische Datenspeicher wie Festplatten, DVD-ROMs, Speicherkarten oder USB-Sticks. Sobald Sie diese an den Mac anschließen, werden sie angezeigt und Sie können darauf zugreifen. Wichtig ist, dass ein solcher physikalischer Datenspeicher aus mindestens einer Partition (Unterteilung) besteht. Bei einer Formatierung kann man nämlich mehrere Partitionen festlegen, die wie einzelne Datenspeicher behandelt werden. Diese Partitionen werden auf dem Mac – wie prinzipiell auf allen UNIX-basierenden Systemen – Volumes genannt. Sie können dann auch im Terminal unter einem eindeutigen Pfad gefunden werden.

Volumes sind nicht zwingend an physikalische Geräte gebunden. Wenn Sie beispielsweise eine neue Software auf den Mac herunterladen, dann erhalten Sie meist ein sogenanntes Disk Image (Dateiendung .dmg). Diese Datei wird nach einem Doppelklick als Volume ❶ in der Finder-Seitenleiste angezeigt und verhält sich wie ein angeschlossener Datenspeicher. Diesen Vorgang nennt man »Mounten eines Volumes«. Bei allen Datenspeichern – außer Ihrer internen Festplatte – sollten Sie nach getaner Arbeit und bevor Sie den Datenspeicher entfernen, das Volume wieder auswerfen, indem Sie es beispielsweise auf den Papierkorb ziehen und dort auslassen. Dieser verwandelt sich zu einem Pfeilsymbol ❷ und das Volume wird sauber abgemeldet (»Unmounten«). Alternativ klicken Sie mit der rechten Taste auf das Volume und wählen *VOLUME auswerfen* oder nutzen im Finder-Fenster das Auswurf-Symbol ❸ neben dem Eintrag.

Ein **Startvolume** ist ein Datenspeicher, auf dem Mac OS X installiert ist, und von dem der Mac daher gestartet werden kann. So ist es durchaus möglich auf einem Mac auch mehrere Installationen von Mac OS X zu haben und eine Auswahl zu treffen. Auch eine eingelegte Installations-DVD kann so beim nächsten Start aktiviert werden. Wechseln Sie dazu in *Apfel-Menü → Systemeinstellungen… → Startvolume* ❹ in der Kategorie System. Wählen Sie dort mit einem Klick das gewünschte Volume aus und wählen Sie *Neustart*.

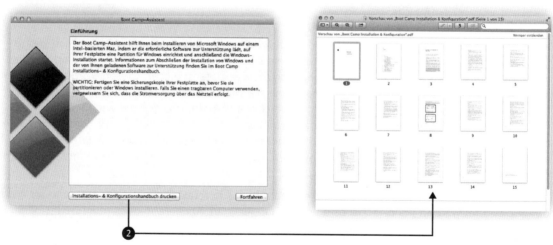

Windows auf dem Mac laufen lassen – Boot Camp

Seit einigen Versionen von Mac OS X – und bei Eignung der verwendeten Hardware (Intel-basierende Macs) – ist es möglich, **Microsoft Windows auf dem Mac** laufen zu lassen. Die Motivation dafür kann ganz unterschiedlich sein: Entweder ein Benutzer schätzt die Hardware eines Mac, muss aber aufgrund der eingesetzten Programme mit Windows arbeiten. Oder er muss nur ab und an etwas in Windows testen, arbeitet aber hauptsächlich auf dem Mac.

Die erste Variante nennt sich **Boot Camp** und ermöglicht es, parallel zu OS X Mountain Lion auch Windows auf dem Mac zu installieren. Nach der Installation können Sie sich beim Hochfahren des Mac entscheiden, mit welchem System Sie arbeiten möchten. Sie benötigen dazu ein Installationsmedium von Windows, eine dazugehörige gültige Lizenz und ein wenig Zeit. Der Mac führt Sie dabei Schritt für Schritt. Starten Sie einfach im Finder über *Gehe zu → Dienstprogramme* die Anwendung Boot Camp-Assistent ❶ und folgen Sie ganz genau den Anweisungen. Es empfiehlt sich wirklich, das Installations- und Konfigurationshandbuch auszudrucken ❷. Damit können Sie auch in jenen Momenten der Installation, in denen keine Maus- und Tastatureingaben vom Mac oder vom Windows-Installationsprogramm angenommen werden, nachsehen, wie es weitergeht.

An dieser Stelle seien nocheinmal die **Fakten zu Boot Camp** zusammengefasst:

- Mit Boot Camp starten Sie entweder OS X Mountain Lion ODER Windows auf Ihrem Mac. Halten Sie dazu beim Hochfahren des Mac die Taste ⌥ gedrückt, bis Sie zu einem Auswahlbildschirm kommen.
- Mit dem Boot-Camp-Assistenten können Sie – genügend Speicherplatz vorausgesetzt – einen Teil Ihrer eingebauten Festplatte für Windows reservieren, ohne dass Sie diese neu formatieren müssten. Auf dem Startvolume für Mac OS X haben Sie dann einfach nur etwas weniger Platz.
- Apple bietet mit dem Boot-Camp-Assistenten ein praktisches Werkzeug zum Einrichten von Windows und zur Installation der notwendigen Treiber für die in Ihrem Mac eingebauten Hardware-Komponenten unter Windows. Die Verantwortung für das Funktionieren von Windows liegt aber bei Microsoft.
- Ausführliche Hilfe zu Boot Camp erhalten Sie unter *http://www.apple.com/de/support/bootcamp/*.

❶

❷

Windows auf dem Mac laufen lassen – Emulation

Eine zweite Variante, Windows am Mac zu nutzen, beruht auf einer guten alten Technik der Informatik: der **Software-Emulation**. Dabei wird (vereinfacht ausgedrückt) einer Software ein vollständiger Computer vorgegaukelt, dies nennt man eine »virtuelle Maschine«. Sie können beispielsweise steuern, wieviel Arbeits- oder Festplattenspeicher dafür reserviert werden soll (Ressourcen), und vieles mehr. Die Software-Emulation selbst läuft als ganz normales Programm innerhalb des Betriebssystems.

Der Vorteil liegt darin, im laufenden Betriebssystem schnell ein anderes System starten und trotzdem in Mac OS X weiterarbeiten zu können. Außerdem ist der Dateizugriff zwischen echtem und emuliertem System mit vielen heutigen Lösungen sehr benutzerfreundlich gelöst. Darüber hinaus können Sie beliebig viele virtuelle Maschinen anlegen und so auch andere Systeme (oder Systemversionen) installieren. Der Nachteil der Software-Emulation liegt in der Leistung (Performance) des Computers: Da die Emulation ja »nur« als Programm läuft, steht ihr nur ein Teil der Ressourcen zur Verfügung, was zum Beispiel für einfache Programme wie Textverarbeitungen kein Problem darstellt, aber für aufwändigere Programme schon einmal zu sehr langen Wartezeiten führen kann.

Für den Betrieb von Windows unter OS X Mountain Lion als Emulation in Form eines Programms im Dock gibt es mittlerweile mehrere kommerzielle Lösungen – die bekanntesten unter ihnen sind ❶ Parallels Desktop (*http://www.parallels.com/de/products/desktop/*) sowie ❷ VMWare Fusion http://www.vmware.com/de/products/desktop_virtualization/fusion/). Auch hier benötigen Sie zur Installation selbstverständlich ein Installations-Medium für Microsoft Windows und eine Lizenz.

Bitte beachten Sie bei beiden Varianten – also sowohl Boot Camp als auch Emulation –, dass die Tastaturbelegung unter Windows etwas anders als unter Mac OS X ausfällt und bestimmte Funktionen mit anderen Tasten aufzurufen sind. Genaue Informationen finden Sie beim Apple Support unter *http://support.apple.com/kb/HT1167?viewlocale=de_DE*.

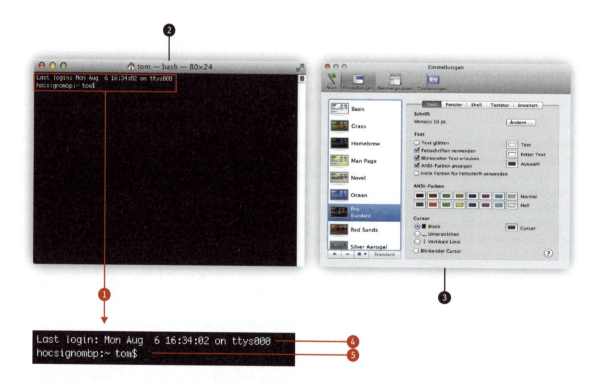

Das Terminal kennenlernen I

An einigen Stellen in diesem Buch sind wir schon einmal dem **Terminal** (Eingabeaufforderung) begegnet. Es handelt sich dabei um eine Alternative zur grafischen Benutzeroberfläche (GUI). Sie funktioniert auf allen UNIX-Systemen gleich. Im Terminal werden alle Befehle und Programme in Textform behandelt. Was auf den ersten Blick etwas abschreckend wirken mag, ist bei genauerer Betrachtung eine sehr effiziente Art und Weise der Computerbedienung. Keine Sorge, Sie müssen Ihren Mac nicht auf diese Weise benutzen – aber Sie können es. Und daher gibt es hier eine kleine Einführung für alle Interessierten.

Nach dem Starten des Programms *Terminal*, das Sie zum Beispiel im Launchpad unter *Dienstprogramme → Terminal* finden, erhalten Sie ein Fenster ohne Symbolleiste mit zwei einfachen Textzeilen ❶. Dies nennt man die Shell, und diese stellt eine Reihe von Standardbefehlen zur Verfügung. Das Erscheinungsbild dieses Fensters ❸ können Sie übrigens im Menü *Terminal → Einstellungen…* auswählen. (Eine kleine grafische Unterstützung von Mac OS X gibt es: In der Titelleiste des Fensters ❷ sehen Sie den aktuellen Speicherort, hier »tom« mit dem Haussymbol, also meinen Benutzerordner. Danach steht »bash«, das ist der Typ der Shell, nämlich die Bourne Again Shell. Und danach steht die derzeitige Anzahl von Zeichen für das Fenster, also 80 Zeichen breit und 24 Zeilen hoch.)

In den Textzeilen im Fenster sehen Sie die letzte Anmeldung auf der Shell ❹. Gleich in der Zeile darunter steht dann der Name des Computers (hier: hocsignombp) gefolgt von einem Doppelpunkt. Dahinter steht der aktuelle Ordner, der standardmäßig der Benutzerordner des angemeldeten Benutzers ist. Er wird mit einer Tilde abgekürzt – dem geschwungenen Zeichen, das man mittels ⌥ + N erzeugen kann. Es folgt ein Abstand und dann der Name des Benutzers (hier: tom). Das Zeichen direkt dahinter gibt Aufschluss über die Art der Anmeldung: $ ist ein normaler Benutzer, # wäre der Root-Benutzer – letzter ist sozusagen der Über-Administrator. Diese Zeile ❺ ist also die Eingabeaufforderung (Prompt), in der Sie nun Befehle starten können, die wir gleich im Anschluss kennenlernen.

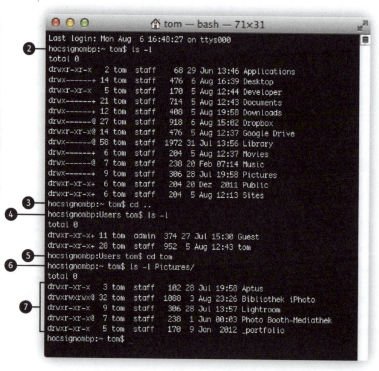

Das Terminal kennenlernen II

Befehle auf der UNIX-Shell zeichnen sich dadurch aus, dass sie **Abkürzungen englischer Begriffe** sind und in aller Kürze eine Menge verschiedener Optionen bieten. Sie müssen daher ganz genau Abstände, Zeichenfolgen, Groß- und Kleinschreibung beachten. Viele Befehle werden übrigens über die Shell um einiges schneller ausgeführt als in der grafischen Benutzeroberfläche. Wenn Sie Genaueres zu einem einzelnen Befehl wissen wollen, rufen Sie ganz einfach das interne Hilfe-System der Shell auf: Tippen Sie dazu die Zeichenfolge man (für Manual Pages) gefolgt von einem Abstand und dann den Befehl ❶.

Zwei der wichtigsten Befehle lauten cd (change directory), um zu einem Ordner zu wechseln, sowie ls (list) für die Anzeige der Inhalte eines Ordners. Mit der Tabulator-Taste können Sie die Autocomplete-Funktion nutzen: Wenn Sie einen Pfad zu einem Ordner angeben, brauchen Sie lediglich die ersten paar Buchstaben einzugeben und der Pfad wird (soweit eindeutig) in diesem Ordner automatisch ergänzt. Sehen wir uns das an einem konkreten **Beispiel** an: Wir starten im Benutzerordner und lassen uns mit ls -l den Inhalt genau auflisten ❷. Nun wechseln wir mit cd .. einen Ordner höher ❸. Mit ls -l lassen wir uns nochmals den Inhalt einblenden – erwartungsgemäß werden die Ordner für meinen Benutzer *tom* und den Gast-Benutzer *Guest* angezeigt ❹. An dem Users nach hocsignombp: erkennen wir, dass es geklappt hat. Nach einem erneuten Wechsel in meinen Benutzerordner *tom* ❺ wollen wir nun direkt die Inhalte des Bilderordners darin anzeigen lassen. Wir starten mit der Eingabe von ls -l P und drücken dann Tabulator. Da sich hier sowohl /Pictures als auch /Public befinden, ist das für die Shell nicht eindeutig. Daher tippen wir noch ein i und drücken dann erneut Tabulator ❻ und die Shell ergänzt automatisch das richtige Verzeichnis. Mit Enter bestätigen wir den Befehl und erhalten die Inhalte des Bilder-Ordners im Benutzerverzeichnis von *tom* ❼.

Weitere Befehle, die Sie sich bei Interesse zum Beispiel über man BEFEHL oder BEFEHL -? am Terminal in Mac OS X genauer ansehen könnten: cp (copy), cat (concatenate, hängt zwei Dateien zusammen), open (übergibt dem Finder einen Ordner oder ein Programm zum Öffnen), mv (move), rm (remove), pico (ein Texteditor, mit ctrl + Buchstabe rufen Sie die unten angeführten Menübefehle auf). Suchen Sie einfach mal im Internet nach »unix shell befehle« – Sie werden staunen, was hier alles möglich ist.

3

KAPITEL 3 | Internet und andere Netzwerke

Sie sind aus unserem täglichen Leben mit Computern kaum mehr wegzudenken: **Netzwerke**. Egal ob Sie mit ihrem Mac einen Zugang zum Internet benötigen, mit einem anderen Computer in Ihrem Netzwerk Daten austauschen oder auf einen gemeinsam genutzten Fileserver im Firmennetzwerk zugreifen – Mac OS X hat die notwendigen Technologien für all diese Aufgaben an Bord.

In diesem Kapitel werfen wir zunächst einen Blick auf die Hardware: Welche Anschlüsse sind für Netzwerkverbindungen gedacht? Wo können Sie diese einstellen? Und was bedeuten die verschiedenen Angaben in den zuständigen Systemeinstellungen? Im nächsten Schritt betrachten wir die Freigaben, die im Handumdrehen Ihren Mac in einen kleinen Server verwandeln. So machen Sie anderen Benutzern im Netzwerk Daten zugänglich. Aber nicht nur Daten, sondern auch Ressourcen wie Drucker lassen sich im Netzwerk freigeben. Sie sehen, dass mit Netzwerken wirklich eine ganze Menge möglich ist – auf ins Abenteuer.

Vorurteile

Sollten Sie übrigens einmal auf einen »Computer-Experten« stoßen, der meint, dass der Mac nicht kompatibel zu Windows-Netzwerken sei, dann würde ich empfehlen, das getrost zu ignorieren. Das sind Vorurteile, die einfach nicht mehr stimmen. Ja, es gab solche Zeiten – aber das ist 10 bis 15 Jahre her. Und diese Vorurteile können auch im aktuellen Mac OS X sehr einfach widerlegt werden.

Überblick der Netzwerkanschlüsse

Was macht ein Netzwerk eigentlich aus? Ganz genau: seine Verbindungen. Nur wenn zwei oder mehr Computer miteinander verbunden sind, dann besteht ein Netzwerk. Und die Verbindung beginnt bei den **Anschlüssen der Geräte**. Hier gibt es verschiedene Standards und Begriffe, die Ihnen größtenteils in der Systemeinstellung *Netzwerk* begegnen. Diese haben einen kleinen Überblick verdient:

- Ethernet ist die Bezeichnung für eine Technologie, die bei kabelgebundenen Netzwerken zum Einsatz kommt. Hier werden sowohl Hardware (Aufbau von Kabeln, Steckern, Komponenten) als auch Software (Steuerung des Datenverkehrs) genau definiert. Ein prominenter Vertreter ist der Ethernet-Netzwerkanschluss ❶, den Sie auch auf Ihrem Mac finden. In Bezug auf die rein technisch erzielbare (aber in der Praxis solcher Netzwerke oftmals kaum erreichte) Geschwindigkeit spricht man von Ethernet mit 10 Mbit/s Geschwindigkeit, Fast Ethernet mit 100 Mbit/s oder Gigabit Ethernet mit 1.000 Mbit/s.

- LAN steht für Local Area Network. Es bezeichnet meistens eine kabelgebundene Netzwerkverbindung von Computern untereinander. Das LAN kann in einer Wohnung, einem Bürogebäude oder z.B. auf einem Universitätscampus installiert sein.

- Wenn nur zwei Computer miteinander verbunden werden, reicht ein Ethernet-Kabel zwischen den beiden. Sollen mehrere Computer untereinander Daten austauschen, benötigt man zusätzlich einen Router. Jeder Computer wird mit dem Router z.B. über ein Netzwerkkabel verbunden, und dieser kümmert sich automatisch um die korrekte Verbindung und Verteilung von Daten unter den verbundenen Geräten. So kann man zum Beispiel auch den Internetzugang allen Computern im Netzwerk zur Verfügung stellen.

- Selbstverständlich gibt es auch kabellose Netzwerke. Der wohl gängigste Begriff dafür ist WLAN – das steht für Wireless LAN und wird heute z.B. in Büros, an öffentlichen Plätzen oder in Kaffeehäusern angeboten. Es lädt viele zum Aufklappen ihrer Laptops oder zum Surfen im Internet mit Ihren Smartphones ein. Jeder moderne Mac besitzt neben dem Ethernet-Anschluss auch einen solchen WLAN-Anschluss – genaugenommen handelt es sich um einen Computerchip mit Antenne. Früher wurde in Mac OS X diese Technologie Airport genannt, nun ist man in OS X Mountain Lion bei WLAN ❷ gelandet. Als Voraussetzung gilt, dass man WLAN am Mac aktiviert hat und sich erfolgreich an einem Router (egal welcher Marke) anmeldet. Die Router von Apple tragen die Bezeichnung Airport Express und Airport Extreme bzw. Time Capsule (mit integriertem TimeMachine-Speicher).

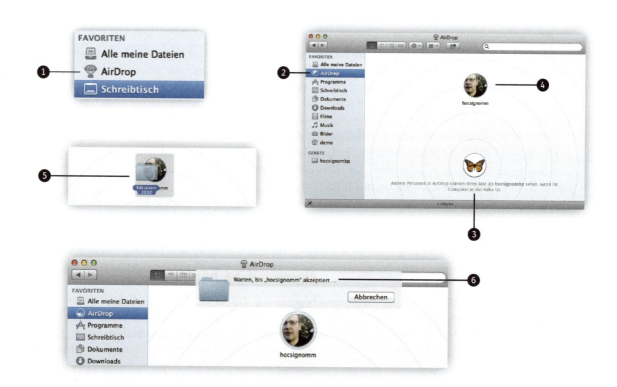

AirDrop in OS X Mountain Lion nutzen

Wäre es nicht schön, wenn sich Computer zum Datenaustausch über ein Funknetzwerk ganz von selbst finden und einstellen könnten? Genau das ist mit einer Technologie, die oft als Zero-Config-Netzwerk bezeichnet wird, in Mac OS X möglich. Ganz konkret können bei **AirDrop** zwei oder mehr Computer im Nahbereich (zum Beispiel in einem Raum) mittels WLAN eine direkte Verbindung untereinander aufbauen und Daten austauschen. Es wird dazu nicht einmal ein WLAN-Router benötigt.

So gehen Sie vor, um mittels AirDrop Daten zwischen zwei Computern auszutauschen:

1. Öffnen Sie ein Finder-Fenster.

2. Klicken Sie dort in der Seitenleiste auf den Eintrag *AirDrop*. Am sich drehenden Radar-Symbol erkennen Sie, dass der Mac nach anderen Computern sucht.

3. Unten in der Mitte sehen Sie Ihr Benutzerbild und darunter den Hinweis, unter welchem Namen für Ihren Computer Sie von anderen Benutzern mit AirDrop gesehen werden. (Es handelt sich um den Namen, den Sie in der Systemeinstellung *Freigaben* als Gerätenamen angegeben haben.)

4. Führen Sie die Schritte 1 bis 3 auch auf dem anderen Mac mit OS X Lion oder Mountain Lion durch. Sobald dieser Mac gefunden wurde, erscheint er im Fenster. An dem runden Bild erkennen Sie den aktuell angemeldeten Benutzer am anderen Mac und darunter ist ebenfalls der Gerätename eingeblendet.

5. Ziehen Sie nun eine Datei oder einen Ordner auf das Benutzerbild des anderen Mac. OS X fragt Sie, ob Sie dieses Element wirklich senden wollen. Klicken Sie auf den Button *Senden*.

6. Ein Fenster informiert Sie, dass nun auf dem anderen Mac nachgefragt wird, ob der Benutzer dieses Element akzeptieren möchte. Bestätigt dieser den Dialog, startet die Übertragung. (Achten Sie darauf, dass Sie die Entfernung zwischen den beiden Macs während der Datenübertragung nicht verändern, sonst könnte es Probleme oder einen Abbruch geben.)

Wenn Sie fertig sind, brauchen Sie sich nicht abzumelden oder ähnliches, die Verbindung wird automatisch gelöst, sobald Sie sich wieder voneinander entfernen oder etwas anderes im Finder-Fenster anzeigen.

Systemeinstellung Netzwerk verstehen I

Für eine erfolgreiche Verbindung von Macs im Netzwerk sind zwei Einstellungen unter *Apfel-Menü → Systemeinstellungen…* relevant: *Netzwerk* und *Freigaben*. Erstere dient dazu, die eigentliche Verbindung aufzubauen, letztere dazu, die verschiedenen Arten der Verbindung (von der Datenübertragung bis zur Druckerfreigabe) einzustellen. Starten wir mit einer detaillierten Übersicht der Systemeinstellung *Netzwerk*:

- Stellen Sie zunächst sicher ❶, dass Sie als Administrator das Schloss ganz links unten geöffnet haben und daher Änderungen an der Systemeinstellung *Netzwerk* vornehmen dürfen.
- Die Systemeinstellung Netzwerk besteht aus vier wichtigen Bereichen. Zunächst finden Sie die Möglichkeit, die *Umgebung* auzuwählen ❷. Die Idee dahinter ist, dass Sie vielleicht zu Hause eine andere Netzwerkkonfiguration als an Ihrem Arbeitsplatz im Büro benötigen. Diese unterschiedlichen Konfigurationen, die Sie in dieser Systemeinstellung festlegen, können Sie als Umgebung abspeichern und dann mittels *Apfel-Menü → Umgebung* umschalten, wenn Sie in das andere Netzwerk kommen.
- Auf der linken Seite sehen Sie die Liste der verschiedenen Netzwerkanschlüsse ❸, die in dieser Umgebung konfiguriert sind. Das kleine Ampel-Licht daneben gibt an, welchen Status eine Verbindung hat: Rot steht für keine Verbindung (z.B. kein Kabel angesteckt), Gelb steht für Verbindung möglich, aber im Moment eingeschränkt, Grün steht für Verbindung aufgebaut.
- Über die Buttons unten ❹ können Sie mit *Plus* und *Minus* Verbindungsarten hinzufügen oder entfernen. Über das Zahnrad haben Sie die Möglichkeit, die Reihenfolge der verschiedenen Dienste festzulegen: Stellen Sie sich zum Beispiel ein Büro vor, in dem es sowohl LAN (meist etwas stabiler und schneller) als auch WLAN gibt. Sie wollen eine der beiden Verbindungen nutzen, um ins Internet einzusteigen. Hier wäre es sinnvoll, Ethernet an die erste Stelle zu setzen und darunter WLAN. Kommen Sie nun an den Arbeitsplatz und schließen ein Ethernet-Kabel an, so kommt diese Verbindung zum Einsatz. Sind Sie zwar im Büro, haben aber momentan keine Zeit oder Möglichkeit, sich mit dem Kabel zu verbinden, dann kommt der nächste Dienst in der Liste zum Einsatz, in diesem Fall die WLAN-Verbindung. In Mac OS X ist es auch möglich, über ein FireWire-Kabel mit einem anderen Mac oder über eine Bluetooth-Verbindung mit einem Mobiltelefon (Bluetooth DUN bzw. PAN – Achtung, nicht besonders schnell!) ein Netzwerk aufzubauen.

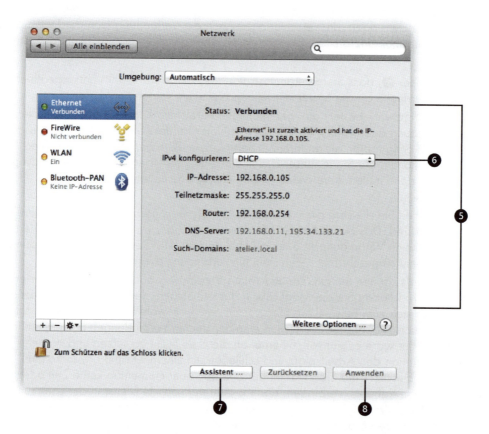

Systemeinstellung Netzwerk verstehen II

- Auf der rechten Seite ❺ werden dann für den jeweils ausgewählten Dienst die Optionen und Informationen zusammengefasst. Hier sehen Sie den aktuellen Zustand der Verbindung. Diese ist erfolgreich aufgebaut, sobald der Computer eine IP-Adresse erhalten hat. Das ist eine Zahlenadresse, die den Computer eindeutig im Netzwerk identifizierbar macht und nach einem bestimmten Schema funktioniert. Zum Beispiel besitzt auch jeder Webserver im Internet eine solche **IP-Adresse**. Sie können beispielsweise die Webseite http://www.oreilly.de genauso erreichen, wenn Sie in die Adresszeile Ihres Webbrowsers die IP-Adresse 213.168.78.214 eingeben. Und auch in einem lokalen Netzwerk funktionert diese eindeutige Zuordnung. Dafür gibt es einige reservierte Adressen im IP-Adressen-Schema, die nur in einem abgeschlossenen (lokalen) Netzwerk zum Einsatz kommen. So erhalten Computer in einem LAN oder WLAN meistens Adressen wie 192.168.1.x, wobei das x für eine beliebige Zahl zwischen 0 und 255 stehen kann. Damit man diese Adressen nicht manuell eintragen muss (was nur dann sinnvoll wäre, wenn Sie Ihren Mac als permanten Datenserver zur Verfügung stellen wollten), kümmert sich meistens der Router darum, diese Adressen automatisch den mit ihm verbundenen Geräten zuzuweisen. Diese Technik nennt man **DHCP** (Dynamic Host Control Protocol). Wenn Sie DHCP bei der Ethernet-Verbindung auswählen ❻, dann können Sie keine Werte manuell eingeben, sondern der Mac erhält alle Details vom Router und ist meistens sehr schnell automatisch mit dem Netzwerk verbunden.
- Ganz unten finden Sie noch Möglichkeiten, die Netzwerkeinstellung mit einem *Assistenten* ❼ einzurichten. Dabei haben Sie wieder zwei Optionen: Mit der *Diagnose* können Sie prüfen, an welchem Punkt die Verbindung möglicherweise hakt (z.B. Hardware-Problem oder Internet-Provider). Mit dem Button *Assistent* hingegen starten Sie den Netzwerk-Assistenten, der Ihnen Schritt für Schritt bei der Einrichtung einer neuen Umgebung behilflich ist. Diese können Sie am Schluss abspeichern und jederzeit dazu umschalten, um eine funktionierende Konfiguration für den Netzwerkzugriff zu nutzen.
- Wenn Sie alle Einstellungen getroffen haben und diese funktionieren, können Sie diese mit dem Button ganz rechts unten ❽ direkt anwenden. Sie werden dann in die Umgebung gespeichert und fortan verwendet. Wollen Sie lieber zur letzten Konfiguration zurückkehren, wählen Sie stattdessen Zurücksetzen.

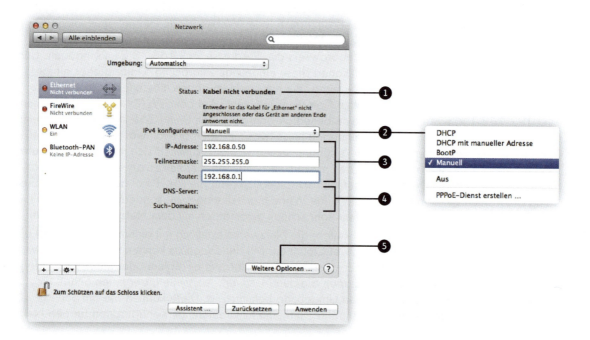

Netzwerkverbindung mittels Ethernet (LAN)

Ein Aspekt der Benutzerfreundlichkeit auf dem Mac ist eine gut getroffene Voreinstellung des gesamten Systems. Das gilt auch für die Systemeinstellung *Netzwerk*. Sofern in einem kabelgebundenen Netzwerk der Router eingerichtet ist und Sie Ihren Mac mittels Ethernet-Kabel anschließen, können Sie in der Regel davon ausgehen, gar nichts mehr einstellen zu müssen. Dennoch werfen wir einen kleinen Blick auf die Details, damit Sie Bescheid wissen, was es hier an Optionen gibt (und was deren Beschriftungen bedeuten):

❶ Der Status ist im wahrsten Sinn des Wortes selbsterklärend und enthält auch eine kurze Beschreibung, die angibt, wo das Problem zu suchen ist.

❷ Nun trifft man die Einstellung *IPv4 konfigurieren* – das bedeutet eine IP-Adresse im vierstelligen Format (v für Version). Im Auswahlmenü steht ganz oben DHCP, das wir schon auf der letzten Doppelseite kennengelernt haben. Es zeichnet sich dadurch aus, dass alle notwendigen Adressen den verfügbaren Computern mitgeteilt werden. Daneben gibt es noch BootP, wo der Mac beim Hochfahren seine Verfügbarkeit meldet und dann erst die IP-Adresse zugewiesen bekommt. Und schließlich können Sie auch alles komplett manuell eingeben.

❸ Dazu notwendig ist zunächst einmal die IP-Adresse, also die eigene Adresse des Computers. Bei der manuellen Eingabe müssen Sie auf irgendeine Weise sichergehen, dass kein anderer Computer im Netzwerk diese Adresse verwendet, sonst kommt es zu Problemen beim Senden und Empfangen von Daten. Es folgt die Eingabe der Teilnetzmaske (Subnetmask). Sie definiert, wieviele Computer in Ihrem lokalen Netzwerk theoretisch verwaltet werden könnten. Beim Beispiel 255.255.255.0 kann nur die hinterste Zahl im LAN für die verschiedenen Geräte hinaufgezählt werden kann, es wären also theoretisch 256 Computer verwaltbar (0 bis 255) – wobei mindestens eine Adresse für den Router selbst reserviert ist, meistens mit Endziffer 1 oder 254.

❹ DNS-Server (Domain Name Service) und Such-Domains dienen der Zuordnung von Computernamen und IP-Adresse. Nur so ist es möglich, andere Computer im Netzwerk unter ihrem Gerätenamen zu finden. Zu guter Letzt gibt es noch den unscheinbaren Button *Weitere Optionen...* ❺ rechts unten. Er dient dazu, diverse Zusatzeinstellungen festzulegen. Hier sollten Sie aber einiges an technischem Vorwissen mitbringen – oder den Systemadministrator danach fragen.

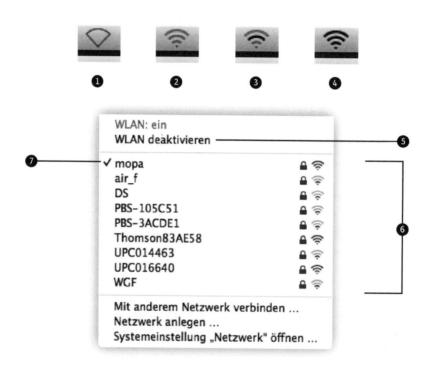

Netzwerkverbindung mittels WLAN

Sehr weit verbreitet ist heute der **Einsatz von WLAN**. Nicht nur öffentliche Plätze oder Kaffeehäuser versorgen uns damit, auch zu Hause oder auf Büroarbeitsplätzen steht oft eine kabellose Netzwerkverbindung zur Verfügung. Standardmäßig ist rechts oben in der Menüleiste das Statussymbol aktiviert. Es kennt vier Zustände: ❶ deaktiviert, ❷ aktiviert, aber keine Verbindung zu einem WLAN (nur hellgraue Balken), ❸ Suche nach einer Verbindung sowie ❹ verbunden (je stärker das Signal, desto mehr Balken des Symbols sind schwarz). Für eine Verbindung zu einem WLAN bedarf es nur weniger Schritte:

- Wenn Sie auf das Symbol klicken, können Sie *WLAN aktivieren* oder *deaktivieren* ❺. Letzteres empfiehlt sich auf mobilen Macs immer dann, wenn Sie definitiv keine Verbindung benötigen oder kein WLAN zur Verfügung steht, denn damit sparen Sie wertvollen Strom Ihrer Batterie.
- Bei aktiviertem WLAN scannt Ihr Mac automatisch die Umgebung nach verfügbaren Netzwerken und listet sie mit ihrem Namen auf ❻. Die Balken geben an, wie stark das Signal dieses Netzwerks (eigentlich des Routers) verfügbar ist. Das Schloss-Symbol rechts daneben bedeutet, dass es sich um ein passwortgeschütztes Netzwerk handelt. Auch hierfür gibt es verschiedene Standards wie WPA oder WEP, die Sie vom Systemadministrator des Routers erfragen können. Sollten Sie schon mit einem Netzwerk verbunden sein, verrät der Haken vor dem Namen ❼, mit welchem.
- Um sich mit einem bestimmten Netzwerk zu verbinden, klicken Sie auf dessen Namen. Der Mac versucht, eine Verbindung aufzubauen, und zeigt gegebenenfalls eine Maske zur Eingabe des Kennwortes. Um sicherzugehen, dass Sie sich nicht vertippen, können Sie mit dem ersten Haken das Kennwort während der Eingabe auch anzeigen lassen – keine Sorge, später wird es unkenntlich angezeigt. Der zweite Haken ist standardmäßig aktiviert: Damit speichert der Mac Name und Kennwort verschlüsselt im System ab. Wenn Sie das nächste Mal in Reichweite dieses Netzwerks kommen, verbindet sich der Mac automatisch damit. (Sollten Sie das lieber nicht wollen, entfernen Sie den Haken einfach.)
- Wenn sich Ihr gewünschtes Netzwerk einmal nicht in der Liste der verfügbaren Netzwerke auffinden lässt, Sie aber sicher wissen, dass es aktiv ist und Kennwort sowie Sicherheitssystem bekannt sind, dann gibt es noch einen zweiten Weg: Wählen Sie *Mit anderem Netzwerk verbinden...* und folgen Sie den Anweisungen.

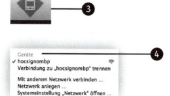

Ein eigenes WLAN-Netzwerk anlegen

Es gibt Situationen, in denen man mit zwei Macs ganz einfach Daten austauschen oder sich beispielsweise einen kabelgebundenen Internetzugang teilen möchte. Was aber tun, wenn kein Speichermedium, Verbindungskabel oder Netzwerkrouter zur Hand ist? Auch hier gibt es in Mac OS X eine praktische Hilfe: die Funktion *Netzwerk anlegen...* ❶ unter dem Status-Symbol für WLAN rechts oben in der Menüleiste. Einfach gesagt, machen Sie Ihren Mac damit kurzfristig zu einem Router.

Wählen Sie diesen Befehl aus, fordert Sie der Mac in einem Dialog ❷ auf, die Details für das **Computer-zu-Computer-Netzwerk** festzulegen. Ihr Netzwerk benötigt einen Namen, einen Kanal – es gibt für WLAN-Verbindungen mehrere Kanäle, damit sie sich nicht mit anderen Verbindungen in die Quere kommen – und auf Wunsch einen Sicherheitstyp. Nach Eingabe all dieser Details wird das Netzwerk angelegt und das WLAN-Symbol in der Menüleiste verändert sich ❸, solange Sie das Netzwerk aktiv laufen lassen. Nun können andere Computer (und zwar nicht nur Macs) bei der Suche nach verfügbaren WLAN-Netzwerken dieses Netzwerk finden, damit eine Verbindung zu anderen Computern im Netzwerk aufbauen oder – sofern Sie die notwendige Freigabe erteilt haben, die wir uns auf den nächsten Seiten im Detail ansehen – zum Beispiel eine Internet-Verbindung oder einen Drucker von Ihrem Mac mitnutzen. Das Statusmenü zeigt das Netzwerk unter *Geräte* ❹.

Selbstverständlich lassen sich **alle Einrichtungen in puncto WLAN** auch direkt in der Systemeinstellung *Netzwerk* bewerkstelligen. Sie sehen dort auch die aktuell Ihrem Mac zugewiesene IP-Adresse ❺. Über die Option *Netzwerkname* ❻ können Sie sich auf eine der auf der vorigen Doppelseite vorgestellten Arten verbinden. Die Option darunter namens *Auf neue Netzwerke hinweisen* ❼ erklärt sich von selbst, wenn Sie den Text darunter durchlesen. Und unter den Weiteren Optionen ❽ finden Sie diverse technische Zusatzeinstellungen genau wie bei einer Verbindung mit Netzwerkkabel. Unter anderem ist dort im ersten Karteireiter *WLAN* eine Liste aller bekannter Netzwerke ❾ zu sehen, deren Zugangsdaten auf Ihrem Mac verschlüsselt gespeichert sind, und zu denen – beim nächsten Aufenthalt innerhalb dieses Bereiches – automatisch eine Verbindung aufgebaut werden kann.

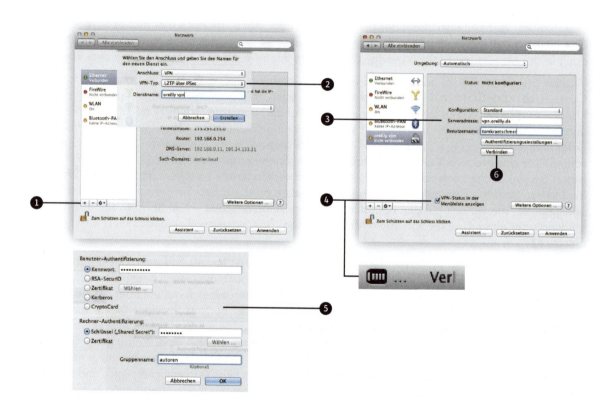

Eine Verbindung über VPN herstellen

VPN steht für **Virtual Private Network** und bietet die Möglichkeit einer sicheren Verbindung über das Internet, zum Beispiel zu einem firmeninternen Netzwerk (LAN). So können Sie, egal von welchem Ort auf der Welt aus, auf Ihre Daten in diesem LAN zugreifen und durch die Verschlüsselung sichergehen, dass nichts in falsche Hände gerät. Man spricht dabei auch von einem VPN-Tunnel. Durch die Verschlüsselung und die Übertragung via Internet ist eine solche Verbindung in der Regel allerdings um einiges langsamer, als (örtlich) direkt in diesem lokalen Netzwerk zu arbeiten. Bei kleineren Office-Dokumenten oder ein paar Bildern sollte das kein Problem darstellen. Ein klassischer Fall für den Einsatz von VPN ist, wenn ein Außendienstmitarbeiter bei einem Kunden vor Ort auf eine kontinuierlich firmenintern aktualisierte Liste zugreifen muss. Im Unternehmen muss dazu ein VPN-Server laufen. Da VPN etwas kompliziert ist und viele Parameter erfordert, kann es vorkommen, dass Sie mit den Bordmitteln von OS X Mountain Lion keine Verbindung aufbauen können. Suchen Sie in diesem Fall im Internet nach »mac vpn client«, um Drittherstellersoftware zu finden.

So richten Sie auf dem Mac eine VPN-Verbindung ein:

❶ Klicken Sie in der Systemeinstellung *Netzwerk* auf das Plus-Symbol unten in der linken Spalte und wählen Sie unter Anschluss *VPN*.

❷ Wählen Sie unter *VPN-Typ* jene Spezifikation, die Sie vom Systemadministrator des VPN-Servers erhalten haben. Sie sollten Ihrem Dienst noch einen Namen geben, der in der Liste erscheint.

❸ Tragen Sie nun die *Serveradresse* des VPN-Servers ein und geben Sie Ihren Benutzernamen an.

❹ Es empfiehlt sich, auch gleich den *VPN-Status* in der Menüzeile anzeigen zu lassen.

❺ Klicken Sie nun auf *Authentifizierungseinstellungen* und geben Sie dort die notwendigen Passwörter und eventuell Gruppennamen ein, die Ihnen Ihr Systemadministrator mitgeteilt hat. Bestätigen Sie mit OK.

❻ Klicken Sie nun auf den Button *Verbinden* und beobachten Sie das Statusmenü in der Menüleiste. Nach erfolgreicher Verbindung sehen Sie in der Systemeinstellung *Netzwerk* anhand zweier Balken die Aktivitäten für das Senden und Empfangen von Daten. Im Statusmenü können Sie aus den eingerichteten Verbindungen auswählen. Nun greifen Sie wie gewohnt auf sämtliche Freigaben zu.

Vernetzung und Datenaustausch (Sharing) I

Bisher haben wir uns fast nur mit der Verbindung des Mac zu einem Netzwerk beschäftigt. Doch Daten mit anderen Computern auszutauschen, sollte natürlich in beide Richtungen funktionieren – d.h. dass Sie Zugriff auf einen anderen Computer haben und andere Computer auf Ihren Mac. Das nennt man einen Netzwerkdienst, ganz konkret eine **Freigabe** oder auf Englisch Sharing.

Die Freigabe kann über *Apfel-Menü* → *Systemeinstellungen…* → *Freigaben* ❶ gestartet und auch wieder angehalten werden. Man spricht auch davon, dass Sie einen »Server starten oder stoppen«. Sie haben richtig gelesen: Ein Server ist nicht immer unbedingt ein einzelner Computer, der etwas automatisch ausführt, sondern ganz allgemein ein Programm (das natürlich auch auf einem Computer laufen muss, der dann als »Server« bezeichnet wird). Dieser Server ist auf bestimmte Funktionen spezialisiert und kann über sogenannte Protokolle angesteuert werden. Diese sind sozusagen die Sprache, in der sich die Computer mit einem solchen Server unterhalten. Wenn Sie im Webbrowser eine Adresse mit http:// eingeben, so sprechen Sie mittels des Hyper Text Transfer Protocol einen Webserver an. Dieser ist darauf spezialisiert, eine Webseite abzuspeichern, viele gleichzeitige Anfragen von Computern abzuarbeiten und das Ergebnis in Form von HTML (und diversen Zusatztechnologien) an Ihren Browser zurückzuliefern. Andere Beispiele sind:

- FTP (ftp:// für File Transfer Protocol) zum Zugriff auf einen Server, der Ordnerinhalte auflistet und auf den Sie auch größere Dateien kopieren oder von dem Sie solche unterbrechungsfrei herunterladen können.
- POP (pop:// für Post Office Protocol) zum Zugriff auf einen Server, der auf das Empfangen, Speichern und Abholen von E-Mails spezialisiert wurde.
- SMTP (smtp:// für Send Mail Transfer Protocol) zum Zugriff auf einen Server, der sich um das Verschicken von E-Mails kümmert.

Diese Liste lässt sich noch umfangreich erweitern. Wichtig zu merken ist: Sobald Sie eine Freigabe starten, können andere Computer diesen Dienst (Server) mittels des Protokolls nutzen.

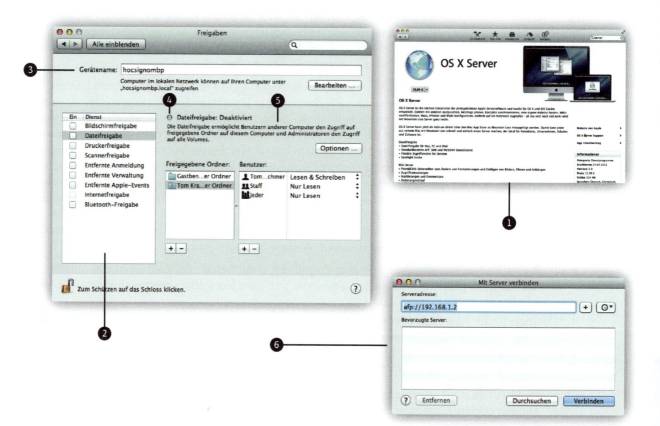

Vernetzung und Datenaustausch (Sharing) II

Wenn Sie sehr umfangreich und ganz detailliert Netzwerkdienste einrichten und dazu einen Mac zentral einsetzen möchten, gibt es im App Store die Software »OS X Server« ❶, die Sie zu einer bestehenden Mountain Lion-Installation zusätzlich installieren können. Oder Sie kaufen sich beispielsweise einen Mac Mini Server, der diese Software schon vorinstalliert hat.

Sie können aber auch einen einzelnen Mac im Netzwerk über die Systemeinstellung *Freigaben* starten. Nach dem Aufruf stehen Ihnen eine Reihe verschiedener Dienste in der Liste auf der linken Seite ❷ zur Verfügung. Mit einem Setzen des Hakens vor einem Dienst können Sie die Freigabe starten und mit einem erneuten Klick (Abwählen) den Dienst wieder beenden. Das kann mitunter etwas dauern, weil im Hintergrund der Serverdienst geschlossen oder neu gestartet werden muss. Da es wichtig ist, unter welchem Namen Ihr Mac im Netzwerk zu finden oder anzusprechen ist, sollten Sie zu allererst den Gerätenamen ❸ festlegen. Hier gilt die Vorgabe, dass Sie keine Sonderzeichen verwenden und Abstände durch Bindestriche ersetzen, weil ein Gerätename immer aus einem zusammenhängenden Text bestehen muss. Im Übrigen empfiehlt es sich, einen eher kurzen Namen zu wählen, der leicht eingegeben werden kann.

Sehen wir uns nun der Reihe nach die verschiedenen Dienste im Überblick an:

- Zuerst möchte ich die **Dateifreigabe** behandeln. Das ist der wohl am meisten gewünschte Dienst, der es ermöglicht, dass andere Computer auf Ihren Mac zugreifen können. An der Statuslampe ❹ erkennen Sie, ob der Dienst schon gestartet wurde. Wenn nein, erhalten Sie rechts einen Beschreibungstext ❺. Wenn ja, bekommen Sie hier die Informationen eingeblendet, wie der Computer angesprochen werden kann: entweder mittels afp:// (Apple Filing Protocol) und Ihrer IP-Adresse oder unter dem gewählten Gerätenamen. Sie können dies auf einem anderen Mac beispielsweise im Finder über das Menü *Gehe zu → Mit Server verbinden...* oder den Kurzbefehl ⌘ + K erreichen ❻. Alternativ dazu tauchen Sie auf einem anderen Mac auch mit dem Gerätenamen in der Seitenleiste auf. Nun stellt sich aber noch die Frage, worauf der andere Computer überhaupt zugreifen kann?

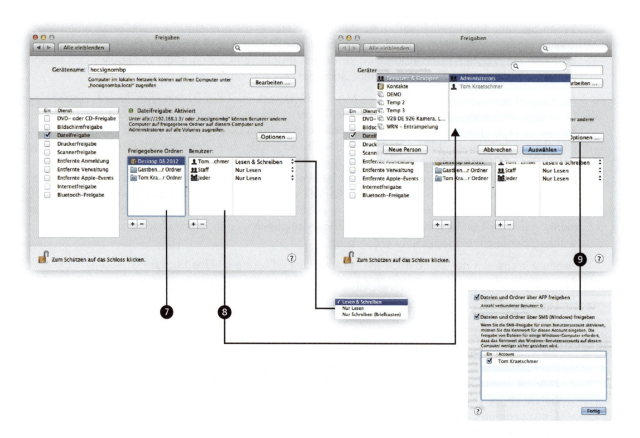

Vernetzung und Datenaustausch (Sharing) III

- Die Freigabe basiert auf der Festlegung einzelner Ordner. Fügen Sie zunächst in der linken Spalte mit dem Plus-Button den gewünschten Ordner hinzu. Sie werden hier ❼ automatisch den Öffentlichen Ordner für jeden Benutzer dieses Macs aufgelistet finden, denn dieser dient ja dazu, dass andere Netzwerknutzer zum Beispiel etwas in den Briefkasten legen. Umgekehrt können Sie anderen Benutzern im Netzwerk sehr einfach ohne Passwort Dateien zur Verfügung stellen. In der rechten Spalte legen Sie – wieder mit dem Plus-Button für neue Benutzer – für jeden Ordner individuell die Rechte jedes einzelnen Benutzers, einer oder mehrerer Gruppen und schließlich von allen fest ❽. Hier gilt es, Schreib- (Anlegen und Löschen) und reine Leserechte bzw. Keine Rechte zu unterscheiden. Wenn Sie einen Benutzer vom Zugriff wieder ausschließen möchten, markieren Sie ihn in der Liste und klicken auf den Minus-Button. Wenn Sie zusätzlich den Ordner mit Windows-Benutzern im Netzwerk teilen möchten, müssen Sie den SMB (Samba) Dienst ❾ im Dialog hinter dem Button *Optionen…* aktivieren. Hier ist zusätzlich auszuwählen, welche Benutzer mit Kennwort per SMB darauf zugreifen dürfen. Dann werden Sie von Ihren Windows-Kollegen genauso wie jeder andere Computer im Netzwerk »gesehen«.
- Die **DVD- oder CD-Freigabe** funktioniert sehr einfach und ermöglicht es z.B., auf einem MacBook Air oder Mac Mini ohne optisches Laufwerk auf eine CD oder DVD zuzugreifen, die auf einem anderen Mac mit einem solchen Laufwerk eingelegt ist.
- Die **Bildschirmfreigabe** und die **Druckerfreigabe** sehen wir uns auf den nächsten Seiten an.
- Bei der **Scannerfreigabe** können Sie einen lokal an Ihren Mac angeschlossenen und hier eingerichteten Scanner (über die Systemeinstellung Drucken & Scannen) von einem entfernten Mac aus ansprechen.
- Bereits erfahrene Nutzer von Mac OS X werden sich fragen, wo denn die **Webfreigabe** geblieben ist. Diese besonders für Webentwickler nützliche Möglichkeit, lokal einen Webserver laufen zu lassen, wurde in OS X Mountain Lion aus den Systemeinstellungen herausgenommen. Es ist nur mehr möglich, diese von Hand über das Terminal zu aktivieren. Für eine entsprechende Anleitung suchen Sie im Internet nach Begriffen wie »mountain lion reactivate websharing«. Oder aber Sie greifen zur Entwicklung zum Beispiel auf einen MAMP (Mac, Apache, MySQL, PHP) zurück, den Sie unter *http://www.mamp.info* kostenlos herunterladen können.

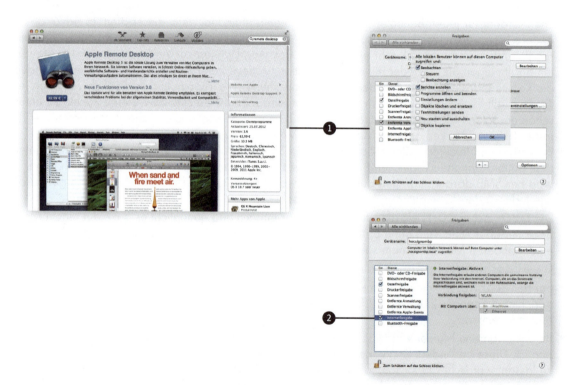

Vernetzung und Datenaustausch (Sharing) IV

- Die **Entfernte Anmeldung** ermöglicht einen Zugriff auf den Mac per ssh://. Dies steht für Secure Shell und ermöglicht eine verschlüsselte Datenübertragung bei einem Zugriff auf das Terminal (Kommandozeile). Das ist ein weit verbreiteter Standard für sämtliche UNIX-Systeme. Es gibt sogar grafische Benutzeroberflächen, bei denen Sie sich mittels SSH an einem anderen System anmelden können, um dort zu navigieren. Je nach Ihren Rechten als Benutzer dürfen Sie dann auf all jene Orte zugreifen, auf die Sie auch lokal zugreifen können.

- Mittels **Entfernte Verwaltung** ist es möglich, mit der optional im App Store erhältlichen Software Apple Remote Desktop ❶ Ihren Computer mit einem Benutzerkonto von einem anderen Computer im Netzwerk aus zu steuern. Die Software bietet noch eine Reihe zusätzlicher Funktionen wie das Sperren bestimmter Aktionen und vieles mehr. Ein klassischer Anwendungsfall sind zum Beispiel Schulungsräume oder Unternehmen, in denen der Administrator nicht die Zeit hat, bei Problemen zu jedem einzelnen Computer zu laufen, und lieber von seinem eigenen Mac aus eine Fernwartung unternimmt. Hier werden Funktionen der Bildschirmfreigabe mit einer echten Anmeldung am System verbunden.

- Die nächsten beiden Freigaben sind sehr speziell und werden nur von einer Minderheit der Mac-Nutzer gebraucht. Mit den **Entfernten Apple-Events** ist eine Technik gemeint, die vor allem beim Steuern von Mac OS X-Programmen mittels Scripten zum Einsatz kommt. So ist es möglich, Programme zu automatisieren – wenn Sie diese Freigabe einrichten, auf Wunsch auch über das Netzwerk.

- Mit der **Internetfreigabe** ❷ ist es beispielsweise möglich, einen kabelgebundenen Zugang zum Internet über Wi-Fi mit anderen Computern zu teilen. Damit verwandeln Sie Ihren Mac sozusagen kurzfristig in einen Router, was für manche Anwendungsfälle im Arbeitsalltag eines kleinen Büros praktisch sein kann (z.B. dort, wo Sie kein WLAN aufgebaut haben, aber einem Gast-Laptop kurzfristig Internetzugang gewähren möchten).

- Zu guter Letzt ist es – wenn auch langsam – möglich, Daten mit anderen Computer oder Geräten per **Bluetooth** zu teilen. Hier finden Sie die Einstellungen dazu komfortabel zusammengefasst.

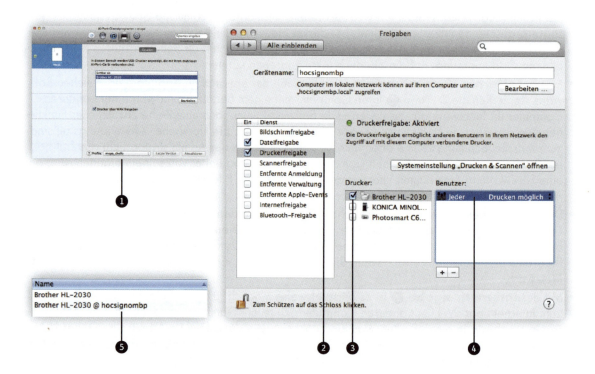

Drucker im Netzwerk freigeben

Damit mehrere Benutzer in einem Netzwerk einen Drucker nutzen können, muss dieser zuerst freigegeben sein. Viele moderne Drucker haben mittlerweile einen Ethernet-Anschluss oder sogar WLAN integriert, sodass sie sehr einfach in ein Netzwerk eingebunden werden können und dann allen Benutzern zur Verfügung stehen. Doch selbst einen Drucker, der lediglich per USB Daten empfängt, können Sie zum Beispiel mit einem Router von Apple in das Netzwerk einbinden. Dazu ist es notwendig, diesen Drucker im Airport-Dienstprogramm zu konfigurieren ❶. Da der Router sowieso ständig läuft, ist auch der Drucker im Netzwerk stets verfügbar.

Manchmal kann es aber vorkommen, dass Sie zum Beispiel einen lokal an Ihren Mac angeschlossenen Drucker anderen Benutzern im Netzwerk zur Verfügung stellen wollen. Das funktioniert selbstverständlich nur dann, wenn Ihr Mac eingeschaltet ist. Aktivieren Sie dazu in der Systemeinstellung *Freigaben* die *Druckerfreigabe* ❷. Wählen Sie dann in der Liste auf der rechten Seite jenen der auf Ihrem Mac installierten Drucker, den Sie freigeben möchten, indem Sie den Haken davor setzen ❸. Bei Bedarf können Sie rechts davon auch noch die Berechtigung zum Drucken auf bestimmte Benutzer beschränken ❹. Noch schneller und sehr einfach funktioniert diese Freigabe übrigens in der Systemeinstellung *Drucken & Scannen*. Setzen Sie dort einfach beim einzelnen Drucker den Haken bei der Funktion *Diesen Drucker im Netzwerk freigeben*, und schon steht er allen anderen Benutzern zur Verfügung.

Von einem anderen Mac im Netzwerk können Sie auf den freigegebenen Drucker zugreifen und ihn wie jeden anderen Drucker einrichten. Wechseln Sie dort zur Systemeinstellung *Drucken & Scannen* und klicken Sie auf das Plus-Symbol am Ende der Druckerliste. Hier wird nun – neben eventuell anderen Druckern – auch der freigegebene aufgelistet, und zwar mit nachgestelltem »@NAME«, wobei NAME für den Gerätenamen des Mac steht, auf dem Sie die Freigabe eingerichtet haben ❺. So ist auch beim Installieren mehrerer Drucker klar, dass Sie zum Einsatz dieses Druckers immer über den Mac mit Freigabe gehen müssen – folglich muss dieser auch eingeschaltet sein. Die Installation läuft ganz normal wie bei einem lokalen Drucker.

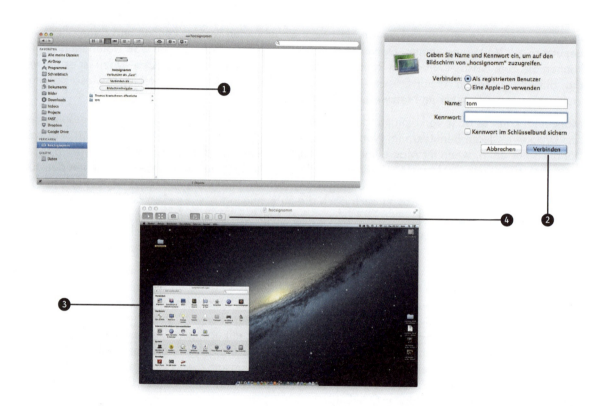

Bildschirmfreigabe mittels VNC

VNC steht für Virtual Network Computing und ist in Mac OS X über *Apfel-Menü* → *Systemeinstellungen…* → *Freigaben* → *Bildschirmfreigabe* aktivierbar. Damit ist es möglich, den Bildschirm eines anderen Mac im Netzwerk kurzfristig zu übernehmen und von Ihrem Computer aus auf diesem anderen Mac zu arbeiten. Das ist perfekt geeignet, um einem Benutzer etwas zu erklären oder dort z.B. einen Server zu verwalten. Apropos, die Verfügbarkeit von VNC hängt unter anderem von Ihrem eingesetzten Router ab – manche verweigern sich diesem Protokoll leider gänzlich. Traditionellerweise beherrschen jedoch die Router von Apple – also Airport Express, Airport Extreme sowie Time Capsule – diese Technik sehr gut.

OS X Mountain Lion hat den Zugriff auf VNC sehr gut integriert: Ist auf einem entfernten Mac die Bildschirmfreigabe aktiviert, sehen Sie dies in der Navigation innerhalb des Finder-Fensters an einem zusätzlich eingeblendeten Button ❶. Mit einem Klick darauf stellen Sie die Verbindung her ❷. Sie werden nun aufgefordert, den Benutzer und das Passwort am entfernten Rechner oder – so Sie das zugelassen haben – eine Apple-ID für den Aufbau der Verbindung zum anderen Mac einzugeben.

Es startet das Systemprogramm **Bildschirmfreigabe**, das in einem Fenster ❸ die gesamte Oberfläche des entfernten Mac darstellt. Dabei wird die Anzeige so optimiert, dass Sie in dem Fenster den gesamten Bildschirminhalt sehen – wenn die Auflösung auf dem anderen Mac höher ist als auf Ihrem, führt das zu einer Verkleinerung sämtlicher Elemente der Oberfläche inklusive Mauszeiger. Das können Sie optimieren, indem Sie entweder das Fenster auf Vollbild schalten – Doppelpfeil ganz rechts oben in der Titelleiste – oder einfach die Bildschirmauflösung etwas verringern. Sie können auch im Menü *Darstellung* die Qualität des Bildes und die Skalierung einstellen.

Ansonsten lässt sich der entfernte Mac nun genauso steuern wie jeder andere Mac, und Sie arbeiten mit dem dort aktuell angemeldeten Benutzer. Immer dann, wenn Sie sich in dem Fenster bewegen, schalten Sie die Steuerung auf die entfernte Schreibtischoberfläche und den dortigen Mauszeiger um. Sobald Sie das Fenster verlassen, arbeiten Sie wieder auf Ihrem Mac weiter. Über die Symbolleiste ❹, die im Menü *Darstellung* aktivierbar ist, können Sie seit neuestem auch Daten auf dem entfernten System in die Zwischenablage kopieren und sofort auf Ihrem lokalen Mac weiterverwenden.

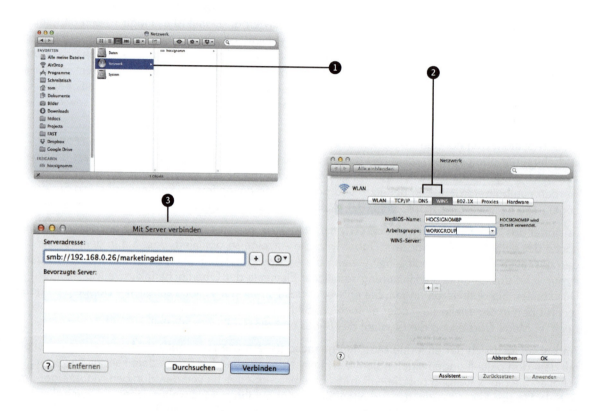

Dateien mit Windows-Computern austauschen

Eigentlich bedarf es nicht vieler Erklärungen zum **Zugriff auf Windows-Computer** im Netzwerk. Sofern es auf dem Windows-Computer eingerichtete Freigaben gibt, wird das Gerät in einem Finder-Fenster in der Liste links unter den *Freigaben* dargestellt, wo Sie es dann auswählen können. Anstatt des Symbols für das Mac-Modell hat sich Apple beim Zugriff auf Windows-Computer einen kleinen scherzhaften Seitenhieb erlaubt: Das Symbol zeigt einen Monitor mit einem Bluescreen, was gemeinhin mit dem Absturz eines Windows-Systems in Verbindung gebracht wird. Auch hier können Sie sich als ein bestimmter Benutzer im Windows-Netzwerk (verwaltet im »Active Directory«) anmelden und dann auf alle dort verfügbaren Netzwerkfreigaben zugreifen. In der Praxis kann es leider vorkommen, dass ein Windows-Computer erst mit einiger Verzögerung oder gar nicht unter den Freigaben im Finder-Fenster aufgelistet wird. Auch wenn das Thema sehr umfassend ist und den Rahmen dieses Buches sprengen würde, möchte ich Ihnen zumindest drei **Tipps** geben, die oftmals zum Ziel führen:

- Die Finder-Seitenleiste ist in Ihrer Darstellung platzmäßig etwas beschränkt. Sie können versuchen, in die Spalten-Ansicht im Finder zu wechseln (mittels ⌘ + 3 bei aktivem Finder-Fenster) und dort soweit nach links zu scrollen, bis Sie das *Startvolume* (hier »System«) sehen. Darunter gibt es den Eintrag *Netzwerk* ❶. Immer, wenn Sie darauf klicken, wird das gesamte Netzwerk nach neuen Ressourcen (Computern, Servern, Freigaben) durchsucht; diese werden in der nächsten Spalte aufgelistet. Vielleicht ist der gewünschte Computer nun dabei.

- Rufen Sie in der Systemeinstellung *Netzwerk* für Ihre aktive Verbindung die *Weiteren Optionen* ❷ auf. Stellen Sie dort sicher, dass unter dem Karteireiter DNS-Server ein Eintrag steht. Eventuell sollten Sie auch unter den Such-Domains einen Server eintragen, den Ihnen der Administrator des Windows-Netzwerkes verraten kann. Windows regelt seine Netzwerke als »Arbeitsgruppen«, diese können Sie auch im Karteireiter WINS eintragen und haben dann vielleicht Zugriff auf den Windows-Computer.

- Schließlich können Sie noch im Finder über das Menü *Gehe zu* → *Mit Server verbinden* ❸ eine direkte Verbindung zu dem Computer aufbauen, indem Sie zum Beispiel seine IP-Adresse und den Freigabenamen (Pfad) angeben, der z.B. so aussehen kann: smb://192.168.0.26/marketingdaten.

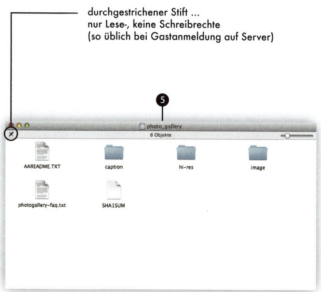

durchgestrichener Stift ...
nur Lese-, keine Schreibrechte
(so üblich bei Gastanmeldung auf Server)

Auf einen FTP-Server zugreifen

Sehr wahrscheinlich sind Sie in Ihrem Computer-Alltag schon einmal über den Begriff FTP gestolpert. Hier handelt es sich um das File Transfer Protocol, das darauf spezialisiert ist, größere Dateien (meistens) über eine Internetverbindung auf den eigenen Computer herunterzuladen oder umgekehrt. Der Vorteil – beispielsweise gegenüber dem Download von einer Webseite – liegt darin, dass Sie Ordner und Inhalte sehen, Downloads unterbrechen und wieder aufnehmen können und vieles mehr. Auf dem FTP-Server gibt es wie gewohnt Benutzer mit Kennwörtern und entsprechende Rechte pro Ordner, was welcher Benutzer in einem solchen Ordner darf. Viele internationale Unternehmen bieten auch einen Public-FTP-Server, wo man beispielsweise Marketingmaterial oder Software des Unternehmens herunterladen kann, ohne sich als Benutzer angemeldet zu haben. Dies wird Anonymous FTP genannt.

Um den vollen Komfort und alle Funktionalitäten einer FTP-Verbindung auszunutzen, empfiehlt es sich, einen sogenannten FTP-Client mit guter Oberfläche einzusetzen. Die prominenten Vertreter auf dem Mac sind Transmit (*http://www.panic.com/transmit/*) und Cyberduck (*http://cyberduck.ch/*).

Aber auch mit den Bordmitteln von Mac OS X können Sie schnell und einfach zumindest den Inhalt eines FTP-Servers auflisten und Dateien von dort auf Ihren Mac kopieren. Dazu gehen Sie folgendermaßen vor:

❶ Wählen Sie das Menü *Gehe zu* → *Mit Server verbinden...* aus.

❷ Geben Sie unter *Serveradresse* die Adresse des FTP-Servers ein und klicken Sie auf *Verbinden*. (Zum Testen könnten Sie einfach mal im Internet nach der Adresse von Public-FTP-Servern suchen – zum Beispiel einem der NASA mit beeindrucken Bildern aus dem Weltall: ftp://nssdcftp.gsfc.nasa.gov/photo_gallery/).

❸ Wählen Sie nun Ihren *Benutzernamen* (vom Systemadministrator mitgeteilt) oder melden Sie sich – vor allem bei Public-FTP-Servern – als *Gast* an, um öffentliche Inhalte aufgelistet zu bekommen.

❹ Der Mac stellt eine Verbindung her, was einige Zeit dauern kann.

❺ Sie erhalten in einem Finder-Fenster alle zugänglichen Ordner und Dateien dargestellt. Nun können Sie am Server navigieren, Ordner öffnen und Daten von dort auf Ihren Mac kopieren.

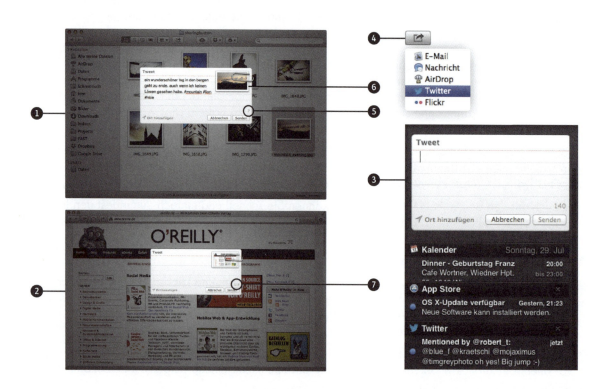

Integration von Twitter ins System

Die Bedeutung von sozialen Netzwerken wie Facebook, Twitter und Co. ist heute nicht mehr von der Hand zu weisen. OS X Mountain Lion trägt diesem Trend mit dem neuen Bereitstellen-Button (Sharing) an verschiedenen Stellen in der Oberfläche Rechnung. Damit ist es sehr einfach möglich, ein aktuell markiertes Objekt zu veröffentlichen. Den Internetdienst **Twitter** (http://www.twitter.com) kann man sich übrigens in etwa wie ein öffentliches SMS vorstellen: Sie haben 140 Zeichen Platz, um eine Textnachricht zu veröffentlichen – das nennt man einen »Tweet«. Dieser kann neben reinem Text auch Bilder, Ortsinformationen oder Links zu Webseiten enthalten. Außerdem haben sich sogenannte Hash-Tags etabliert: Sie schreiben diese einfach hinter das Sonderzeichen »#«, und diese dienen dann als anklickbare Suchbegriffe.

Auf den Bildschirmfotos links sehen Sie beispielsweise die Anwendung von Twitter im Finder ❶, im Webbrowser Safari ❷ sowie in der neuen Mitteilungszentrale ❸. Sie können das Bereitstellen entweder über den überall gleich aussehenden **Bereitstellen-Button** in einem Menü ❹ aufrufen oder direkt im Finder über einen rechten Mausklick und dort unter *Bereitstellen → Twitter*.

Der Bildschirm dunkelt dann ab und sie können auf einer Art Karteikarte Ihren Tweet verfassen. Rechts unten sehen Sie einen Zähler ❺, der die noch verfügbare Anzahl an Zeichen angibt. Sofern Sie zuvor ein Objekt ausgewählt haben, wird dieses rechts oben mit einer Büroklammer angehängt, wie hier zum Beispiel ein Bild ❻. Wenn Sie einen Link zu einer Webseite tweeten, wird die Adresse übernommen und von Ihrem Zeichenkontingent entsprechend abgezogen. Hier unter ❷ habe ich z.B. die O'Reilly-Webseite aufgerufen, die Adresse hat inklusive »http://« insgesamt 21 Zeichen, daher stehen mir noch 119 weitere zur Verfügung ❼. Die Webseite wird dann in diesen Tweet mit eingebaut. Mit dem Button *Senden* können Sie den Tweet schließlich veröffentlichen.

4

KAPITEL 4 | Fotos, Musik und Video

Vor gut 10 Jahren entwarf Apple mit der Strategie **Digital Hub** die Vision, dass der Mac verschiedenste digitale Medien beherrschen sollte. Diese Vision ist längst Realität geworden: Man kann digitale Fotos von einer Kamera importieren und weiterbearbeiten, Musik importieren, selbst produzieren oder kaufen, auf dem Mac abspielen und mobile Musik-Player auf dem neuesten Stand halten. Man kann Videos von einer Kamera oder anderen Geräten importieren, auf dem Mac schneiden und mit Effekten versehen, um diese Videos schließlich auf DVD zu exportieren oder über E-Mail zu verschicken bzw. im Internet zu veröffentlichen.

Die Medientechnologie **QuickTime** ist tief in Mac OS X integriert und wird beim Abspielen von Medien wie Videos oder Musik eingesetzt. Der Musikplayer **iTunes** – fester Bestandteil von OS X Mountain Lion – dient nicht nur dem Abspielen von Musik, sondern kümmert sich auch um die Synchronisation mit Ihrem mobilen Gerät. Mit dem Programmpaket iLife bietet Apple gleich eine ganze Reihe an Programmen, die mit einer einfachen Oberfläche und beeindruckenden Ergebnissen aufwarten. Vor allem dieses Paket sehen wir uns auf den nächsten Seiten genauer an. Es besteht aus den folgenden drei Hauptprogrammen (und noch ein paar kleineren Hilfsprogrammen für die Erstellung von DVDs und zur Gestaltung von Webseiten):

- **iPhoto** – eine Fotoverwaltung, mit der Sie Bilder auch bearbeiten und professionell drucken lassen können
- **GarageBand** – zum Erstellen von Musikstücken und Podcasts mit Instrumenten, Soundeffekten und Stimme
- **iMovie** – eine Lösung für den Videoschnitt bis hin zum Exportieren und Weitergeben Ihrer Filme

Zugleich ist Apple im Erschließen neuer Geschäftsfelder in diesem Bereich sehr erfolgreich. Im iTunes Store vertreibt Apple Musik, Videos und Apps für mobile Geräte – komfortabel für den Anwender, praktisch für den Entwickler, lukrativ für Apple.

iPhoto – Überblick über das Programm

Wenn Sie **iPhoto** zum ersten Mal öffnen, wird – so wie übrigens auch bei den anderen Programmen von iLife – ein Willkommensfenster ❶ angezeigt. Von hier aus können Sie Einführungslektionen als Videos oder die Hilfe aufrufen. Wenn Sie das Fenster mit dem entsprechenden Button rechts unten schließen ❷, können Sie gleich in der Oberfläche von iPhoto arbeiten. Das **Fenster von iPhoto** teilt sich in drei wichtige Bereiche:

- Eine kompakten Navigationsleiste ❸, ähnlich wie in einem Finder-Fenster. Von hier aus haben Sie zunächst Zugriff auf Ihre Mediathek. Darunter versteht man in iLife eine Bibliothek an Medien, in diesem Fall eben alle Fotos, die Sie in iPhoto verwalten. Darunter können Sie dann nach bestimmten Sortierkriterien auf die Fotos zugreifen bzw. die bereits angelegten Alben und Fotobücher auswählen.

- Der Hauptbereich des iPhoto-Fensters ❹ zeigt den aktuellen Inhalt. Hier zum Beispiel sind die Ereignisse in Form von quadratischen Feldern mit Beschriftung aufgelistet. Fahren Sie mit der Maus von links nach rechts über eines dieser Ereignisse, werden die in diesem Ereignis enthaltenen Fotos im Schnelldurchlauf gezeigt. (Auf der nächsten Seite werden wir uns ansehen, was ein »Ereignis« überhaupt ist.)

- Ganz unten finden Sie die Symbolleiste ❺, die zum einen die Oberfläche genauer steuert – zum Beispiel die Größe der Darstellung einzelner Elemente im Hauptfenster mittels Zoom-Schieberegler ❻. Andererseits können Sie von hier bestimmte Aktionen starten, beispielsweise eine Diaschau. Und ganz rechts erreichen Sie die Funktionen des Programms ❼, die sich beim Anklicken meistens in der rechten Seitenleiste ❽ zeigen. Diese ist natürlich inhaltsabhängig: Hier sehen Sie beispielsweise die *Informationen* zu einem Ereignis: das Aufnahmedatum, die Anzahl der Fotos, eventuell angelegte Schlagwörter und vieles mehr. Haben Sie ein einzelnes Foto ausgewählt und klicken Sie auf *Bearb.* (Bearbeiten), würden Sie hier einige Schieberegler zur Anpassung von Farben, Kontrasten und vielem mehr sehen.

Anfangs etwas gewöhnungsbedürftig ist übrigens, dass sämtliche Fotos, Alben und weitere Informationen für Ihre Fotoverwaltung in iPhoto in einer einzelnen Datei, nämlich der Bibliothek iPhoto (iPhoto Library) verwaltet werden und diese Datei mitunter sehr groß wird ❾. Ein Backup wird dringend empfohlen! Mit rechtem Mausklick und dem Befehl *Paketinhalte zeigen* greifen Sie auf diesen Speicher zu.

iPhoto – Fotos von der Kamera importieren

Der erste Schritt, um Fotos in iPhoto »hineinzubekommen«, ist der **Import**. Dazu gibt es verschiedene Wege: Entweder Sie stecken Ihre Kamera direkt (z.B. per USB-Kabel) an Ihren Mac an, oder Sie nehmen die Speicherkarte aus der Kamera und stecken diese in ein Kartenlese-Gerät, das mit dem Mac verbunden ist. Viele moderne Macs sind dazu schon mit einem SD-Kartenleser ausgestattet. Beim Importieren der Fotos entsteht ein neues Ereignis: iPhoto geht davon aus, dass Fotos nach Datum sortiert immer zu bestimmten Anlässen aufgenommen wurden. So erstellt das Programm praktisch pro Veranstaltung, Abend, Fest etc. ein Ereignis mit allen Fotos. Daraus können Sie dann später noch eine Auswahl der besten Fotos in einem Album erstellen.

So importieren Sie eine Auswahl von digitalen Bildern von einer Fotokamera in iPhoto:

❶ Starten Sie iPhoto (und schließen oder deaktivieren Sie das Willkommensfenster).

❷ Nehmen Sie die Speicherkarte aus der Kamera und stecken Sie diese in den Kartenleser. Das Speichermedium erscheint in iPhoto unter *Geräte* in der *Navigationsleiste* links (gleichzeitig natürlich auch auf dem Schreibtisch von OS X Mountain Lion als Volume, aber das können Sie ignorieren). Klicken Sie auf den Eintrag unter *Geräte* (hier: CANON_DC), um die enthaltenen Bilder auf der Karte anzuzeigen.

❸ Im unteren Bereich des Fensters können Sie jetzt – wenn gewünscht – eine Auswahl der zu importierenden Fotos treffen. Es kommen die allgemeinen Regeln zur Auswahl von Elementen auf dem Mac zum Einsatz: klicken Sie auf ein Bild, wird es ausgewählt (ersichtlich an einem farbigen Rahmen); haben Sie ein Foto markiert und wollen Sie mehrere Fotos bis zu einem bestimmten anderen Foto auswählen, halten Sie die ⇧-Taste gedrückt und klicken Sie auf das letzte Bild Ihrer Auswahl; wollen Sie nur einzelne Fotos auswählen, klicken Sie diese in beliebiger Reihenfolge bei gedrückter ⌘-Taste einzeln an; um die Auswahl wieder aufzuheben, klicken Sie auf den dunkelgrauen Bereich zwischen den Fotos.

❹ Geben Sie oben noch einen neuen Titel für das Ereignis ein. Wenn Sie zusätzlich *Ereignisse teilen* aktivieren, werden innerhalb Ihrer Auswahl die Fotos pro Datum in *neue Ereignisse* abgelegt.

❺ Klicken Sie nun auf *Auswahl importieren*, um das neue Ereignis mit den Fotos anzulegen und sie von der Speicherkarte auf Ihre Festplatte in die Bibliothek iPhoto zu laden.

iPhoto – Album erstellen und Bilder bearbeiten

Die importierten Fotos stehen nun in der Navigationsleiste unter _Letzter Import_ zur Verfügung. Gerade bei der großen Menge digitaler Bilder, die man heutzutage bei einem Ereignis erzeugt, ist es sinnvoll, gleich eine **Auslese der besten Fotos** zusammenzustellen. Sei es, weil Sie diese Fotos Ihren Freunden zeigen wollen (und sich diese nicht langweilen sollen), sei es, weil es dann mehr Spaß macht, einzelne Bilder noch etwas zu bearbeiten, sei es, weil Sie daraus später ein gedrucktes Fotoalbum erstellen wollen. Das Mittel der Wahl für eine solche Auslese ist ein Album. Sie können aus jeder beliebigen Auswahl ein Album erstellen, auch noch nachträglich Bilder hinzufügen oder entfernen – im ursprünglichen Ereignis bleiben die Fotos dabei immer erhalten! Sie erstellen diese neue Album über den Menübefehl _Ablage → Neues Album_. Haben Sie schon Fotos markiert, dann kommen diese automatisch ins Album. Wenn nicht, dann wird ein leeres Album angelegt, in das Sie per Drag-and-Drop auf den Namen des Albums in der Navigationsleiste links ❶ Fotos hinzufügen können. (Tipp: Wenn Sie ein sehr umfangreiches Ereignis verwalten, zum Beispiel 700 Bilder von einer Hochzeit, ist das reine Anklicken einzelner Bilder zu »gefährlich«. Denn klicken Sie einmal versehentlich außerhalb eines Bildes, wird die gesamte Auswahl aufgehoben! In einem solchen Fall empfiehlt es sich, einzelne Fotos mittels ⌘ + . zu markieren und dann aus den markierten Fotos ein neues Album zu erstellen.

Nun können Sie ein **einzelnes Foto bearbeiten**:

- Doppelklicken Sie auf das gewünschte Bild. Es füllt nun den gesamten Hauptbereich des Fensters ❷.
- Klicken Sie auf das Stift-Symbol ❸ mit der Beschriftung _Bearb._ (Bearbeiten) in der Symbolleiste.
- Sie können nun die Funktionen in den drei möglichen Bearbeitungsmodi anwenden: Einfache Korrekturen ❹ mit Grundfunktionen zum Geradestellen, Ausschneiden, Rote Augen entfernen usw. Effekte ❺ mit einer Vorschau verschiedener Bildänderungen, die Sie mit den kleinen Pfeiltasten ❻ noch in ihrer Intensität steuern können. Anpassen ❻, die detaillierteste Möglichkeit der Bildbearbeitung mit Histogramm ❼, Farbton, Sättigung, Kontrast, Lichtverhältnissen und vielem mehr.
- Sie können immer zum unbearbeiteten Original zurückkehren ❽, wenn mal etwas schiefgeht.

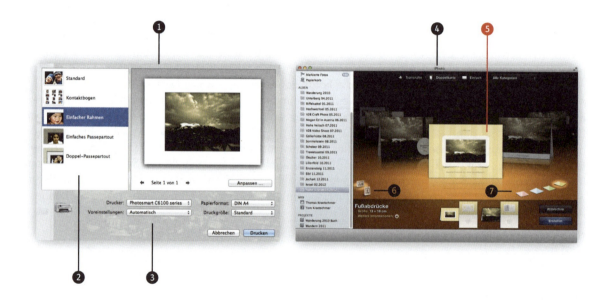

iPhoto – Fotos auf Grußkarten

Das Programm iPhoto bietet neben der Fotoverwaltung, Sortierung, Bearbeitung und Präsentation Ihrer Fotos auch die **Möglichkeit zum Ausdruck** – und zwar entweder mit Ihrem eigenen Farbdrucker auf einem (Foto-)Papier Ihrer Wahl, oder als kostenpflichtige Bestellung eines professionellen Druckes (Abzüge, Fotokarten, Fotoalben) bei einem Apple-internen Druckdienstleister. Diese Produkte können Sie direkt in iPhoto bestellen und Sie bekommen diese per Lieferservice zugestellt. Hier die beiden Varianten:

- Haben Sie ein Foto in iPhoto ausgewählt und wählen *Ablage → Drucken...*, bekommen Sie den etwas angepassten Druckdialog ❶ von iPhoto zu Gesicht. Hier wählen Sie in der linken Spalte ❷ die Art des Ausdruckes, die sich für Ihren Zweck am besten eignet. Im unteren Bereich können Sie nun Ihren Drucker festlegen ❸ und für diesen das eingelegte Papier definieren. Besonders bei Tintenstrahldruckern und Fotopapier sollten Sie darauf achten, den genauen Papiertyp anzugeben. Davon leitet nämlich der Druckertreiber (die Software zum Ansteuern des Druckers) ab, wieviel Tinte und wie viel Trocknungszeit notwendig ist, und steuert den Drucker entsprechend. Klicken Sie bei Bedarf noch auf den Button *Anpassen...*, um die Hintergrundfarbe oder das Erscheinungsbild mit den Buttons am unteren Rand noch genauer einzustellen.

- Wenn Sie bereit sind, für einen professionellen Druck etwas Geld auszugeben, wählen Sie *Ablage → Neue Karte* (auch andere Printprodukte sind von hier aus möglich). Es erscheint eine schön aufbereitete Bühne mit den verschiedenen Produktionsvarianten ❹. Ganz oben wählen Sie zwischen *Typografie* (sogenannte Letterpress-Karten mit Prägungen), *Doppelkarte* (zum Aufklappen) und *Einfache Karte* (wie Postkarte). Auf dem Karussell ❺ können Sie dann mit den Pfeiltasten (links und rechts) die verschiedenen Varianten durchschalten oder direkt anklicken. Die Optionen werden wie mit Spot-Scheinwerfern hervorgehoben und sind hier mit einem Mausklick auswählbar: Orientierung Quer- oder Hochformat ❻ und Farbe für die Hintergrundgestaltung ❼. Wenn Sie nun auf den Button *Erstellen* klicken, kommen Sie in einen Modus, in dem Sie den vorgesehenen Text bearbeiten können und noch weitere Anpassungen vornehmen. Mit dem mittig unten angeordneten Button *Karte kaufen* senden Sie Ihren Druckauftrag ab, bestimmen noch die Stückzahl und kommen im Online-Shop zur Bestellung.

iTunes – Überblick über das Programm

Was anfangs »nur« ein Musik-Player war, ist zu einem wesentlichen Dreh- und Angelpunkt des Mac-Universums geworden: **iTunes** verwaltet Ihre Musik (und wenn Sie wollen auch Videos), ist für die Synchronisation mit iPod, iPhone und iPad zuständig, bietet Zugriff auf den iTunes Store, in dem Sie zum Beispiel Musik kaufen, Videos und TV-Sendungen ausleihen bzw. herunterladen, Hörbücher kaufen, Podcasts herunterladen, Internet-Radiostationen hören sowie Apps für Ihre mobilen Geräte und eBooks erwerben können. Starten wir mit einem Rundgang durch die Programmoberfläche von iTunes:

- Wie vom Finder und vielen anderen Programmen auf dem Mac gewohnt, ist zunächst auf der linken Seite eine Navigationsleiste untergebracht. Diese bleibt permanent sichtbar und so lässt es sich sehr einfach in den verschiedenen Medientypen navigieren. Man spricht hier wieder von einer Mediathek ❶, da in dem Programm mehrere Medientypen verwaltet werden können. Aber auch der Zugriff auf den iTunes Store zum Kaufen von Musik und vielem mehr ❷ sowie der Zugriff auf Ihre mobilen Geräte und die von Ihnen zusammengestellten Wiedergabelisten sind von hier aus möglich.

- Am unteren Ende der Navigationsleiste können Sie mit dem kleinen Pfeilsymbol ❸ zum Beispiel eine kleine Vorschau für das Cover eines Musikalbums einblenden ❹. Bei einem Doppelklick auf dieses Album erhalten Sie übrigens die kompakteste Form des iTunes-Fensters samt Steuerung.

- In der oberen Navigationsleiste finden Sie nun die Hauptfunktionen zum Abspielen und zur Lautstärkeregelung ❺, Infos zum abgespielten Titel ❻ sowie Buttons für die verschiedenen Darstellungen der Mediathek – siehe nächste Seite – und eine Suchfunktion darin ❼.

- Im eigentlichen Hauptfenster ❽ wählen Sie die Musik aus und greifen je nach gewählter Darstellungsform auf die Alben und Audiodateien zu.

- Da Sie ja meistens mehrere Musikstücke hintereinander anhören, können Sie mit den Funktionen links unten ❾ noch die Abspielabfolge steuern – von links nach rechts: Anlegen einer neuen Wiedergabeliste, zufällige Wiedergabe, wiederholtes Abspielen der Liste in einer Schleife bzw. bei nochmaligem Klick auf das Symbol Wiederholung eines einzelnen Stücks. (Die jeweilige Funktion ist aktiviert, sobald das Symbol blau erscheint.)

iTunes – Darstellung der Mediathek

In iTunes gibt es unterschiedliche Arten der Sortierung. Starten wir mit einem Überblick über die Möglichkeiten, die gesamte Mediathek übersichtlich darzustellen. Im Wesentlichen dienen dazu die bereits kennengelernten vier Buttons in der oberen Symbolleiste:

- **Liste** ❶ – Wie der Name schon sagt, werden dabei alle in iTunes verwalteteten Songs in einer langen Liste angegeben. Der Vorteil liegt dabei in der Darstellung vieler Details (sogenannter Metadaten) in weiteren Spalten: neben Interpret, Album und Genre zum Beispiel auch Wertung oder die Anzahl der Wiedergaben. Klicken Sie wie im Finder in einen beliebigen Spaltenkopf, um die Liste alphabetisch zu sortieren.
- **Albenliste** ❷ – Für die Verwaltung ganzer Alben eines Interpreten gibt es die praktische Albenliste. Hier ist zum einen in der Spalte ganz links das Albumcover mitsamt Interpret und Titel zu sehen, zum anderen werden die Songs in der Reihenfolge aufgelistet, wie sie auf dem Album vorkommen. Außerdem stehen mehrere Alben eines Interpreten direkt untereinander, sodass man beim automatischen Abspielen der Liste beim selben Musiker bleibt.
- **Raster** ❸ – Hier sind vor allem die eher visuellen Mac-Nutzer angesprochen. Ähnlich wie man in Musikgeschäften durch Platten- oder CD-Cover »blättert«, werden hier alle Alben der verfügbaren Musik mit ihrem Cover aufgelistet, darunter stehen Interpret und Albumname. Fährt man mit der Maus über ein Cover, kann man mit einem Abspielbutton die Wiedergabe nur dieses Albums starten. Zusätzlich kann man in der oberen Leiste ❺ auch andere Sortierkriterien, wie Interpreten, Genres und Komponisten, angeben sowie mit einem Schieberegler die Anzeigegröße der Elemente darunter festlegen.
- **CoverFlow** ❹ – Hier kommen die Albencover »ganz groß raus«. Der Hauptbereich des iTunes-Fensters wird unterteilt: oben reihen sich die Cover aneinander, unten erscheint eine Liste, die wieder nach verschiedenen Kriterien sortierbar ist. Je nach gewähltem Song unten, wird oben das zugehörige Cover in der Mitte eingeblendet. Sie können aber auch in CoverFlow mit dem unteren Balken ❻ blättern.

Die zusätzlichen Metadaten können Sie übrigens, wenn ein Song markiert ist, mit rechtem Mausklick und im dann erscheinenden Kontextmenü mit dem Befehl *Informationen* einblenden und editieren.

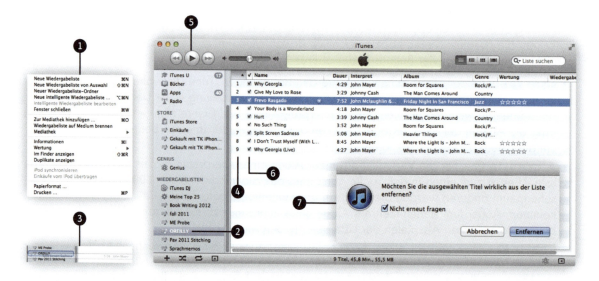

iTunes – Wiedergabelisten erstellen

iTunes kann nicht nur ganze Alben oder Listen eines Interpreten wiedergeben, sondern auch ganz individuelle **Wiedergabelisten**, in denen Sie Songs nach Ihrem Geschmack angeordnet haben. So können Sie zum Beispiel die Musikliste für die Untermalung einer sportlichen Aktivität am Mac vorbereiten und später auf einem mobilen Gerät (wie iPod oder iPhone) abspielen. So gehen Sie dabei vor:

1. Wählen Sie *Ablage* → *Neue Wiedergabeliste* bzw. ⌘ + N .
2. Geben Sie den gewünschten Namen in der Navigationsleiste ein und bestätigen Sie mit ↵ .
3. Ziehen Sie nun aus der Mediathek (egal in welcher Darstellung) einzelne Songs per Drag-and-Drop auf die Wiedergabeliste. Während Sie die Maus gedrückt halten, erscheint ein grünes Plus.
4. Haben Sie alle gewünschten Songs hinzugefügt, klicken Sie auf die Wiedergabeliste. Automatisch ist die erste Spalte aktiviert: Es handelt sich dabei um die Abspielreihenfolge. Sie können die Reihenfolge der Stücke nach Belieben ändern, indem Sie diese bei gedrückter Maustaste nach oben oder unten ziehen und loslassen.
5. Nun können Sie mit der Play-Taste die Wiedergabe in der gewünschten Reihenfolge starten.
6. Wollen Sie einen Song von der Wiedergabe ausnehmen, entfernen Sie den Haken vor dem Eintrag.
7. Wollen Sie einen Song komplett aus der Wiedergabeliste entfernen, löschen Sie den markierten Song einfach mit der Taste ← . Selbstverständlich bleibt der Song in Ihrer Mediathek erhalten.

Vielleicht fragen Sie sich, wo und wie iTunes eigentlich Ihre Musik verwaltet. Die Standardeinstellung dabei finden Sie unter *iTunes* → *Einstellungen...* → *Erweitert* → *iTunes-Medienordner automatisch verwalten*. In der Regel wird als Speicherort in Ihrem Benutzerordner das Unterverzeichnis Musik verwendet, dort gibt es dann eine ganz klare Struktur. Die »Datenbank« der Mediathek (also die Auflistung der Songs) wird in einer XML-Datei ❽ gespeichert, die eigentliche Musik in einer Ordnerstruktur nach Interpreten und Album ❾.

iTunes – Synchronisation mit iPod und Co.

iTunes dient nicht nur zum Abspielen von Musik und vielen anderen Medien, sondern hat auch eine zweite wichtige Aufgabe: Es verwaltet den Inhalt von mobilen Geräten wie iPod, iPad oder iPhone. Einerseits, um das Gerät selbst auf dem neuesten Stand zu halten und ein Backup der Daten vom mobilen Gerät anzulegen. Andererseits, um genau festzulegen, welche Dateien aus Ihrer Mediathek Sie auf dem etwas begrenzteren Speicher des mobilen Geräts »mitnehmen« wollen. Hier ein Überblick zu den wichtigsten **Funktionen**:

- Sobald Sie ein mobiles Gerät von Apple mit einem Kabel angeschlossen haben, erhalten Sie die Übersicht zu diesem Gerät. Hier sind ganz oben der Name und die technischen Details ❶ zu Ihrem Gerät aufgelistet. Da auf den Geräten ein eigenes Betriebssystem namens iOS läuft, können Sie von hier aus auch Ihre Version prüfen und via Internetverbindung aktualisieren ❷. Zudem ist es sehr wichtig, immer wieder einmal ein Backup Ihres Gerätes mit all seinen Daten anzufertigen. Diese Sicherung können Sie von hier aus steuern ❸.

- Am unteren Fensterrand wird immer eine Angabe über die Speicherausnutzung (Kapazität) ❹ auf Ihrem mobilen Gerät eingeblendet. Schön ist dabei, dass Sie genau sehen können, welche Kategorie am meisten Platz einnimmt, und wo Sie vielleicht etwas sparen sollten – in meinem Fall ist sehr viel Musik auf dem iPhone gespeichert. Rechts unten ist der eigentliche Button Synchronisieren ❺ untergebracht – nachdem Sie alle Detaileinstellungen getroffen haben, starten Sie so die Synchronisation. Achtung, Sie sollten währenddessen nicht die Verbindung zum Mac trennen!

- Mit der zusätzlichen Leiste oben ❻ schalten Sie nun die einzelnen Bereiche durch, die zwischen iTunes auf dem Mac und Ihrem mobilen Gerät synchronisiert werden können. Unter den Infos finden Sie beispielsweise das Adressbuch oder Mail-Accounts. Obwohl dies einwandfrei funktioniert, setzen viele Benutzer lieber auf die automatische Synchronisation mittels MobileMe oder iCloud (zu finden in den Systemeinstellungen), sowohl auf dem Mac als auch auf dem mobilen Gerät. Der große Vorteil: Sobald Sie beispielsweise einen Kontakt auf dem Mac ändern, wird dieser durch den automatischen Internetzugriff auf Ihrem mobilen Gerät auch dort aktualisiert. So sind Sie nicht an die manuelle Synchronisation gebunden. Die anderen Kategorien wie Apps ❼, Musik ❽ und so weiter sind recht selbsterklärend – alles, was Sie an Haken setzen oder entfernen, wird bei der Synchronisation berücksichtigt.

QuickTime Player I

QuickTime ist eine sogenannte Multimedia-Architektur von Apple. Viele können mit diesem Begriff erstmal nichts anfangen. Im Wesentlichen bezeichnet der Begriff aber nur eine Technologie, die ganz tief in Mac OS X eingebaut ist. Immer dann, wenn Sie ein Video öffnen und abspielen, werden Funktionen aufgerufen, die zu QuickTime gehören. Diese Architektur ist aber auch imstande, andere Medien wie Bilder, Audio oder interaktive Panoramen darzustellen. Die Spezialisierung liegt vor allem in abspielbaren Medien, also solchen, die eine zeitliche Dauer haben – daher wohl auch der zweite Teil des Namens QuickTime – und deshalb eine Abspielleiste benötigen, um darin navigieren zu können.

Eine konkrete Anwendung (Programm) dieser Technologie ist der **QuickTime Player**. Damit können Sie ganz allgemein gesprochen Audio- und Videodateien abspielen, aber auch aufnehmen. Solche Dateien gibt es in unterschiedlichsten Formaten. Der Klassiker der Videodateien auf dem Mac ist eine .mov-Datei (Movie), der QuickTime Player kann aber auch viele andere Dateiformate abspielen. Beim Abspielen erhalten Sie ein Fenster mit dem Video ❶, das frei skalierbar ist (rechte untere Ecke klicken und ziehen). Solange der Mauszeiger über dem Video steht, wird eine Abspielleiste mit einigen Funktionen zur Steuerung eingeblendet: Lautstärkeregelung ❷, Knöpfe zum Abspielen und Anhalten sowie Vor- und Zurückspulen des Videos ❸, Export des Videos für verschiedene Plattformen wie YouTube oder Vimeo ❹, Vergrößerung des Videos auf den gesamten Monitor (Doppelpfeil) ❺ sowie eine Abspielleiste mit bereits vergangener (links) und noch übriger Abspielzeit (rechts) ❻.

Wenn Sie im Menü *Fenster → Filminformationen einblenden* aufrufen ❼, sehen Sie, was hinter dem Video steckt: ein sogenannter Container, also eine Datei, die sowohl eine Audiospur als auch eine Videospur enthält. Und diese Spuren können wiederum in verschiedenen Formaten (Codecs) gespeichert werden. Außerdem wird die Geschwindigkeit der Bildabfolge in FPS (frames per second) angegeben und noch einige Details mehr.

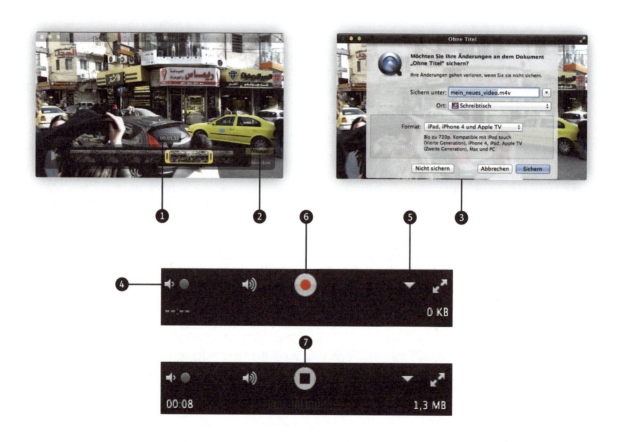

QuickTime Player II

Es ist übrigens ohne Weiteres möglich, mehrere Fenster des QuickTime Players geöffnet zu haben und in ihnen gleichzeitig Videos abzuspielen. Das Programm kann aber noch viel mehr.

So **bearbeiten Sie ein Video** mit QuickTime Player:

- Öffnen Sie das Video in QuickTime Player mittels *Ablage → Datei öffnen...* oder ⌘ + O.
- Wählen Sie zum Beispiel den Befehl *Bearbeiten → Trimmen...* oder ⌘ + T.
- Beachten Sie die Abspielleiste – sie verwandelt sich nun in eine Vorschauleiste mit einer gelben Klammer. Die Enden dieser Klammer können Sie mit der Maus anfassen und nach links und rechts verschieben. Damit bestimmen Sie den gewünschten Ausschnitt. Beim Verschieben wird oben der aktuelle Zeitpunkt als exakte Videozeit in mm:ss;ff (Minuten : Sekunden ; Frames = Einzelbilder) angezeigt ❶.
- Klicken Sie nun auf den Button *Trimmen* ❷ – das Video wird auf die getroffene Auswahl beschnitten und Sie können es abspielen. Sobald Sie das Video schließen oder speichern, erscheint ein Dialog ❸, mit dem Sie das Format und die gewünschte Abspielbarkeit festlegen können.

So nehmen Sie ein **neues Video** auf:

- Wählen Sie in der Menüzeile *Ablage → Neue Video-Aufnahme...* oder ⌥ + ⌘ + N.
- In der nun erscheinenden Abspielleiste bemerken Sie, dass die Lautstärkeregelung ❹ ganz zurückgedreht ist, damit sich nicht die Audiowiedergabe über die Lautsprecher und ihre Eingabe über das Mikrofon gegenseitig verstärken und verzerren. Mit dem kleinen Auswahldreieck rechts ❺ können Sie Ihre Videoquelle (angeschlossene Kamera, Mikrofon) auswählen.
- Mit einem Klick auf den roten Button in der Mitte ❻ starten Sie die Aufnahme, mit dem quadratischen schwarzen Button ❼ stoppen Sie sie wieder. Darunter sehen Sie die Lautstärkeanzeige.

So nehmen Sie eine **neue Audiospur** auf:

- Diese Aufnahme verhält sich nach Befehl *Ablage → Neue Audio-Aufnahme* genauso wie die Videoaufnahme, nur ohne Videobild. Als Quelle kommt nur ein Audioanschluss an Ihrem Mac in Frage.

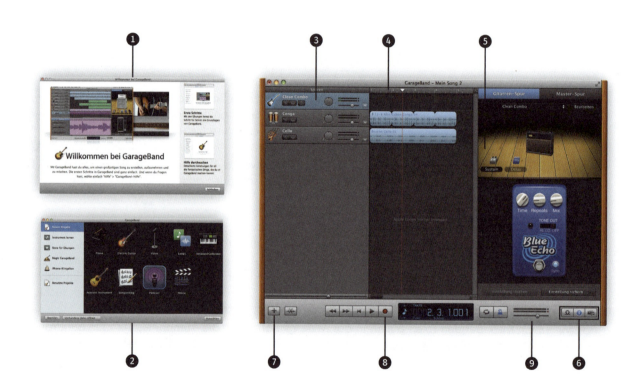

GarageBand – Überblick über das Programm

Mit dem Programmpaket iLife kommen kreative Mac-Benutzer voll auf Ihre Kosten. Sehr eindrücklich sieht man das am Programm **GarageBand**, das zum Komponieren, Arrangieren, Aufnehmen und Exportieren von Musik gedacht ist. Wie alle anderen Programme von iLife startet GarageBand mit einem Willkommensfenster ❶, von wo aus Sie einfache Videolektionen (Internetverbindung vorausgesetzt) sowie die programminterne Hilfe aufrufen können. Klicken Sie rechts unten auf den Button *Schließen*.

Im nun erscheinenden, bunt gestalteten GarageBand-Dialog ❷ erkennen Sie schon die zahlreichen Möglichkeiten des Programms. Der klassische Weg, um ein Musikprojekt zu beginnen, ist die Auswahl von *Neues Projekt* in der linken Spalte. Dort gibt es wieder zahlreiche Kategorien, die je nach Anwendung ein etwas anders angelegtes Projekt starten. Wenn Sie beispielsweise *Electric Guitar* wählen, enthält Ihr Projekt zumindest eine Tonspur, die Ihnen beim Einspielen von Musik mit zahlreichen Verstärkern und Effekten hilft. Haben Sie erfolgreich ein neues Projekt angelegt, kommen Sie in die Arbeitsoberfläche von GarageBand. Sie mag mit den vielen Buttons, Reglern, Linealen, Icons und Details anfangs etwas Furcht einflößend sein – aber Musiker lieben Regler und Knöpfe, an denen Sie sich austoben können! Verschaffen wir uns einen ersten Überblick im Projekt-Fenster:

- Da Musik und Audio generell einen zeitlichen Ablauf benötigen, sind die einzelnen Spuren horizontal angelegt. Mehrere Spuren stehen dann untereinander. Links steht der jeweilige Spurkopf ❸, der den Namen, ein möglichst eindeutiges Symbol sowie Regler und Anzeigen für die Lautstärke und das Abhören enthält. Gleich im Anschluss rechts ❹ sind ein Zeitlineal (in den musikalischen Zähleinheiten Takt und Schlag) sowie Balken für die Spurinhalte zu finden.

- Die Seitenleiste auf der rechten Seite ❺ wird von den drei Buttons ganz unten rechts ❻ gesteuert. Hier in unserem Beispiel wird aktuell die Information für eine E-Gitarren-Spur angezeigt. Damit kann z.B. eine angeschlossene E-Gitarre beim Einspielen mit verschiedensten Sounds und Effekten versehen werden.

- Am unteren Rand finden Sie die sehr wichtige Symbolleiste. Von hier aus können Sie weitere Spuren anlegen oder bearbeiten ❼, das Abspielen steuern ❽ sowie die Lautstärke regeln ❾.

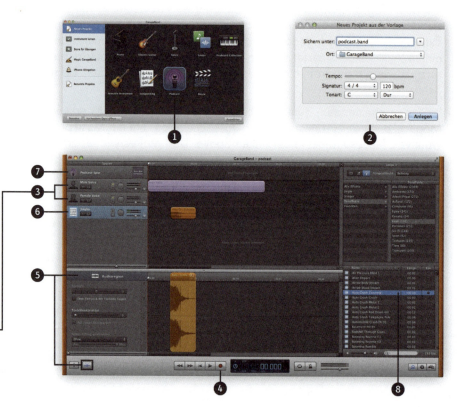

GarageBand – Podcast aufnehmen

Nicht nur Musik-, sondern auch Sprachaufnahmen sind in GarageBand einwandfrei machbar. Eine mögliche Variante davon sind sogenannte Podcasts. Das sind »Radiosendungen für das Internet«, die neben der Sprachaufnahme auch Audioeffekte, Bilder, Texte und vieles mehr enthalten können. Diese Dateien können zum Download auf einer Webseite bereitgestellt und mit iTunes oder QuickTime Player abgespielt werden.

Um einen **Podcast mit GarageBand** zu produzieren, gehen Sie wie folgt vor:

❶ Wählen Sie in der Navigationsleiste links *Neues Projekt* und als Projekttyp *Podcast*.

❷ Geben Sie einen Namen für den Podcast an. Ihre Projektdatei erhält die Erweiterung .band – das ist der Standard für GarageBand-Projekte.

❸ Wählen Sie nun zwischen den Spuren für die männliche und die weibliche Stimme aus. Beides sind übrigens normale Stimmaufnahmen, sie sind nur von den EQ-Einstellungen (Equalizer = Anpassung der Frequenzen) eher an Männer- (tiefer) oder Frauenstimmen (höher) angepasst. In der Spurinformation auf der rechen Seite wählen Sie nun die Eingabequelle (z.B. das interne Mikrofon oder einen anderen Anschluss).

❹ Klicken Sie nun den Aufnahme-Knopf und nehmen Sie Ihre Stimme auf. Sie wird in Form eines violetten Spurbalkens aufgezeichnet. Die »Zacken« zeigen die Lautstärke der Aufnahme zu bestimmten Zeitpunkten – so können Sie zum Beispiel Satzanfänge leicht finden.

❺ Mit dem Spuren-Editor können Sie nun noch Anpassungen vornehmen. (Um alle verfügbaren Werkzeuge und Bearbeitungstechniken kennenzulernen, rufen Sie bitte die Hilfe auf und lesen Sie dort genauer nach.)

❻ Aktivieren Sie nun die Spur namens *Jingles*. Hier können Sie diverse Audioeffekte, kurze Sounds, Musik und vieles mehr ablegen. GarageBand verfügt bereits über eine große Bibliothek namens Apple Loops, auf die Sie über den *Loop-Browser* ❽ rechts unten zugreifen können.

❼ Wechseln Sie nun noch in die *Podcast-Spur* ganz oben. Hier können Sie Bilder oder Videos ablegen und Übergänge dazwischen definieren. In der Seitenleiste rechts klicken Sie dazu auf die Medienübersicht. Damit greifen Sie auf Ihre gesamte iPhoto-Bibliothek zu. Dort wählen sie zum Beispiel das gewünschte Album und ziehen Fotos in diese Spur, mit den Markern unten können Sie noch Kapitel definieren.

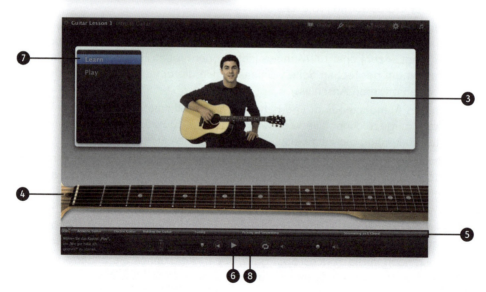

GarageBand – Instrumente lernen mit dem Mac

Viele Menschen sagen, dass Sie gerne Musik machen würden, aber leider kein Instrument spielen könnten oder gar »unmusikalisch« seien. Mit GarageBand erhalten Sie neben einem Programm zum Musik-Machen auch ein sehr intelligentes Lernsystem für die beliebten Musikinstrumente Gitarre und Klavier. Dieses ist über weite Strecken völlig kostenlos, erfordert nur eine halbwegs schnelle Internetverbindung und etwas Speicherplatz auf der Festplatte. An dieser Stelle können wir nur einen kleinen Abriss der wesentlichen Funktionen dieses Lernsystems geben. Wenn Sie sich mit diesem Programm Ihren Wunsch, Gitarre oder Klavier zu erlernen, erfüllen möchten, starten Sie so:

- Wechseln Sie im GarageBand-Dialog zunächst zu Instrument lernen ❶. Dort sind Gitarre-, Piano- und Künstler-Übungen auswählbar. (Letztere sind so gestaltet, dass bekannte Musiker eines ihrer Musikstücke und die dazu notwendige Grifftechnik auf dem Piano oder der Gitarre vorführen.)
- Im Store für Übungen ❷ können Sie noch zahlreiche weitere Übungen für Einsteiger und Fortgeschrittene herunterladen. Die meisten Gitarren- und Piano-Übungen sind kostenlos, die Künstler-Übungen sind kostenpflichtig.
- Mit einem Doppelklick auf eine Lektion rufen Sie diese auf. Es öffnet sich ein Fenster im Vollbildmodus, das verschiedene Elemente enthält: in der oberen Hälfte ein Video ❸, in dem ein Musiklehrer das Instrument und die Spielweise erklärt; darunter das Griffbrett einer Gitarre ❹, auf dem die Griffe des Lehrers dargestellt sind; dann eine Abspielleiste ❺, die die Lektion in verschiedene Themenabschnitte unterteilt; und schließlich eine Abspielsteuerung ❻, mit der Sie in der Lektion vorankommen.
- Wenn Sie mit der Maus über das Video fahren, sehen Sie, dass die Lektion in zwei große Abschnitte unterteilt ist ❼ – jenen, in dem der Lehrer den Lernstoff erklärt (LEARN), und jenen, in dem Sie selbst etwas nachspielen sollen (PLAY).
- Unten sehen Sie neben dem Abspiel- auch einen Aufnahme-Button ❽. Sobald Sie also etwas nachspielen, können Sie dies aufzeichnen. Das Lernsystem vergleicht dann Ihre Aufnahme mit der »Ideallinie« und zeigt Ihnen auf, wo es Abweichungen gab. So können Sie Ihr Gitarren- oder Klavierspiel mit GarageBand erproben, trainieren und verbessern.

iMovie – Überblick über das Programm

Auch das Programm iMovie, das für den Videoschnitt und damit zum Erstellen Ihrer eigenen Filmprojekte dient, begrüßt Sie beim Start mit einem Willkommensfenster, von dem aus Sie Lernvideos und die Hilfe besuchen können. Nachdem Sie dieses Fenster geschlossen haben, erwartet Sie die recht detailliert gegliederte **iMovie-Arbeitsoberfläche**. Starten wir mit einem Rundgang durch die einzelnen Elemente:

❶ iMovie verwaltet Ihre Filmschnitte in einzelnen Projekten. Diese werden in der Regel in Ihrem Benutzerordner und dort unter */Filme/iMovie-Projekte* abgespeichert. Dieser Teil des Fensters hat eine Doppelfunktion ❻ – im Modus *Projekt-Mediathek* zeigt er alle Projekte mit Namen, Dauer und Vorschau; im Modus *Projekt bearbeiten* zeigt er für ein einzelnes Projekt den zeitlichen Verlauf und alle hinzugefügten Videoteile in einem Filmstreifen an.

❷ Rechts oben sehen Sie ein Monitor-Fenster, das den Inhalt des gerade abgespielten oder ausgewählten Videos zeigt. Es aktualisiert sich je nach Mauscursor-Position innerhalb des iMovie-Fensters. Wenn Sie mit dem Mauszeiger über einem Video stehen, wird das aktuelle Standbild angezeigt. Diese anfangs ungewohnte, aber doch recht praktische Anzeige mittels Mausbewegung nennt sich »Skimming«.

❸ In der unteren Hälfte sehen Sie standardmäßig die sogenannte Ereignis-Mediathek. Dabei handelt es sich um Ihr filmisches Ausgangsmaterial. Hier ist links eine Ordnerstruktur zu finden, und der Zugriff auf eine angeschlossene Kamera oder die in iPhoto gespeicherten Videos ist möglich. Rechts davon sehen Sie die eigentlichen Videos in Form von mehrzeiligen »Filmstreifen«. Fahren Sie mit dem Mauszeiger darüber, wird rechts oben im Monitor das Video dargestellt.

❹ In der Mitte zwischen oben und unten befindet sich eine Symbolleiste, die den Zugriff auf viele wichtige Funktionen des Programms zulässt. Nicht nur die Darstellungsgröße der Filmstreifen, der Import von der Videokamera, das Markieren, Vertonen, Beschneiden und Zoomen sind hier steuerbar, sondern auch der Zugriff auf zahlreiche andere Medien wie Musik aus iTunes, Fotos aus iPhoto, Texteinstellungen, Videoeffekte und animierte Weltkarten.

❺ Am unteren Fensterrand befindet sich eine weitere Symbolleiste, mit der Sie einen geschnittenen Bereich zum Beispiel im Vollbildmodus wiedergeben, die Anzeige in der Ereignis-Mediathek filtern oder die Darstellungsgröße verändern können.

iMovie – Arbeitsweise verstehen

Moderne Videoschnittprogramme werden unter dem Fachbegriff »Non-Linear Editing« (NLE) zusammengefaßt. *Nicht-linearer Videoschnitt* bedeutet ganz einfach, dass man das Ausgangsmaterial nicht wie früher bei Filmrollen üblich von vorne bis hinten Schritt für Schritt durchgehen muss, sondern an jeder beliebigen Stelle anfangen kann, Teile einzusetzen, wieder herauszulöschen, in der Abfolge zu verändern usw. An dieser Stelle möchte ich Ihnen die **allgemeine Vorgehensweise** vorstellen und zeigen, wie dies in iMovie umgesetzt ist – für die einzelnen Werkzeuge und Bearbeitungsmethoden muss ich Sie an die Hilfe verweisen.

- Neues Projekt anlegen – Wählen Sie *Ablage → Neues Projekt*. iMovie unterstützt Sie mit ein paar Grundeinstellungen ❶. Von hier aus könnten Sie aber auch einen Trailer anlegen (mit ganz klaren, schnellen Schnittvorgaben und fertiger Musikuntermalung seitens iMovie).
- Videomaterial (Footage) laden – Im Gegensatz zu vielen anderen professionellen Videoschnittprogrammen ist das Laden von Material und das Arbeiten in einem Projekt in iMovie voneinander unabhängig. Sie sammeln in der *Ereignis-Mediathek* ❷ das Material, indem Sie es entweder auf Ihrer Festplatte abspeichern oder über das *Import-Fenster* ❸ von einer an den Mac angeschlossenen Videokamera oder Speicherkarte einspielen.
- Material sichten und aussortieren – Ein oft unterschätzter Schritt ist das Sichten und Sortieren. Sie könnten zwar direkt beginnen, Material aus den Ereignissen ins Projekt zu ziehen, sinnvoller ist es aber, in Ruhe das Material durchzusehen, geeignete Stellen als Favoriten ❹ zu markieren (grün) oder unpassende Videoabschnitte abzulehnen (rot).
- Videoteile zum Projekt hinzufügen (Rohschnitt) – Die nun gefilterten Abschnitte können Sie jetzt ganz einfach markieren und per Drag-and-Drop in Ihr Videoschnittprojekt einfügen ❺.
- Übergänge, Geschwindigkeit, Effekte anpassen (Feinschnitt) – Wenn das Videoprojekt im groben Ablauf passt, treffen Sie noch diverse Anpassungen, unter anderem durch Einsatz von Übergängen ❻.
- Videoprojekt prüfen – Nach so detaillierter Arbeit ist es gut, nach einer Computer-Pause das Video nochmals kritisch anzusehen und eventuelle Fehler oder unrunde Stellen auszubessern.
- Ins Zielformat exportieren – iMovie nennt dies *Bereitstellen* ❼ und bietet zahlreiche Möglichkeiten.

5

KAPITEL 5 | Internet, Mail, Kalender und Kontakte

iMac, iPod, iPad, iPhone, iMessage, iPhoto ... – haben Sie sich schon einmal gefragt, wofür das »i« eigentlich steht? Apple betont damit die vereinfachte Anbindung und Nutzung des Internets auf seinen Computern und mobilen Geräten. Und man muss wirklich sagen, dass der Zugang zu den verschiedenen Diensten dieses Mediums auch in Mac OS X sehr komfortabel ist. Voraussetzung dafür ist eine funktionierende Verbindung zum Internet, die in Kapitel 3 ausführlich behandelt wird.

Wir starten dieses Kapitel mit der Vorstellung von iCloud und lernen dabei die Idee hinter dem aktuellen Modebegriff »Cloud Computing« genauer kennen. Dann sehen wir uns an, wo man in OS X Mountain Lion sein E-Mail-Konto einrichtet und welche anderen Wege der Kommunikation damit möglich sind.

Dann widmen wir uns dem Programm Mail, das eine komfortable Verwaltung von Nachrichten in einem oder mehreren E-Mail-Konten ermöglicht. Und selbstverständlich gehört zur Nutzung des Internets der Besuch von Webseiten. Wir stellen Ihnen den Apple-eigenen Webbrowser Safari und seine umfassenden Funktionen genauer vor – nicht nur zum Anzeigen und Lesen von Webseiten, sondern auch zum praktischen Organisieren der Informationsflut aus dem Internet.

Zu guter Letzt darf in der modernen Kommunikation auch die Verwaltung der Kontakte und die Einteilung Ihrer Zeit mittels Kalender nicht fehlen. Auf den ersten Blick ganz unscheinbar verbergen sich hinter den Programmen Adressbuch und Kalender wahre Profis der persönlichen Organisation.

❶

❷

Überblick zu iCloud

Wahrscheinlich sind Sie in letzter Zeit häufiger über die Begriffe »Cloud« und »Cloud Computing« gestolpert. Aber was ist damit genau gemeint? Die Wolke wird schon seit vielen Jahren als Symbol für das Internet verwendet. Man will damit ausdrücken, dass die Kommunikation blitzschnell funktioniert und das Internet sich quasi selbst um die Übermittlung der Daten und die Wahl des Weges dafür (das Routing) kümmert. Beim Cloud Computing geht es darum, wo und wie Ihre Daten im Internet gespeichert werden. Statt über einen konkreten Server mit einer oder mehreren Festplatten, verfügen Sie über ein Konto bei einem Dienst. Dieser kümmert sich darum, dass Ihre Daten sicher gespeichert sind und sich mit verschiedenen Geräten per Internetverbindung ständig und vollautomatisch abgleichen (Pushing).

Die Cloud-Computing-Lösung von Apple nennt sich iCloud ❶. Um iCloud nutzen zu können, müssen Sie eine sogenannte Apple-ID ❷ einrichten. Es handelt sich dabei um ein kostenloses Online-Konto, das für verschiedene Zwecke zum Einsatz kommt – ob Sie nun etwas im AppStore erwerben, Nachrichten mit anderen iCloud-Nutzern via iMessage (siehe Seite 269) austauschen, oder eben iCloud nutzen, um verschiedene Daten abzuspeichern. Eine konkrete Aufstellung der enthaltenen Dienste finden Sie unter *Apfel-Menü → Systemeinstellungen → iCloud* – einige davon möchte ich hier genauer vorstellen:

- Mail – Beim Einrichten von iCloud erhalten Sie eine kostenlose @me.com E-Mail-Adresse, die Sie auf allen Ihren Geräten sowie jederzeit über die Webseite http://www.icloud.com auf dem gleichen Stand halten können.
- Kontakte, Kalender, Erinnerungen, Notizen – Es ist wohl relativ offensichtlich, dass es sich hier um die Einträge innerhalb der gleichnamigen Programme auf dem Mac handelt. Auch hier geht es darum, diese Daten über verschiedene Geräte zu synchronisieren. Egal, wo Sie etwas eingeben, ist es auch auf dem anderen Apple-Gerät auf dem aktuellsten Stand.
- Safari, Fotostream, Dokumente & Daten – Von aktuellen Lesezeichen im Webbrowser über zuletzt aufgenommene Fotos auf Ihrem iPad oder iPhone bis hin zu Dokumenten aus iWork oder TextEdit: Alle Daten bleiben sicher in Ihrem iCloud-Konto gespeichert.

❶

❷

❸

❹

❺

❻

❼

❽ ❾

iCloud im Einsatz

Wo und wie begegnet Ihnen nun konkret die iCloud? Bereits bei der Installation von OS X Mountain Lion wird vorgeschlagen, ein solches Konto mit einer Apple-ID anzulegen, weil der Cloud-Dienst so tief in das Betriebssystem integriert ist. Dieser Vorgang ist übrigens vollkommen kostenlos und erfordert lediglich eine Internetverbindung – er bleibt aber dennoch optional (und kann auch später erfolgen).

In der Systemeinstellung *iCloud* ❶ legen Sie zunächst fest, welche Dienste von iCloud Sie auf diesem Mac aktivieren möchten. Für die entsprechenden Anwendungen werden diese dann auch automatisch in die Systemeinstellung *Mail, Kontakte & Kalender* ❷ übernommen. Dies hat den Vorteil, dass in die entsprechenden Programme das **jeweilige Konto mit all seinen Details** (z.B. die gesamte Anzahl an Kalendern, die Server- und Benutzernamen sowie Passwörter für einen E-Mail-Account) automatisch eingetragen wird. Hier sehen Sie zum Beispiel die Einstellungen von Kalender ❸ und von Mail ❹.

Die iCloud begegnet Ihnen beispielsweise auch an folgenden Stellen in OS X Mountain Lion:

- Öffnen oder Sichern von Dokumenten zum Beispiel im Programm TextEdit ❺
- Geöffnete Tabs (Webseiten) auf anderen Computern mit diesem iCloud-Account ❻
- Synchronisation der zuletzt geschossenen Fotos in Ihrem Fotostream ❼
- Aktuelle Notizen innherhalb des Programms Notizen ❽
- Als verfügbarer Online-Speicherplatz für verschiedene Medien ❾

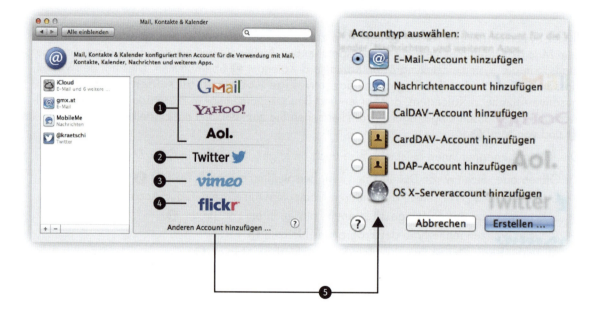

Weitere Konten

Es sieht sehr danach aus, dass Apple in OS X die **Verwaltung sämtlicher Konten** an einer Stelle zusammenführen möchte – nämlich der Systemeinstellung *Mail, Kontakte und Kalender*. Seit OS X Mountain Lion werden dort nicht nur »klassische« Mailkonten aufgeführt, sondern auch andere populäre webbasierte Dienste wie Twitter (soziales Netzwerk für Kurznachrichten), Vimeo (Videoplattform) oder Flickr (Veröffentlichung von Fotos). Meiner Einschätzung nach wird auch die bevorstehende Integration von Facebook (siehe Seite 257) dort erfolgen.

Diese Systemeinstellung ist purer Komfort. Bisher musste man jedes Konto einzeln pflegen und überall mindestens eine Serveradresse (URL) eintragen, einen Benutzernamen und ein Kennwort sowie eventuell noch Protokoll oder Port auf dem Server angeben und schießlich die Sicherheitseinstellungen für die Anmeldung festlegen. All diese Detaileinstellungen übernimmt Mountain Lion für die aufgeführten Kontotypen automatisch, sodass nur noch die Eingabe von Benutzername und Passwort notwendig sind. Auch mehrere Konten desselben Typs sind so möglich. Die Integration der verschiedenen Dienste übernimmt OS X für Sie – hier ein kurzer Überblick:

- iCloud – der Cloud-Computing-Dienst von Apple, den Sie auf den Vorseiten kennengelernt haben
- Microsoft Exchange, Gmail, Yahoo!, Aol ❶ – weit verbreitete Kontotypen für Anbindungen an Microsoft Server, den E-Mail-Dienst von Google, Yahoo und Aol (ehemals America Online)
- Twitter ❷ – Kurznachrichten mit Bildern und Links direkt aus Finder oder Programmen veröffentlichen
- Vimeo ❸ – Videos vom Mac direkt auf die populäre Videoplattform hochladen
- Flickr ❹ – Fotos auf dem wohl erfolgreichsten Bilderservice im Internet veröffentlichen
- Andere ❺ – Diverse andere Kontoformen, beispielsweise für Kalender oder Adressen (DAV steht für Distributed Authoring and Versioning)

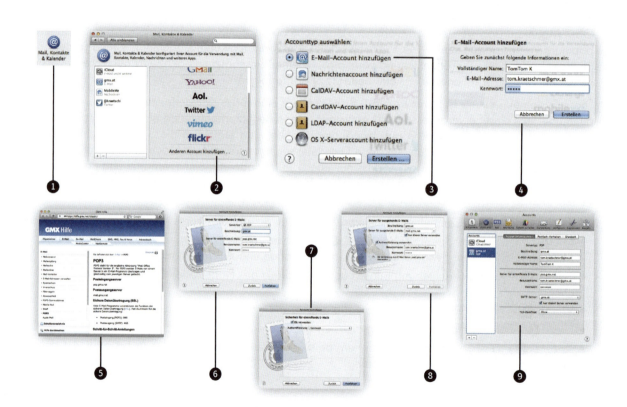

Zentrale Einrichtung des Mailkontos

Sie wissen nun, wie man auf dem Mac mit voreingestellten Konten arbeitet. Sehen wir uns jetzt noch den klassischen Weg zum Einrichten eines Mailkontos an. In der Regel erhalten Sie dazu von Ihrem Provider oder Systemadministrator die notwendigen technischen Daten. Bei vielen Free-Mailern, also Webdienstleistern, die Ihnen kostenlos eine E-Mail-Adresse zur Verfügung stellen, müssen Sie eventuell in der Hilfe bzw. unter den FAQ (Frequently Asked Questions) nachsehen. Als Beispiel dient uns hier der Anbieter GMX. So gehen Sie vor, um ein Mailkonto auf Ihrem Mac einzurichten:

❶ Rufen Sie *Apfel-Menü → Systemeinstellungen → Mail, Kontakte & Kalender* auf.

❷ Wählen Sie links *Account hinzufügen...* und klicken Sie rechts auf *Andere* (ganz unten in der Liste).

❸ Wählen Sie im nun erscheinenden Fenster *E-Mail-Account hinzufügen* und klicken Sie auf *Erstellen...*

❹ Geben Sie Ihren Namen (der auch als Absender in Ihren Mails stehen wird!), die E-Mail-Adresse und das Passwort ein. Die Systemeinstellung versucht automatisch, alles einzurichten. Klappt das nicht, werden Sie in das Programm Mail weitergereicht, wo Sie ein Assistent erwartet.

❺ Im Assistenten müssen Sie die Zugangsdaten genauer eingeben. Eine Hilfe mit den notwendigen Daten finden Sie oft auf der Webseite des Providers, hier unter *http://hilfe.gmx.net/classic/*.

❻ Tragen Sie zunächst die Daten für die eintreffenden Mails ein. Meistens werden hier als Servertypen POP3 (Post Office Protocol Version 3) oder IMAP (Internet Mail Access Protocol) angeboten. Hier wird auf jeden Fall ein Benutzername – oft identisch mit der E-Mail-Adresse – sowie ein Kennwort benötigt. Klicken Sie anschließend auf *Fortfahren*.

❼ Um das Abrufen sicherer zu gestalten, wird die Übertragung oftmals mittels SSL (Secure Socket Layer) verschlüsselt. Wenn Ihr Provider das unterstützt, sollten Sie es aktivieren. *Fortfahren* führt Sie weiter.

❽ Nun können Sie den sogenannten SMTP (Send Mail Transfer Protocol)-Server eingeben. Dieser ist zum Versenden der Mails gedacht. Auch hier gibt es oft die Voreinstellung der Authentifizierung (Anmeldung) mit Benutzername und Passwort – allerdings ist das nicht zwingend so. Beim *Fortfahren* prüft Mail automatisch die Verbindung und liefert anschließend eine Accountzusammenfassung.

❾ Nach erfolgreicher Einrichtung können Sie Ihre Angaben noch innerhalb des Programms *Mail* unter *Mail → Einstellungen → Accounts* überprüfen.

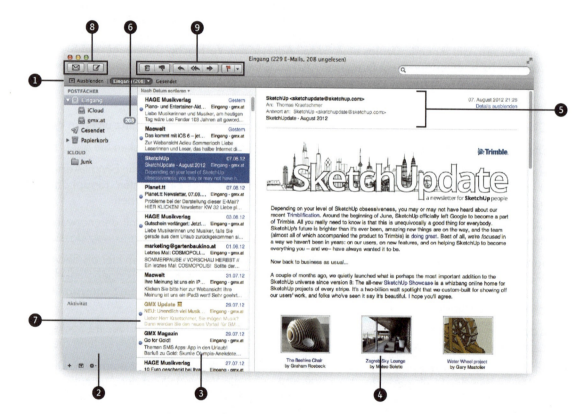

Das Programm Mail kennenlernen

Nachdem ein Mail-Account – auch mehrere sind möglich – eingerichtet wurde, können Sie Mails abrufen und bearbeiten. Verschaffen wir uns dafür einen schnellen **Überblick über die Arbeitsoberfläche** und die **Funktionen** des Programms *Mail*:

- Das Fenster des Programms ist den heute weit verbreiteten Breitformat-Monitoren angepasst. Es besteht aus drei Spalten, wobei die erste über die Funktion *Ausblenden* ❶ in der oberen Leiste unsichtbar gemacht werden kann. Die drei Spalten beinhalten (von links nach rechts): ❷ den Überblick über die Postfächer und Mailkonten, ❸ eine Liste der Nachrichten mit einer kleinen Vorschau, ❹ die eigentliche Nachricht samt Informationen zum Absender ❺. Wenn Sie in der zweiten Spalte eine Nachricht anklicken, wird sie rechts davon angezeigt.

- Neue (ungelesene) Nachrichten werden mit einem blauen Punkt markiert. Sobald Sie die Nachricht anklicken, verschwindet der Punkt und die Nachricht wird im Hintergrund als »gelesen« markiert. Die hervorgehobene Zahl ❻ neben einem Postfach oder im Programmsymbol im Dock verrät, wieviele ungelesene Nachrichten noch vorhanden sind.

- E-Mails in brauner Schrift und mit einem Müllsack-Symbol ❼ sind vom Programm *Mail* vermutete Spams, auch Junk- oder Werbe-Mails genannt. Für solche Mails werden aus Sicherheitsgründen keine Bilder geladen. Wenn einmal eine Mail versehentlich als Spam eingestuft wird, können Sie dies mit dem über der Nachricht in der dritten Spalte erscheinenden Button *Ist keine Werbung* rückgängig machen. Dabei handelt es sich um ein selbstlernendes System: Wenn Sie etwas als Werbung klassifizieren (oder umgekehrt), »merkt« sich *Mail* dies und wendet Ihre Klassifizierung auf weitere Mails ähnlicher Art an.

- Am oberen Rand finden Sie eine übersichtliche Symbolleiste, von der aus die wichtigsten Funktionen aufrufbar sind. Sie können zwar eine Menge mehr Funktionen über die Menüs *Darstellung*, *Postfach* oder *E-Mail* aufrufen, für das tägliche Mailen reichen diese aber aus: In der ersten Gruppe ❽ rufen Sie Ihre Mails ab (Briefumschlag) oder verfassen eine Nachricht (Stift mit Blatt). In der zweiten Gruppe ❾ können Sie löschen (Papierkorb), vermeintliche Werbung als »in Ordnung« klassifizieren (Daumen hoch), antworten, allen antworten, weiterleiten (Pfeile) sowie verschiedenfarbig markieren (Fahne), um in der Spalte links danach zu sortieren.

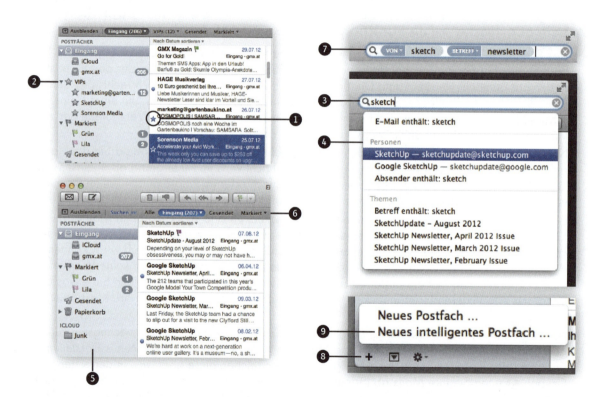

Mail – VIP und Suchen

Zwei kleine aber feine Neuerungen von Mail innerhalb von OS X Mountain Lion möchte ich Ihnen nicht vorenthalten. Zum einen gibt es eine neue Kategorie von Postfächern, die sich **VIP (Very Important Person)** nennt. Viele von uns kennen das Problem, dass in der täglichen Flut an E-Mails, die auf unsere Konten hereinkommen, eine Unterscheidung zwischen den vielleicht etwas unwichtigeren und den wirklich wichtigen Kontakten schwer fällt. In der neuen Version von Mail können Sie nun mit einem einmaligen Klick vor einer E-Mail-Adresse dieser einen kleinen Stern ❶ hinzufügen. Schon erscheint in der linken Spalte die Kategorie VIP ❷. Hier werden dann alle auf diese Art und Weise markierten Adressen abgelegt. Klicken Sie auf einen solchen Eintrag, dann filtern Sie Ihren gesamten Posteingang – also die mittlere Spalte in Mail – nach E-Mails dieses Kontaktes und können so schnell die wichtigen Nachrichten finden. Es lassen sich beliebig viele VIP-Adressen hinzufügen. Sie können dieses Postfach übrigens auch jederzeit über das Menü *Postfach → Favoriten-Postfach öffnen → VIP* oder den Tastenkurzbefehl ⌘ + 2 aufrufen.

Außerdem wurde die **Suche innerhalb von Mail** verbessert. Gibt man im Suchfeld rechts oben ❸ einen Begriff ein, wird bereits während der Eingabe genau wie in der systemweiten Spotlight-Suche (siehe Seite 57) eine sortierte Liste an Fundstellen ❹ eingeblendet. Als Ergebnisse werden nicht nur Suchbegriffe innerhalb der E-Mails, sondern auch Personen (Kontakte) und Themen (Betreff) aufgelistet. Sobald Sie einen Eintrag in der Liste markieren, wird auf der linken Seite die Suche entsprechend gefiltert. Sie sehen zwar nach wie vor die gesamte Struktur an Postfächern ❺, in der sogenannten Favoritenleiste ❻ wird nun aber blau hinterlegt der Ort Ihrer Suche dargestellt (hier das Postfach »Eingang«). Darunter erscheinen in der mittleren Spalte von Mail nur jene E-Mails, auf die das Suchkriterium zutrifft.

Wenn Sie nun mehrere Suchkriterien aneinanderreihen und damit noch genauer filtern wollen, drücken Sie einfach nach der Auswahl in der Liste die Taste ↵. Nun wird dem einzelnen Suchbegriff ein Beschriftungsfeld vorangestellt, in dem Sie den Typ (Von, An, Betreff usw.) auswählen können. Sie können noch weitere Begriffe danach eingeben und diesen Vorgang beliebig oft wiederholen ❼. Wer eine solche Suche übrigens noch detaillierter und vor allem jederzeit wieder abrufbar zusammenstellen möchte, klickt einfach auf den kleinen Plus-Button links unten ❽ und stellt sich ein *Neues intelligentes Postfach* ❾ zusammen. Die Funktionsweise ist die gleiche wie bei *Intelligenten Ordnern* in Spotlight (siehe Seite 61).

Im Internet mit Safari I

Der wahrscheinlich am häufigsten genutzte Dienst im Internet ist der Besuch von Webseiten. Dazu bedarf es eines guten Webbrowsers. Selbstverständlich können Sie populäre Browser wie Mozilla Firefox (*http://www.mozilla.org/de/firefox/new/*) oder Google Chrome (*http://www.google.de/chrome/*) und viele mehr zusätzlich im System installieren. Apple liefert Ihren Mac aber bereits mit einem stabilen und umfassenden Programm namens Safari aus, das sich im direkten Vergleich mit anderen Webbrowsern durchaus behaupten kann.

Die **Hauptaufgabe von Safari** ist schnell erklärt und dürfte allgemein bekannt sein: Sie starten das Programm, geben in der Adresszeile ❶ die Adresse (URL = Uniform Ressource Locator) für eine Webseite ein und drücken die Taste (↵). Im Hauptbereich des Fensters wird die Webseite geladen und dargestellt ❷ oder bei Nichtauffindbarkeit der Adresse bzw. falscher Eingabe eine entsprechende Fehlermeldung angezeigt ❸. Nun können Sie auf der Webseite mit der Maus navigieren und weitere Bereiche oder andere Seiten aufrufen.

Da es beim Surfen meist nicht beim Besuch einer Webseite bleibt und man gerne mehrere Seiten gleichzeitig geöffnet hält, kann es sehr praktisch sein, die **Tabs** zu nutzen. Es handelt sich dabei um die Karteireiter am oberen Seitenrand ❹. Das Tab gibt immer den Seitentitel an. Um nun einen Link auf einer Webseite in einem neuen Tab zu öffnen, halten Sie beim Anklicken einfach die Taste ⌘ gedrückt. Safari hält die aktuelle Seite dann auf einem Tab fest, öffnet ein neues und lädt dort die aufgerufene Webseite. Alternativ können Sie mit ⌘ + T selbst ein neues Tab öffnen und dann erst die Adresse eingeben. Das können Sie beliebig oft wiederholen. Wenn Sie mit der Maus über das Tab fahren, erscheint ein kleines X ganz links, mit dem Sie es wieder schließen können. Neu in OS X Lion ist, dass sich Safari den Zustand eines Fensters mit seinen geöffneten Tabs beim Schließen merkt und beim erneuten Aufruf des Programms alle Seiten wieder lädt. Genauso können Sie übrigens auch alle Lesezeichen eines Ordners – die wir noch später kennenlernen – in einem Fenster, aber auf mehreren Tabs gleichzeitig laden. Diese Art der Nutzung von Webbrowsern nennt man übrigens »tabbed browsing«. Beachten Sie dazu auch eine kleine Neurung, die wir auf Seite 243 genauer vorstellen.

Im Internet mit Safari II

Beim Öffnen eines neuen (leeren) Tab ist Ihnen vielleicht aufgefallen, dass Safari eine besondere Art der Seitendarstellung wählt. Es handelt sich um eine Vorschau mehrerer Seiten auf einer Art dreidimensionaler Bühne vor schwarzem Hintergrund ❶. Diese Darstellung nennt man **Top Sites** und man kann sie auch über einen Button in der Lesezeichenleiste ❷ aktivieren. Eine Besonderheit dieser Darstellung liegt darin, dass die Webseiten darin stets neu geladen werden. So behalten Sie bestimmte Seiten immer aktuell im Blick. Mit einem Klick auf eine Seite öffnet sich diese ganz normal im Hauptbereich des Fensters. Wenn Sie die Webseiten-Übersicht ändern möchten, können Sie links unten den Button *Bearbeiten* ❸ anklicken. Nun erscheint in der linken oberen Ecke jeder Top-Site ein X zum Entfernen der Seite aus der Übersicht sowie eine Stecknadel zum Fixieren einer Top-Site an dieser Position. Wie Sie im Hinweis in der Mitte unten sehen, können Sie außerdem einfach eine Webadresse in der Adresszeile an Ihrem kleinen vorangestellten Icon (Favicon) ❹ anfassen und per Drag-and-Drop auf eine Top-Site holen.

Ein ganz wichtiges Ordnungsinstrument in Safari ist das **Anlegen von Lesezeichen**. Wenn Ihnen eine Seite gefällt und Sie sie wieder besuchen möchten, zahlt es sich aus, über den Kurzbefehl ⌘ + D ein Lesezeichen zu setzen. Darin wird die Adresse (URL) mit dem Seitentitel oder einem von Ihnen festgelegten Namen abgespeichert. Zum erneuten Aufrufen brauchen Sie lediglich auf das Lesezeichen zu klicken, und die Seite wird geladen. Dabei gibt es im Wesentlichen zwei Speicherorte für Lesezeichen: das Lesezeichenmenü ❻ und die Lesezeichenleiste ❼. Letztere bietet noch eine Besonderheit: Um eine Auswahl der ersten neun dort abgelegten Lesezeichen aufzurufen, können Sie einfach ⌘ + Zahl eingeben, wobei die einzelnen Lesezeichen von links nach rechts durchnummeriert werden. Um also das erste Lesezeichen aufzurufen, drücke ich in meinem Beispiel links einfach ⌘ + 1, und schon wird Google Mail im aktuellen Tab oder Fenster geladen.

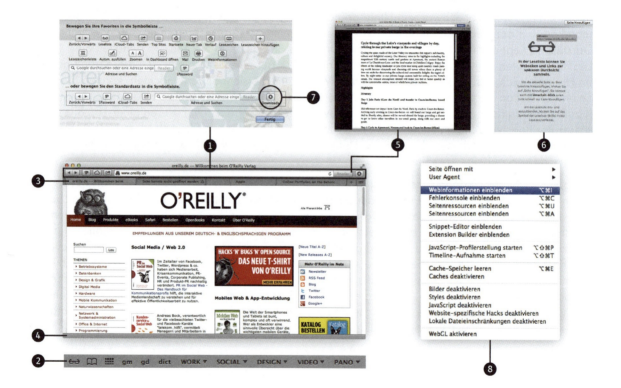

Im Internet mit Safari III

Nun sollten wir einen Blick auf die zahlreichen **Leisten und Fenster von Safari** werfen. Sie lassen sich großteils ein- und ausblenden – und damit die gesamte Benutzeroberfläche an Ihre Wünsche anpassen. Die Einstellungen dazu finden Sie im Menü *Darstellung* (von ganz oben nach unten):

❶ Symbolleiste – die oberste Leiste in Safari. Sie können diese ausblenden, nehmen sich damit aber zum Beispiel die Möglichkeit, eine Adresse einzugeben. Spannender ist hier die Anpassung der Symbolleiste. Ziehen Sie ganz einfach aus dem Aufklappmenü einzelne Funktionen hinein. Dort werden die Elemente dann skaliert, um Platz für weitere zu machen. In OS X Mountain Lion sind der iCloud- (Seite 225) und Bereitstellen-Button (Seite 47) neu hinzugekommen.

❷ Lesezeichenleiste – Hier können die bereits erwähnten Lesezeichen abgespeichert werden: entweder als einzelne Links zu Webseiten, oder in Ordnern, die man im Modus *Alle Lesezeichen einblenden* anlegen und organisieren kann.

❸ Tableiste – Diese Leiste verwaltet sich weitestgehend von selbst. Sobald ein Tab gebraucht wird, wird sie eingeblendet. Wenn Sie nur eine Seite aufgerufen haben, bleibt sie verborgen. Wie auf der Vorseite erwähnt, gibt es nun auch einen Button zum Einblenden aller geöffneten Tabs.

❹ Statusleiste – Damit ist die Leiste am unteren Fensterrand gemeint. Hier können zum Beispiel Fehler beim Laden der Seite, die URL eines anklickbaren Links u.v.m. angezeigt werden.

❺ Reader – In diesem Modus passt Safari einen Artikel auf einfache Textdarstellung mit Bildern an, die ein komfortableres Lesen ermöglichen. Diese Funktion stellen wir auf der nächsten Seite vor.

❻ Leseliste – Auch die Leseliste gehört zu den Neuerungen, die wir in weiterer Folge noch vorstellen. Kurz gesagt »markieren« Sie den Link zu einer Seite für das spätere Lesen.

❼ Downloads – Hier werden alle aktiven und abgeschlossenen Downloads aufgelistet. Das Fenster lässt sich über den Button ganz rechts oben aktivieren. Die Downloads kommen in den gleichnamigen Ordner im Benutzerverzeichnis.

❽ Menü Entwickler – Wer die Programmierung und die Inhalte einer Webseite analysieren möchte, kann über *Safari → Einstellungen → Erweitert* ganz unten das Menü »Entwickler« aktivieren.

Neuerungen in Safari

Mit praktisch jeder neuen Version von Mac OS X ziehen auch neue Funktionen im Webbrowser Safari ein. Und das mit gutem Grund, ist er doch am Mac eines der meistgenutzten Programme nach dem Finder. Wir wollen uns in einem kurzen Überblick die wichtigen Neuerungen ansehen – eine davon, nämlich iCloud, wurde bereits auf Seite 227 vorgestellt.

- Aufmerksamen Benutzern von Safari ist vielleicht aufgefallen, dass das Suchfeld rechts von der Adresszeile verschwunden ist. Die **Suche** wird nunmehr ❶ direkt im Adressfeld von Safari ausgeführt. Sie können also entweder eine URL (Webadresse) mit oder ohne vorangestelltem http:// eingeben oder einfach einen beliebigen Suchbegriff. Für die Suchmaschine stehen unter *Safari* → *Einstellungen ...* → *Allgemein* → *Standard-Suchmaschine* ❷ Google, Yahoo oder Bing zur Wahl.

- Ein kleines aber feines Detail ist der **Ladebalken im Adressfeld** ❸. Besonders technisch anspruchsvolle Webseiten brauchen ja mitunter etwas länger zum Laden. Bei den früheren Versionen von Safari konnte es schon einmal passieren, dass man nicht ganz sicher war, ob die Seite einfach noch nicht komplett geladen war oder ein Verbindungsfehler vorlag. Mit Hilfe des Ladebalkens sehen Sie nun einen Fortschritt beim Laden und können so vielleicht etwas mehr Geduld aufbringen.

- Moderne Webseiten bieten eine ganze Menge Inhalte innerhalb einer Seite. Aber manchmal möchte man einen Artikel mit seinen Bildern einfach nur in Ruhe betrachten und alle andere Informationen ausblenden. Dies ist mit der **neuen Reader-Funktion** möglich: Erkennt Safari einen Artikel, erhalten Sie rechts neben der Adresszeile einen blauen Reader-Button ❹. Wenn Sie darauf klicken, wird unter Ausnutzung der gesamten Fensterbreite der Artikel in einer einheitlichen Schrift leicht lesbar formatiert. (Bitte verwechseln Sie als erfahrener Benutzer diese Funktion nicht mit RSS-Feeds. Die Anzeige dieser ist in Safari ohne externe Software seit Mountain Lion nicht mehr möglich.)

- Als Neuerung ist auch ein kleiner Button ❺ am rechten Rand der Tabs hinzugekommen. Damit können Sie – wie auf mobilen Apple-Geräten gewohnt – eine Übersicht der geöffneten Tabs erhalten, bei der die Inhalte der Fenster verkleinert dargestellt werden. Mit der Geste Zwei-Finger-Wischen nach links und rechts können Sie auf einem Trackpad durch die geöffneten Tabs blättern. Dies ist für eine schnelle visuelle Orientierung wirklich sehr praktisch.

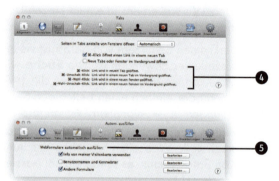

Einstellungen von Safari

Sehr umfangreiche und trotzdem übersichtlich gestaltete Optionen finden Sie im Menü *Safari* → *Einstellungen...* Am besten navigieren Sie mittels Symbolleiste von links nach rechts. Sehen wir uns eine kleine Auswahl von Einstellungen und deren Bedeutung an:

- Allgemein – Hier legen Sie systemweit fest, welches Programm der Standard-Webbrowser ❶ sein soll. Immer dann, wenn Sie in einem Textdokument oder einer E-Mail auf einen dort hinterlegten Link klicken, öffnet OS X Mountain Lion diese Webseite mit dem Standard-Webbrowser. Neben weiteren, selbsterklärenden Optionen für das Öffnen neuer Fenster und Tabs ist von hier aus auch der Ort für die Downloads ❷ festzulegen. Seit einigen Versionen von Mac OS X gibt es dazu im Benutzerverzeichnis einen Ordner namens *Downloads*, und dieser ist auch im rechten Bereich des Docks einfach aufrufbar. Allerdings bevorzugen manche Benutzer eine Speicherung auf dem Schreibtisch – das können sie hier umstellen.

- Lesezeichen – Wenn Sie ein gut gepflegtes Adressbuch führen, haben Sie vielleicht bei Ihren geschäftlichen Kontakten auch URLs gespeichert. Wenn Sie auf diese Links über die Lesezeichenleiste zugreifen wollen, aktivieren Sie einfach Adressbuch anzeigen ❸.

- Tabs – An dieser Stelle legen Sie fest, ob sich bei gedrückter ⌘-Taste Tabs öffnen. Ganz spannend ist auch die Aufstellung der Kurzbefehle weiter unten ❹. So wird beispielsweise zwischen dem Öffnen im Vordergrund und dem im Hintergrund unterschieden.

- Autom. Ausfüllen – Sie können sich von Safari beim Ausfüllen von Formularen auf Webseiten helfen lassen ❺. Müssen Sie immer wieder einmal Vornamen, Nachnamen, Adresse, Telefonnummer, E-Mail-Adresse usw. eingeben, können Sie beispielsweise Ihre persönliche Visitenkarte (also den Eintrag zu Ihrer Person im Adressbuch) als Vorlage angeben. Werden die Feldbeschriftungen auf der Webseite erkannt, befüllt Safari die Felder automatisch, hinterlegt sie aber gelb, sodass Sie alles Ausgefüllte nochmals überprüfen und ggf. korrigieren können. Auch häufige Benutzer-Passwort-Kombinationen können hier hinterlegt werden und bleiben dabei sicher geschützt in der Schlüsselbund-Verwaltung gespeichert.

- Erweiterungen – Safari kann auch mit Drittherstellersoftware erweitert werden ❻ und bietet dann zum Beispiel ein neues Menü oder einen neuen Button in der Symbolleiste.

Leseliste in Safari nutzen

Als Kombination aus den weiter oben beschriebenen Tabs und Lesezeichen kann man die Leseliste von Safari verstehen. Vielleicht ist Ihnen das auch schon passiert: Sie stoßen beim Surfen im Internet auf ein oder zwei spannende Artikel, lesen sie und entdecken dabei zahlreiche interessante weiterführende Links, für deren Besuch Ihnen leider gerade die Zeit fehlt. Wäre es nicht praktisch, wenn Sie die interessanten Links für später übersichtlich zwischenspeichern könnten?

Genau da setzt die Leseliste an: Hier können Sie Links und Webseiten zum späteren Besuch sammeln. Rufen Sie zunächst mit dem Brillen-Symbol in der Lesezeichenleiste ❶ die Funktion auf. Links klappt eine entsprechende Leiste auf, die anfangs leer ist. Ziehen Sie nun per Drag-and-Drop einen Link in die Leseliste ❷. Safari legt einen neuen Eintrag an ❸, verwendet das Icon der Seite als Symbol und liest auch die ersten paar Zeilen des Textinhalts aus, um sie als Vorschau darzustellen.

Alternativ dazu können Sie eine bereits geöffnete Seite mit dem Button *Seite hinzufügen* ❹ in die Leseliste aufnehmen. Außerdem merkt sich die Lesezeichenleiste, welche Seiten Sie besuchen – mit den Buttons *Alle* bzw. *Ungelesen* ❺ filtern Sie die Liste, um den Überblick zu bewahren. Sie können die Leseliste jederzeit mit einem Klick auf das Brillen-Symbol wieder ausblenden.

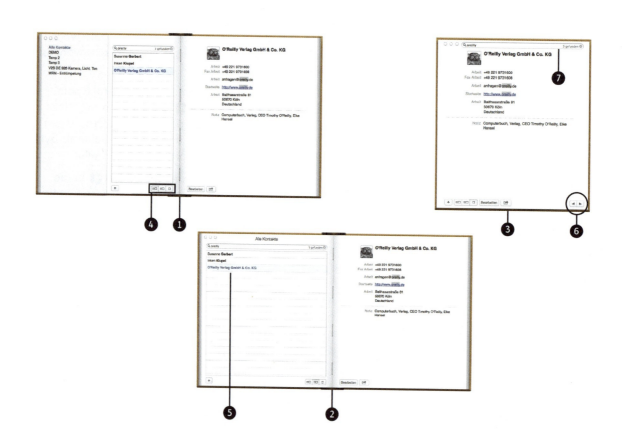

Kontakte in Mountain Lion I

Eines jener Programme, das mit einer sehr einfachen Benutzeroberfläche aufwartet, aber eine Menge Funktionen »unter der Haube« hat, ist **Kontakte** – früher hieß diese Anwendung übrigens Adressbuch und sie kann auch noch unter diesem Namen in Spotlight gesucht werden. Selbst wenn es beim Anlegen von Kontakten zunächst einigermaßen mühsam sein kann, jedes Detail einzutragen, verspreche ich Ihnen: Es zahlt sich aus! Denn ein gut gepflegtes Adressbuch kann einwandfrei mit den Kontakten auf Ihrem mobilen Apple-Gerät synchronisiert werden. Und jedes Detail, das Sie eingeben, wird auch in der Suche mit Spotlight mit einbezogen. Im Adressbuch gibt es drei Darstellungsarten:

❶ Gruppen – Um zur *Gruppen-Darstellung* zu gelangen, klicken Sie auf den ganz linken der drei Buttons ❹ im unteren Fensterbereich. In einer Spalte ganz links werden die erstellten Gruppen angezeigt. Sie werden hier immer den Eintrag *Alle Kontakte* finden, denn jeder neue Kontakt kommt zunächst einmal unsortiert ins Adressbuch. Mit den Gruppen können sie nun aber bestimmte Kontakte zusammenfassen – zum Beispiel die Mitarbeiter einer Firma, ein Projektteam, alle Familienmitglieder. Selbstverständlich können Kontakte beliebig vielen Gruppen zugeordnet werden. Mit dem Befehl *Ablage → Neue Gruppe* legen Sie eine neue Gruppe an und ziehen dann die Kontakte aus »Alle Kontakte« einfach auf den Namen dieser Gruppe. So behalten Sie auch in einem umfangreichen Adressbuch gut den Überblick.

❷ Liste und Visitenkarte – Wenn Sie es etwas einfacher halten wollen, so empfiehlt sich diese Darstellung. Sie sehen nur mehr zwei Spalten: Auf der linken Seite werden alle Kontakte (oder jene einer bestimmten Gruppe) aufgelistet ❺. Unter *Kontakte > Einstellungen → Allgemein* legen Sie die Sortierreihenfolge fest. Dabei ist praktisch, dass trotz Sortierung nach Familiennamen unsere gewohnte Leseweise <Vorname> <Nachname> möglich bleibt.

❸ Visitenkarte – Um die Fensterdarstellung noch platzsparender zu gestalten, können Sie das Adressbuch nur auf die einzelne gerade aktive Visitenkarte reduzieren, indem Sie beispielsweise auf den ganz rechten der drei Buttons ❹ klicken. Alternativ können Sie diese drei Darstellungsarten übrigens auch mittels ⌘ + 1 bzw. 2 bzw. 3 durchschalten. Auch in der Darstellung Visitenkarten können Sie in der gesamten Kontaktliste die einzelnen Karten durchblättern ❻ oder nach Teilen eines Namens oder Details suchen ❼.

Kontakte in Mountain Lion II

Zum Eingeben eines neuen Kontaktes klicken Sie auf den Plus-Button ❶ links unten im Fenster. Die Vorlage für die Eingabe einer neuen Visitenkarte können Sie übrigens im Menü *Adressbuch* → *Einstellungen...* → *Vorlage* anpassen ❷. Bei jeder Neueingabe werden dann die hier aufgelisteten Felder angezeigt. Zum Ändern eines Kontaktes wechseln Sie mit dem Button *Bearbeiten* in den Editiermodus ❸. Sie können nun die Textfelder editieren. Wenn Sie auf eine Feldbeschriftung mit einem kleinen Doppelpfeil klicken, können Sie noch zwischen verschiedenen Feldarten (Beschriftungen) auswählen. So ist es zum Beispiel sehr einfach möglich, anstatt oder zusätzlich zu einer Privatadresse (Privat) eine Firmenadresse (Arbeit) anzugeben. Die kleinen roten Icons mit dem eingeschlossenen weißen Minus dienen dazu, ein Feld gänzlich zu löschen, wenn Sie beispielsweise keine Postadresse angeben, aber auch kein leeres Feld dort stehen haben wollen.

Das Adressbuch setzt konsequent auf das Visitenkartenformat mit der Dateiendung .vcf, das Sie in der Visitenkartendarstellung mittels des neuen *Bereitstellen-Buttons* ❹ zum Beispiel per E-Mail verschicken können. Über *Ablage* → *Exportieren...* → *vCard exportieren...* können Sie einen Namen für die Datei wählen. Ganz unabhängig vom Dateinamen bleiben alle Adressdetails genau so erhalten, wie Sie diese in der Visitenkarte eingegeben haben. Auch auf mobilen Apple-Geräten wie iPhone, iPad und iPod verschicken Sie Kontaktdaten in diesem Format. Und wenn Sie auf Ihrem Mac eine .vcf-Datei erhalten, können Sie diese aus der Vorschau ❺ oder mittels Doppelklick in die Kontakte übernehmen.

Auch sonst zahlt sich die Eingabe von Kontakten aus: Sie können nach ihnen in Spotlight innerhalb von Mac OS X suchen, beim Anlegen von Benutzerrechten (siehe Seite 115) können Sie auf die Gruppen zugreifen, E-Mail-Verteilerlisten in Mail können über Gruppen aus dem Adressbuch festgelegt werden, die automatische Gesichtserkennung in iPhoto greift auf die Kontakte im Adressbuch zu, die Integration der Kontakte in iCloud (siehe Seite 225) stellt die nahtlose Synchronisation mit mobilen Apple-Geräten dar, und vieles mehr.

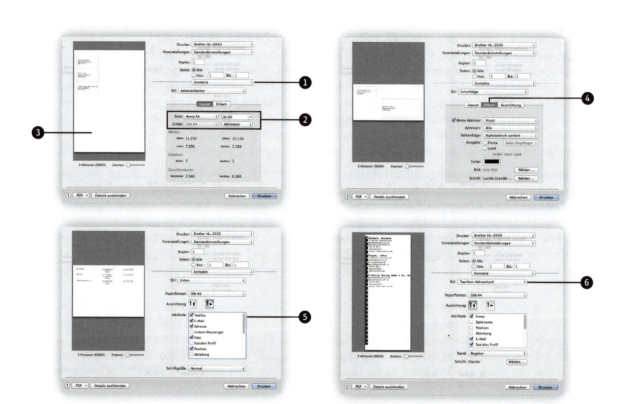

Eine Kontaktliste ausdrucken

Manchmal möchte man bei aller Mobilität auf »Nummer Sicher« gehen und als Sicherungskopie eine Übersicht aller Kontakte oder einzelne Kontakte aus einer Gruppe ausdrucken. Manchmal möchte man auch Postanschriften auf Briefumschlägen oder ähnlichem ausdrucken. All das wird vom Programm *Kontakte* einwandfrei gemeistert. Gehen Sie in das Menü *Ablage* → *Drucken...* oder drücken Sie ⌘ + P. Wie üblich erwartet Sie ein Druckdialog, der zunächst ganz einfach gehalten ist. Schalten Sie mit dem Button *Details einblenden* zur erweiterten Ansicht um und stellen Sie sicher, dass auf Höhe des Trennstrichs ❶ *Kontakte* ausgewählt ist – hier werden alle programmspezifischen Einstellungen von *Adressbuch* für den Druck geregelt. Darunter können Sie nun den Stil des Ausdrucks wählen:

- Adressetiketten – Bei den ersten beiden Einstellungen ist es möglich, das Layout anzupassen. Hier haben sich gewisse Standards durchgesetzt, beim Etikettendruck sind das zum Beispiel die Abmessungen der Marke AVERY. Wählen Sie im oberen Bereich den gewünschten Standard mit der Typennummer aus ❷. Sie sehen sofort die Anpassung in der Vorschau auf der linken Seite ❸ und darunter die exakten Abmessungen. (Selbstverständlich ist es auch möglich, eigene Werte zu definieren und abzuspeichern.)

- Umschläge – Genauso verhält es sich bei der Definition von Umschlägen, die den DIN-Standards zugeordnet sind. Hier möchte ich aber kurz auf den Karteireiter Etikett ❹ eingehen. In dessen Optionen können Sie ganz genau steuern, in welchem Format die Adresse gedruckt wird und welche Daten (Privat oder Firma) bevorzugt verwendet werden sollen. Jede Änderung ist sofort links in der Vorschau zu sehen.

- Listen – Die Liste ist die wohl übersichtlichste – wenn auch nicht besonders platzsparende – Variante, die Kontakte einer Gruppe oder auch alle Kontakte mitsamt Bild darzustellen. Hier können Sie die von Ihnen unter *Attribute* ❺ festgelegten Felder ausdrucken. Adressbuch passt selbständig den zur Verfügung stehenden Platz an.

- Taschen-Adressbuch – Wie der Name andeutet, können Sie sich hier eine kompakte Variante des Adressbuchs oder einer Gruppe zusammenstellen ❻, indem Sie wieder diverse Attribute festlegen und sich so ein kleines Taschenbüchlein als »Offline-Adressbuch« anlegen.

Quelle: http://www.apple.com/osx/whats-new/

Integration von Facebook

Das soziale Netzwerk Facebook zieht weltweit viele Millionen Benutzer an, die sich dort – nach Anlegen eines kostenlosen Kontos – auf sehr einfache Art und Weise miteinander austauschen, Fotos teilen, Beiträge kommentieren, zum Geburtstag gratulieren, Neuigkeiten ankündigen und vieles mehr können. Und in der Welt des Marketings nimmt Facebook auch für Firmen eine wichtige Rolle ein, die auf dieser Plattform sehr effizient Werbekampagnen an Ihre Zielgruppen bringen und dafür durchaus auch beachtliche Summen Ihres Budgets in die Hand nehmen. Aus der Sicht des Benutzers besticht dieser Dienst vor allem mit seiner einfachen Bedienung. Ganz egal, ob am Computer, Laptop, Tablet oder Mobiltelefon, tippen Sie einfach eine Nachricht in ein Feld und veröffentlichen diese in Sekundenschnelle auf Ihrer Pinnwand. Darüber hinaus enthalten viele Webseiten am Ende ihrer Artikel einen Facebook-Button, mit dem Sie einen interessanten Inhalt mit Ihren Freunden und Kollegen auf Ihrer Pinnwand teilen können.

Diesen Gedanken nimmt Apple auf und wird laut Ankündigung im Herbst 2012 **Facebook direkt in OS X Mountain Lion** integrieren. Auch wenn wir uns im Moment nur auf ein Bildschirmfoto auf der offiziellen Webseite von Apple verlassen können, ist schon relativ klar, in welche Richtung es gehen wird:

- Über den Bereitstellen-Button (siehe Seite 47) soll es möglich sein, eine Mitteilung in Facebook direkt aus einer Anwendung oder dem Finder zu veröffentlichen. Texte, Bilder, Links, Orte und Kommentare kommen hier in Frage.
- Da es bei Facebook sehr stark um das Verbinden mit Freunden geht und viele dort auch Kontaktinformationen bereitstellen, werden diese direkt in das Programm Kontakte (siehe Seite 249) aufgenommen und Sie können von dort darauf zugreifen. Das ist praktisch, da sich jeder einzelne (mehr oder weniger) darum kümmert, seine Kontaktdaten in Facebook aktuell zu halten. Diesen Stand haben Sie dann auch auf Ihrem Mac stets aktuell.
- Auch die Mitteilungszentrale am rechten Bildschirmrand soll die Neuigkeiten aus Facebook mit aufnehmen und es ermöglichen, den eigenen Status upzudaten. Das wird wohl ähnlich wie bei Twitter (siehe Seite 189) funktionieren.

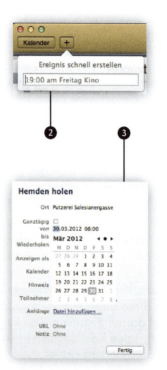
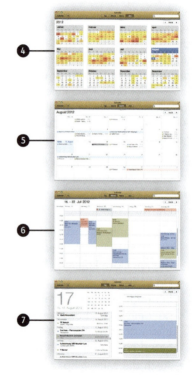

Kalender verwalten I

In Ihrem elektronischen Büro fehlt nun noch der **Kalender**. Mac OS X bietet dafür das gleichnamige Programm an, eine ebenso aufgeräumte wie komfortable Kalenderverwaltung. Wie im Adressbuch, so wurde auch hier bereits in der Vorversion OS X Lion die Oberfläche neu gestaltet.

Ein riesiger Vorteil eines solchen Terminplaners ist die Verfügbarkeit mehrerer Kalender innerhalb einer Anwendung. Sie können zum Beispiel berufliche von privaten Terminen trennen, indem Sie diese verschiedenen Kalendern zuordnen. Diese Funktion können Sie mithilfe von iCloud einrichten, sie wird aber auch von vielen anderen Technologien unterstützen. Ihre Kalender können Sie dann mit dem Button links oben einblenden ❶. Mit dem kleinen Haken vor jedem Kalender können Sie diese in der Ansicht ein- oder ausblenden.

Beim Anlegen eines neuen Termins gibt es mit dem *Plus-Button* oben links eine ganz kurze Variante ❷. In grauer Schrift wird Ihnen schon eine Vorlage geliefert, die das Programm Kalender automatisch in einen Termin »übersetzt«. Selbstverständlich funktioniert auch der klassische Weg ❸, bei dem Sie zwar mehr Felder ausfüllen müssen, damit aber auch genauer Erinnerungen, zugeordnete Kalender, Personen und ähnliches für eine Termin steuern.

Für unterschiedliche Einsatzzwecke sind auch die vier verschiedenen Ansichten des Kalenders sehr hilfreich: In der Jahresübersicht ❹ werden Tage mit Terminen in Farbabstufungen zwischen Gelb (wenige Termine) und Rot (viele Termine) angezeigt. Die Monatsübersicht ❺ liefert einen Überblick über vier bis fünf Wochen und zeigt die Termine als kurzen Text an. Die Wochenübersicht ❻ schreibt die Termine vollständig aus und zeigt sie in Blöcken, um freie oder verfügbare Zeit zwischendurch besser zu visualisieren. In der Tagesübersicht ❼ erhalten Sie rechts eine exakte stundenweise Gliederung des Tages mit den Terminen, die Sie natürlich mit einem Doppelklick noch genauer festlegen oder ändern können. Die linke Seite hingegen zeigt im oberen Bereich wie auf einem Tischkalender groß den Tag, rechts davon die Monatsübersicht und darunter – ganz unabhängig von freien Zeiten zwischendurch – die Liste der nächsten anstehenden Termine.

❶ ❷ ❸ ❹

Kalender verwalten II

Das Programm Kalender tritt übrigens die Nachfolge der bisherigen Anwendung namens iCal an – trotzdem können Sie auch nach diesem Namen in *Spotlight* suchen und gelangen so schnell zu *Kalender*. Da Zeitplanung wohl das A und O in unserem Arbeitsalltag ist, können die kleinen Änderungen und **Verbesserungen** in der neuen Version von Kalender recht hilfreich sein:

❶ Die Suchfunktion wurde erheblich verbessert. Die Fundstellen werden nun direkt beim Eintippen – so ähnlich wie im Programm Mail – in Kategorien angezeigt. So kommen Personen, Orte, Titel oder Notizen vor und Sie können sehr einfach mit einem Klick auf den Eintrag danach filtern. Die eigentlichen Suchergebnisse (also die einzelnen Termine) stehen dann in einer Liste auf der rechten Seite des Fensters.

❷ Bei Eingabe eines Termins können Sie sämtliche Datumsangaben über den neuen Minikalender auswählen. Dort haben Sie nicht nur das Datum, sondern auch Wochentage, Monatsangabe und Blätterfunktion (rechts oben) miteinander vereint.

❸ Aktuelle Termine werden auch in der Mitteilungszentrale (siehe Seite 73) am rechten Bildschirmrand eingeblendet. Ein einfacher Klick darauf öffnet den Termin direkt in der Anwendung Kalender und zeigt Details dazu an.

❹ Außerdem können Termine auf Wunsch auch als Benachrichtigung (vorgestellt auf Seite 35) eingeblendet werden. Das hilft dabei, Termine nicht zu vergessen, auch ohne den Kalender ständig geöffnet zu haben. Wie sehr Sie diese doch recht auffälligen Benachrichtigungen zulassen wollen, können Sie über *Apfel-Menü* → *Systemeinstellungen ...* → *Benachrichtigungen* → *Kalender* festlegen.

6

KAPITEL 6 | Anwendungen in Mac OS X

Von einem leistungsstarken Computer erwarten wir heutzutage, dass er viele unterschiedliche Aufgaben bewältigt – und am liebsten gleich mit der vorinstallierten Software. Auf dem Mac hat genau dieser Gedanke eine ganz lange Tradition.

Einige der mitgelieferten **Anwendungen** oder **Programme** (engl. Applications, kurz Apps) haben wir uns bereits in anderem Zusammenhang angesehen. In diesem Kapitel wollen wir uns einer weiteren Auswahl an Apps widmen. Es würde zwar den Rahmen des Buches sprengen, jedes Programm, das mit OS X Mountain Lion ausgeliefert wird, ganz detailliert zu zeigen. Aber in gewohnter Weise stellen wir die wichtigsten weiteren Programme anhand konkreter Arbeitsaufgaben Schritt für Schritt vor. Sehen wir uns zunächst ein paar allgemeine Fakten zu Programmen auf dem Mac an:

- Programme auf dem Mac haben immer die Endung .app (für Application). Im Gegensatz dazu haben Programme für Windows die Endung .exe – solche Programme können Sie aber auf dem Mac nicht als Anwendungen ausführen.
- Prinzipiell ist es völlig gleichgültig, von wo aus Sie ein Programm starten. Es wird aber dringend empfohlen, diese immer im Ordner Programme abzuspeichern. Damit ist sichergestellt, dass alle Benutzer auf dem Mac diese Programme starten können und sie nur einmal installiert sein müssen. (Sollten Sie wirklich einmal Anwendungen installieren wollen, die exklusiv nur Sie zu Gesicht bekommen und starten können, wird in der Regel ein Ordner namens Applications in Ihrem Benutzerverzeichnis angelegt.)
- Der Ordner Programme heißt auf Englisch Applications – so finden Sie ihn auch im Terminal.
- Bei der Installation vieler Programme von Drittherstellern laden Sie zunächst ein Disk Image (.dmg) aus dem Internet. Nach einem Doppelklick wird dieses Disk Image aktiviert und wie eine Festplatte (Volume) auf dem Schreibtisch angezeigt. Meist ist darin das Programm als .app enthalten und eine direkte Verknüpfung zu Ihrem Programme-Ordner (Applications). Ziehen Sie die .app einfach auf dieses Verknüpfungssymbol und das Programm wird auf Ihrem Mac installiert.

❶

❷

❸

❹

❼

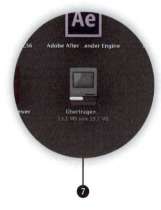
❺ ❻

Installation von Anwendungen

Der zuvor vorgestellte Weg, ein Disk Image mit einem Doppelklick auf dem Mac zu öffnen und dann das Programm in den entsprechenden Ordner zu ziehen ❶, ist der **klassische Weg** einer Installation dar. Sie finden diese Variante sehr oft für Software, die Sie von Webseiten herunterladen können – das bedeutet vor allem, für Freeware bzw. Open Source Software, die kostenlos veröffentlicht wird.

Manche Software verhält sich etwas anders als die reguläre mit der Dateiendung .app (Application) – ich meine damit Anwendungen, die als Erweiterungen für ein bereits installiertes Programm dienen. Beispiele dafür sind ❷ .prefPane (Preference Pane), die Sie einfach mit einem Doppelklick installieren können und ❸ .component (Plug-Ins, Komponenten), für deren Installationsort Sie meistens eine README.TXT-Datei mitgeliefert bekommen, die alle notwendigen Schritte in einem kurzen Text erklärt. Darüber hinaus gibt es Anwendungen, die einen eigenen Installer mitliefern, den Sie meistens an der Endung ❹ .pkg oder .mpkg (Package Date) erkennen. Mit einem Doppelklick darauf starten Sie einen Assistenten, der Sie Schritt für Schritt durch die ordnungsgemäße Installation führt.

Eine wichtige Neuerung in OS X Mountain Lion in diesem Zusammenhang betrifft die Sicherheit. Um sich bestmöglich vor vermeintlich böswilliger Software zu schützen, wurde nun unter *Apfel-Menü → Systemeinstellung → Sicherheit* unter ❺ *Programme aus folgenden Quellen erlauben* die sogenannte **Gatekeeper**-Technologie aktiviert. Hier ist standardmäßig nur die Installation von Software aus dem Mac App Store oder von verifizierten (also bei Apple registrierten) Entwicklern erlaubt ❻. Sie können das – nach Öffnung des Schlosses links unten – umstellen, sollten dann aber genau wissen, wie vertrauensvoll Ihre Quellen sind.

Der alternative Weg zur Softwareinstallation führt über den **Mac App Store**, den wir schon im Rahmen der Softwareaktualisierung (siehe Seite 141) kennengelernt haben. Nachdem Sie sich hier mit Ihrer Apple-ID angemeldet haben, können Sie kostenfreie und kommerzielle Programme herunterladen und automatisch im System installieren lassen. Solange ein Download oder eine Installation noch laufen, sehen Sie im Launchpad ein ❼ graues Symbol mit Ladebalken. Wenn alles abgeschlossen ist, befindet sich das Programm im Programme-Ordner und ist auch über das Launchpad als farbiges Symbol aufrufbar. Auf diesem Weg installierte Programme können über den Mac App Store automatisch aktualisiert werden.

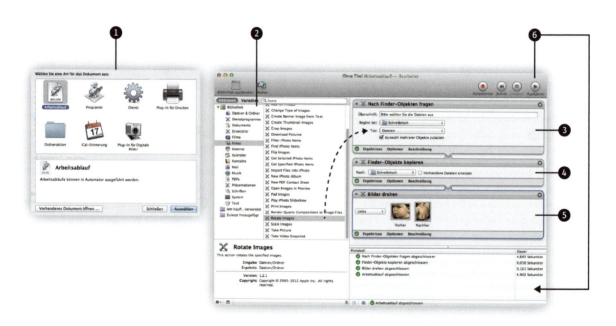

Prozesse automatisieren mit Automator

Wozu wurden Computer eigentlich erfunden? Genau, um **Aufgaben zu automatisieren** und so schneller abzuarbeiten. Eine klassische Anwendung, die uns das wieder in Erinnerung ruft und stilgerecht mit einem Roboter-Symbol daherkommt, ist **Automator** in OS X Mountain Lion. Mit diesem Programm können Sie einen Arbeitsablauf (Workflow) zusammenstellen, den der Mac dann automatisch ausführt. Das Prinzip beruht auf dem sogenannten Scripting – also der Fähigkeit vieler Programme auf dem Mac, mittels spezieller Befehle automatisiert angesteuert zu werden. Aber keine Sorge, Sie müssen hier keine Programmiersprache lernen, um sich den Arbeitsalltag zu erleichtern. So erstellen Sie einen einfachen Arbeitsablauf mit Automator – als Beispiel nehmen wir einen Ablauf, der mehrere Bilder zugleich um 180° dreht:

❶ Beim Öffnen des Programms *Automator* erhalten Sie eine Auswahl, welche Art von Projekt Sie erstellen möchten. Neben Arbeitsabläufen können auch selbständig ablaufende Programme oder Plug-Ins (Zusatzsoftware und Optionen) mithilfe des Scriptings erstellt werden.

❷ Haben Sie sich für einen Arbeitsablauf entschieden, können Sie nun ganz links aus der Bibliothek von Aktionen wählen – diese sind nach Medientypen kategorisiert – und diese einfach in die leere Spalte auf der rechten Seite ziehen. Sie rastet dort automatisch ein. (Leider sind manche Einträge in der Bibliothek nur auf Englisch verfügbar.)

❸ In unserem Ablauf haben wir zuerst die Aktion *Nach Finder-Objekten fragen* (*Ask for Finder Items*) hinzugefügt. Diese Aktion kann noch mit einer individuellen Überschrift versehen werden. Da wir mehrere Dateien auf einmal bearbeiten möchten, müssen Sie die Checkbox *Auswahl mehrerer Objekte zulassen* aktivieren.

❹ Um nicht versehentlich Originaldaten zu überschreiben, fügen wir noch die Aktion *Finder-Objekte kopieren* (*Copy Finder Items*) hinzu und wählen als Speicherort zum Beispiel den Schreibtisch.

❺ Nun kommt noch die Aktion *Bilder drehen* (*Rotate Images*), die wir in der Bibliothek unter *Fotos* finden. Auch hier legen Sie die jeweiligen Optionen fest – z.B. den Winkel der Drehung.

❻ Wenn Sie den Workflow abgeschlossen haben, testen Sie ihn mit der Abspieltaste rechts oben. Im unteren Bereich des Fensters erhalten Sie ein Protokoll, ob alles funktioniert hat oder ob es Fehler gab. Nun können Sie den Arbeitsablauf über das Menü *Ablage* sichern und jederzeit wieder in Automator aufrufen.

Videotelefonate mit FaceTime

Wenn Sie ein mobiles Gerät wie iPhone, iPad oder einen der größeren iPods besitzen, so ist dieses auch mit einer Frontkamera ausgestattet – also einer Kamera, mit der Sie mit Blick auf das Display sich selbst filmen können. Dies ist die technische Grundlage für das Funktionieren der **Videotelefonie**, bei der Sie eine andere Person auf dem Display sehen und gleichzeitig selbst ein Video von Ihrem Gesicht übermitteln können.

Da auch viele Macs mit einer Webcam ausgestattet sind, wird mit der Anwendung **FaceTime** die Videotelefonie zwischen einem Mac und einem mobilen Gerät (oder zwischen zwei Macs) ermöglicht. Apple bietet mit der FaceTime-Technologie einen kostenlosen Dienst dafür an. Als Voraussetzung benötigen Sie lediglich eine Internetverbindung über WLAN auf dem mobilen Gerät bzw. WLAN oder Ethernet auf dem Mac. Die »Telefonnummer« für FaceTime, unter der Ihr Kontakt für diese Videotelefonie erreichbar ist, ist übrigens die E-Mail-Adresse der Person im Adressbuch, sofern sie für FaceTime registriert ist.

So rufen Sie einen Kontakt mittels FaceTime an:

1. Öffnen Sie FaceTime aus Ihrem Programmordner. Die Webcam schaltet sich automatisch ein, und da vor allem iPhones und iPods (aber oft auch iPads) üblicherweise im Hochformat gehalten werden, sehen Sie einen ebensolchen Ausschnitt Ihres Webcambildes. Das ändert sich übrigens, wenn der Benutzer des mobilen Gerätes dieses um 90 Grad dreht. Auch Ihr FaceTime-Fenster kippt dann automatisch.

2. Navigieren Sie in der rechten Spalte durch Ihr Adressbuch. Sie haben hier auch Zugriff auf die angelegten Gruppen. Sobald Sie einen Kontakt ausgewählt haben, erscheinen seine Kontaktdaten und neben jeder E-Mail-Adresse, die für FaceTime freigeschaltet ist, ein kleines blaues Kamera-Symbol.

3. Wenn Sie nun auf diese E-Mail-Adresse klicken, versucht FaceTime den Kontaktaufbau. Voraussetzung ist selbstverständlich eine aktive Internetverbindung und ebenso die Bereitschaft des angerufenen Kontaktes.

4. Sollte der Anruf fehlschlagen, können sie ihn dennoch geöffnet halten und über den grünen Button *Anrufen* erneut versuchen, eine Verbindung aufzubauen.

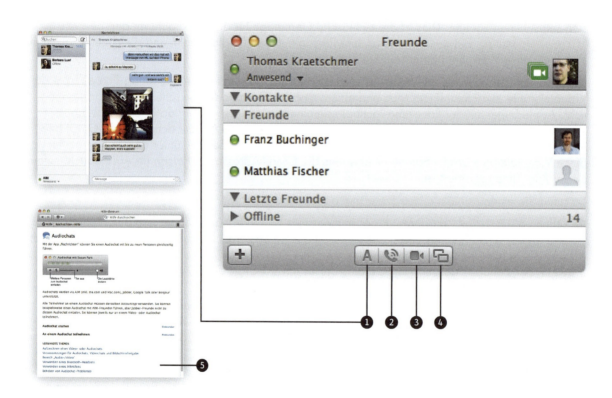

Nachrichten

Weitere Mittel der Kommunikation über das Internet sind Chats bzw. Video- oder Audiokonferenzen – beides fasst man unter dem Begriff IM (für Instant Messaging) zusammen. In OS X Mountain Lion gibt es dafür das neue Programm **Nachrichten** (Messages), welches das bisherige Programm iChat ablöst. Es bietet Ihnen die Möglichkeit, Textnachrichten und Dateien sowie Sprach- oder Videoübertragung von Ihrem Mac mit einer oder mehreren Personen auszutauschen. Per Video können Sie sogar Ihren Bildschirm für Ihr Gegenüber sichtbar machen. Voraussetzung ist ein Konto, das mit Nachrichten verwendet werden kann (einzustellen unter *Nachrichten* → *Einstellungen...* → *Accounts*): entweder die Apple-eigenen Kontotypen *me.com* bzw. *iCloud* oder *AIM* (AOL Instant Messaging), *Yahoo!*, *Google Talk* oder *Jabber*. Es würde den Rahmen dieses Buches sprengen, dieses sehr umfangreiche Programm detailliert vorzustellen. Ich möchte Ihnen aber die vier verschiedenen Arten der Kommunikation mit dem Programm Nachrichten kurz vorstellen:

❶ Textchat – Beim Textchat können zwei oder mehrere Personen miteinander mittels Eingabe von Nachrichten kommunizieren. Die Nachrichten werden in verschiedenfarbigen Sprechblasen angezeigt. Dabei können Sie übrigens auch Dateien in das Chat-Fenster ziehen und so verschicken. Praktisch ist die Unterstützung von iMessage, wodurch der Datenaustausch auch mit iPhone, iPod und iPad funktioniert und auch Bilder oder Videos gesendet werden können.

❷ Audiokonferenz – Mit dem Telefonhörer-Symbol starten Sie eine Audioverbindung. Voraussetzung dafür ist ein aktiviertes internes Mikrofon auf Ihrem Mac oder z.B. ein Bluetooth-Headset mit Mikrofon. Auch hier können zwei oder mehr Personen miteinander sprechen.

❸ Videokonferenz mit Webcam – Hier wird das eigene Bild an einen oder mehrere Empfänger (Theatre-Modus) übertragen, zur Videokonferenz inkl. Audio.

❹ Screensharing mit Audioverbindung – Mittels Screensharing können Sie den eigenen Bildschirm mit einem anderen Benutzer teilen und ihm sogar Zugriff darauf gewähren. So kann man sich gegenseitig etwas auf dem Mac zeigen und per Audioverbindung darüber unterhalten.

❺ Da die Anwendung Nachrichten in ihren Funktionen wirklich sehr umfangreich ist, möchte ich Sie auf die ausführliche Hilfefunktion verweisen, die Sie über *Hilfe* → *Nachrichten-Hilfe* aufrufen können.

Notizen und Erinnerungen

Zwei Neuvorstellungen in OS X Mountain Lion sind die Programme **Notizen** und **Erinnerungen**. Das erste war bisher in das Programm Mail integriert, das zweite gab es bislang nur innerhalb von iOS, dem Betriebssystem der mobilen Geräte iPhone, iPad und iPod Touch. Es ergibt durchaus Sinn, dass diese wichtigen Werkzeuge für die Organisation des Alltags (digitale Notizen machen, To-Do-Listen erstellen) in das Betriebssystem aufgenommen wurden – gerade auch deshalb, weil die Aktualisierung mittels iCloud über mehrere Geräte hinweg problemlos funktioniert. Die beiden Programme sind absichtlich sehr einfach gehalten: Es gibt kaum Menübefehle, die Bedienung erfolgt direkt in der Oberfläche, über *Notizen → Accounts …* bzw. *Erinnerungen → Accounts …* kommen Sie ganz einfach zu den *Systemeinstellungen → Mail, Kontakte & Kalender* ❶, wo Sie festlegen können, welche Konten (z.B. iCloud oder Gmail) Sie für die Aktualisierung verwenden möchten.

In **Erinnerungen** ❷ legen Sie mit dem Plus-Button links unten eine neue Liste an, die Sie dann rechts eingeblendet bekommen. Dort können Sie beliebig viele Erinnerungen mit dem Plus-Button rechts oben hinzufügen oder einfach in die nächste freie Zeile klicken. Beginnen Sie dann zu schreiben, wird die neue Erinnerung erstellt. Über den zusätzlich einblendbaren Info-Button ❸ rechts gelangen Sie noch zu Detaileinstellungen für die einzelne Notiz, wo Sie terminliche Wiederholungen, Priorität (mit 1 bis 3 Ausrufezeichen) und Benachrichtigungen innerhalb von OS X einstellen können. Auch ein Minikalender links unten darf nicht fehlen – Tage mit Erinnerungen erhalten einen kleinen Punkt im Kalender.

Auch bei den **Notizen** ❹ finden Sie drei Spalten vor. Ganz links stehen die Ordner, die Sie per rechtem Mausklick anlegen und löschen können. In der zweiten Spalte sehen Sie die Notizen als Liste mit der jeweils ersten Zeile als Titel sowie dem letzten Änderungsdatum. Und auf der rechten Seite sehen Sie den Inhalt der gerade angewählten Notiz in einer an Handschrift erinnernden Darstellung.

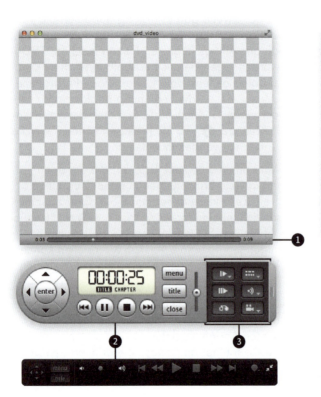
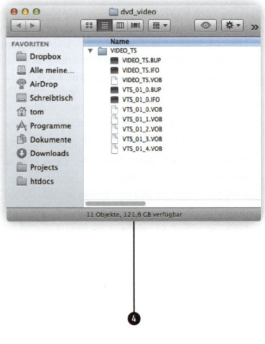

DVD-Player

Da viele Macs ein eingebautes DVD-Laufwerk besitzen oder man ein externes anschließen kann, gibt es auch ein Programm, mit dem man sich einen Film auf DVD ansehen kann. Der Datenträger wird übrigens DVD-Video genannt – im Gegensatz zur DVD-ROM (Read Only Memory), die nur für Computerdateien gedacht ist. Genaugenommen ist auch eine DVD-Video mit einzelnen Dateien ausgestattet. In der Regel finden Sie darauf zumindest einen Ordner namens VIDEO_TS und darin Dateien mit der Endung .vob (Video Objects), die den Film als Videostreams enthalten ❹. Manchmal gibt es noch einen zusätzlichen Ordner namens AUDIO_TS, der zum Beispiel bei Spielfilmen mehrere Tonspuren enthält. Dazu kommen noch Menüscreens und interaktive Steuerungen. Sie können diese Dateien nicht mit QuickTime oder anderen gängigen Videoplayern abspielen. Das Decodieren eines solchen Videostreams ist eine komplexe Angelegenheit, die nur von **spezialisierten Programmen** wie zum Beispiel **DVD-Player** einwandfrei gemeistert wird. So betrachten Sie ein Video auf DVD mit DVD-Player:

❶ Legen Sie eine DVD-Video in das optische Laufwerk Ihres Macs ein. Gemäß der Voreinstellung unter *Apfel-Menü → Systemeinstellungen → CDs & DVDs → Beim Einlegen einer Video-DVD* wird automatisch das Programm DVD-Player geöffnet. Alternativ können Sie das Programm auch manuell starten und einen Ordner mit einem VIDEO_TS-Ordner über *Ablage → DVD-Medien öffnen…* aufrufen.

❷ Das Abspielen der DVD beginnt. In einem Fenster sehen Sie das Video mit einer Abspielleiste, zusätzlich wird eine Abspielsteuerung eingeblendet. Diese gibt es als fliegendes Fenster oder als Einblendsteuerung, wenn Sie das Video im Vollbild betrachten. Dort finden Sie die üblichen Buttons, die sie auch auf der Fernbedienung eines DVD-Players finden: mit den vier Pfeilen navigieren Sie in einem Menü zwischen den verschiedenen Punkten, mit Enter können Sie bestätigen. Die Buttons zum Anhalten, Abspielen und Kapitelvorlauf (Doppelpfeil mit Strich) sind selbsterklärend. Der Schieberegler steuert die Lautstärke. Und mit *menu* springen Sie zum Hauptmenü bzw. werfen mit *eject* die DVD aus dem Laufwerk aus.

❸ Die sonstigen Buttons dienen zum Einblenden von spezielleren Funktionen, wie beispielsweise Untertitel, Sprachumstellung, Lesezeichen, Standbild und so weiter. Die Funktionen finden Sie auch in den Menüs.

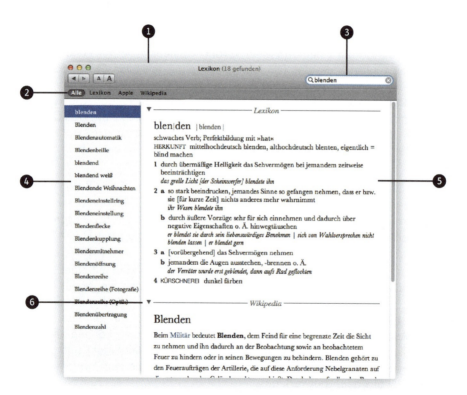

Lexikon

Sehr praktisch ist auch die Anwendung **Lexikon**, die gleich mehrere Nachschlagewerke komfortabel zusammenfasst und mit dem Vorteil einer automatischen Suche am Computer verbindet.

Ganz konkret sind diese Nachschlagwerke die folgenden:

- *Duden Dictionary Data Set* – ein deutschsprachiges Standardwörterbuch aus dem Jahr 2011 vom renommierten Duden-Verlag. Zum ersten Mal unterstützt Mac OS X damit auch ein deutschsprachiges Wörterbuch (bisher waren nur englische verfügbar).
- *Apple-Lexikon* – eine Kurzerklärung von Apple zu Computer-Fachbegriffen rund um den Mac.
- *Wikipedia* – die populäre und kostenlose Lexikon-Plattform im Internet, bei der die Benutzer selbst Artikel verfassen, gegenseitig prüfen, korrigieren, aktualisieren und mit Medieninformationen versehen.

So schlagen Sie einen Begriff im Lexikon nach:

❶ Rufen Sie das Programm Lexikon auf, das mit einem einfach gehaltenen Fenster aufwartet. Alternativ dazu können Sie den Begriff auch einfach in der Spotlight-Suche eingeben. Sie finden ganz unten in der Liste neben dem Lexikon-Symbol die Möglichkeit, das gesuchte Wort direkt nachzuschlagen.

❷ Wählen Sie in der Textleiste oben entweder ein bestimmtes Nachschlagewerk oder den Eintrag *Alle*, um in allen verfügbaren zu suchen. Sofern eine Internet-Verbindung besteht, wird auch Wikipedia miteinbezogen.

❸ Geben Sie nun rechts oben im Suchfeld den gewünschten Suchbegriff ein.

❹ Während Sie noch tippen, beginnt die Suche und Sie erhalten in der Spalte links alle Fundstellen für einen Begriff oder zusammengesetzte Worte mit diesem Begriff. Wählen Sie nun aus den Fundstellen den gewünschten Begriff aus.

❺ Im Hauptbereich des Fensters erhalten Sie den dazugehörigen Eintrag in den Lexika samt Worterklärung. Mit einem Klick auf den kleinen Pfeil ❻ können Sie ein bestimmtes Nachschlagewerk ausblenden.

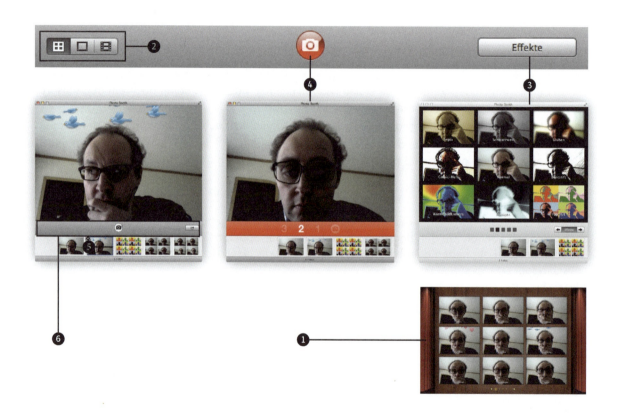

PhotoBooth

Da viele Macs eine Webcam eingebaut haben, hat sich Apple erlaubt, das Nützliche mit dem Lustigen zu verbinden. Mit der Anwendung PhotoBooth können Sie mit Ihrer Webcam Fotos oder Videos aufnehmen und diese noch mit zusätzlichen visuellen Effekten versehen. Einerseits kann **PhotoBooth** zum Beispiel zum Anfertigen eines Benutzerfotos genutzt werden. Andererseits sind einige Effekte auch einfach nur zum Spaß da, um Freunden und Verwandten vielleicht ein lustiges Bild zu schicken oder mit Kindern am Computer herumzualbern.

So erstellen Sie einen lustigen Schnappschuss von sich selbst mit PhotoBooth:

1. Starten Sie das Programm PhotoBooth. Sollte es gleich im Vollbildmodus starten (mit roten Vorhängen links und rechts), können Sie entweder direkt weiterarbeiten oder mit einem Druck auf die `esc`-Taste in den Fenster-Modus zurückwechseln. Das Licht neben Ihrer Webcam wird aktiviert.

2. Wählen Sie über den Umschalter links unten zunächst, ob Sie schnell 4 Bilder in einer Serie, ein Einzelbild oder ein Video aufnehmen wollen.

3. Klicken Sie nun auf den Button *Effekte* und blättern Sie mit den Punkten in der Mitte unten zwischen den verschiedenen Effektarten hin und her. In der Mitte steht immer das Originalbild der Webcam, rundherum angeordnet sind die Effekte.

4. Haben Sie einen passenden Effekt gefunden, klicken Sie ihn an und kehren Sie damit zum Hauptfenster zurück. In der Mitte unten sehen Sie ein Kamerasymbol. Wenn Sie auf dieses klicken, hören Sie ein Zählsignal, der Mac zählt von 3 herunter, sie können sich noch positionieren, und es beginnt die Aufnahme.

5. Sobald die Aufnahme oder die Serie fotografiert wurde, landet sie unten in einer Bilderleiste, von wo aus Sie die Bilder mit einem einfachen Klick aufrufen und anzeigen können. (Die Bilder werden übrigens in Ihrem Benutzer-Ordner in der PhotoBooth-Mediathek abgespeichert.)

6. Mit dem neuen Bereitstellen-Button in der Symbolleiste können Sie das Foto nun auf verschiedenen Wegen verschicken oder veröffentlichen, es als Benutzerbild festlegen oder sonstwie weiterverwenden. Es ist übrigens auch möglich, ein Foto einfach per Drag-and-Drop auf den Schreibtisch zu ziehen – sie erhalten dann eine JPEG-Datei.

①

②

③

④

⑤

Game Center

Sie merken wahrscheinlich, dass Apple auf die tiefe Verankerung von iCloud und die damit verbundene Aktualisierung über mehrere Geräte ein starkes Augenmerk legt. Viele Apple-Nutzer besitzen heute nicht nur einen Mac, sondern auch noch ein mobiles Gerät von Apple mit iOS als Betriebssystem. Sowohl auf iPhone, iPad und iPod Touch als auch auf dem Mac selbst wächst die Begeisterung für Spiele. In OS X Mountain Lion ist deshalb ein Dienst integriert, der aktuelle Spielstände speichert, so dass man sich mit anderen Freunden in Ranglisten messen kann. Dieser Service heißt **Game Center** und ist nun erstmals auch in OS X Mountain Lion verfügbar.

Die Oberfläche des Programms empfängt Sie mit der Anmutung einer grünen Filzbespannung, wie sie aus Casinos bekannt ist. Am oberen Fensterrand finden Sie mittig die vier Ansichten von Game Center – sie begegnen Ihnen übrigens auch in iOS mit den gleichen Bezeichnungen ❺:

❶ **Ich** – Hier finden Sie eine zusammenfassende Statistik über die Anzahl der Spiele mit Game Center-Unterstützung, Ihre Scores (also die gesammelte Punkte) sowie die Anzahl der Freunde, gegen die Sie sich in Spielen messen.

❷ **Freunde** – Wenn Sie mit Freunden im Game Center verbunden sind, so finden Sie diese hier aufgelistet. Außerdem kann man bei sogenannten Multi-Player-Spielen (also jenen, wo mehrere Spieler gegeneinander oder als Team antreten) mittels Videochat miteinander in Kontakt treten.

❸ **Spiele** – Hier sehen Sie eine Auflistung der von Ihnen aktivierten Spiele mitsamt Namen und Anzahl von Spielern sowie Ihren aktuellen Rang im jeweiligen Spiel.

❹ **Anfragen** – Wenn Freunde mit Ihnen im Game Center in Kontakt treten wollen – sei es, um sich gegen Sie beim Punktesammeln zu messen oder für Multi-Player-Spiele zusammenzukommen – erhalten Sie hier eine Anfrage und können diese beantworten (oder auch ablehnen).

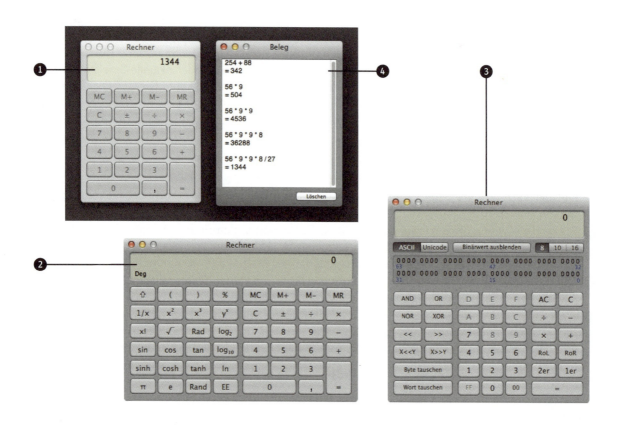

Rechner

Fast schon selbstverständlich ist heute in einem Betriebssystem ein **Taschenrechner enthalten**. Jener von Mac OS X ist nicht nur hübsch gestaltet, sondern bietet nach Wunsch auch noch Zugriff auf zahlreiche mathematische Funktionen, die auch kompliziertere Berechnungen ermöglichen und vielleicht so manchen technisch Begeisterten an seine Schul- oder Studienzeit zurückerinnern. Für Mathematik-Enthusiasten findet sich zudem noch das Programm Grapher in den Dienstpgrammen, mit dem umfangreiche Formeln und Gleichungen in Diagrammen visualisiert werden können. Aber zurück zum **Rechner** – es gibt drei verschiedene Ansichten (umschaltbar im Menü *Darstellung*) und noch ein paar Spezialfunktionen:

❶ Einfacher Rechner (Standard) – Diese Darstellung entspricht am ehesten dem alltäglichen Taschenrechnergebrauch. Er beschränkt sich auf die vier Grundrechenarten und einen Speicher für einen Wert. Zur Erinnerung: M+ fügt den Wert dem Speicher hinzu, M– zieht den Wert vom Speicher ab, MR (Memory Recall) ruft den gespeicherten Wert ab, MC (Memory Clear) löscht den Speicher und setzt ihn auf 0 zurück, C löscht die aktuelle Werteingabe wieder. In dieser Form ist übrigens auch standardmäßig ein Rechner-Widget am Dashboard verfügbar, um einmal schnell zwischendurch eine Berechnung durchzuführen.

❷ Wissenschaftlicher Rechner (Kurzbefehl (Ü) + [2]) – Hier kommen zu den bereits vorgestellten noch Funktionen für das Potenzieren, Wurzelziehen, Kreisfunktionen, die Konstante Pi und vieles andere hinzu. Übrigens können Spezialisten auch im Menü *Darstellung* die Umgekehrte Polnische Notation einschalten (und sich wahrscheinlich an die wissenschaftlichen HP-Taschenrechner erinnert fühlen).

❸ Programmierer (Kurzbefehl ⌘ + [3]) – Hier können Sie mit verschiedenen Zahlensystemen arbeiten, zum Beispiel zur Basis 8, 10 oder 16. Zusätzlich lassen sich die Binärwerte (wie in der digitalen Computertechnik üblich für AUS oder EIN) anzeigen, um den Überblick zu bewahren. Die Funktionen auf dem Taschenrechner umfassen dann unter anderem auch sogenannte Logische Verknüpfungen oder Bool'sche Algebra, wie XOR für Exklusives-Entweder-Oder und vieles mehr.

❹ Vor allem für Buchhalter oder andere, die längere Berechnungen vornehmen müssen und ein Protokoll benötigen, ist der Befehl *Fenster → Beleg einblenden* recht interessant.

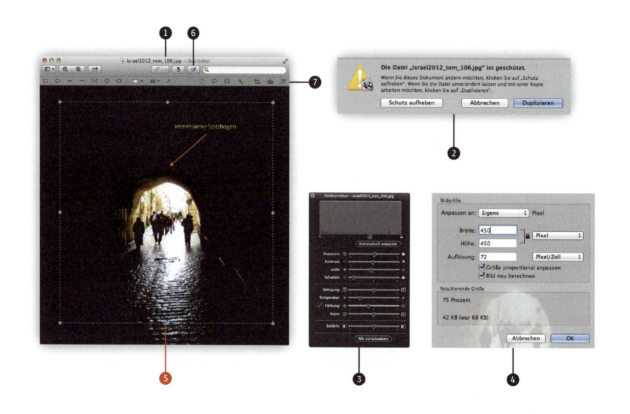

Vorschau I

Hinter dem unscheinbaren Namen des Programms **Vorschau** verbirgt sich eine umfangreiche Anwendung, die weit über das reine Betrachten von Dateien hinausgeht. (Achtung: Verwechseln Sie das Programm Vorschau.app nicht mit der »Vorschau« oder »Schnellansicht«, die Sie zum Beispiel in der Spotlight-Suche erhalten – siehe Seite 69). Das Programm Vorschau kommt bei der Betrachtung von PDF-Dateien und zahlreichen Bildformaten zum Einsatz. Es kann mit mehrseitigen Dokumenten, einzelnen Fotos sowie einer größeren Auswahl von Bildern umgehen. Je nach geöffnetem Dateityp bietet das Programm unterschiedliche Werkzeuge in der Symbolleiste und im Menü an.

So gehen Sie vor, um ein **Foto** mittels Vorschau zu bearbeiten:

❶ Ziehen Sie eine Bilddatei per Drag-and-Drop auf das Symbol des Programms oder öffnen Sie das Programm Vorschau und wählen dort *Ablage → Öffnen*, um eine Bilddatei auszuwählen.

❷ Wenn die Bilddatei längere Zeit nicht verändert wurde, kann es sein, dass die Versionierung von OS X Mountain Lion (siehe Seite 119) die Datei als »geschützt« behandelt. Sie erhalten dann eine Warnmeldung und können sich entscheiden, eine Arbeitskopie zu erstellen (*Duplizieren*).

❸ Über *Werkzeuge → Farbkorrektur...* können Sie ein Fenster zur farblichen Anpassung des Bildes einblenden. Im oberen Bereich finden Sie ein Histogramm mit der Helligkeitsverteilung von dunkel (links) bis hell (rechts), darunter Regler zur Anpassung von Belichtung, Kontrast, Farben und vielem mehr. Die Änderungen sehen Sie jeweils direkt im Bild.

❹ Über *Werkzeuge → Größenkorrektur...* passen Sie die Dimensionen und Auflösung des Bildes an, um zum Beispiel die Dateigröße zu verringern (z.B. für Versand per E-Mail).

❺ In der Menüleiste können Sie zum Beispiel die *Rechteckige Auswahl* anwählen. Ziehen Sie dann bei gedrückter Maustaste eine Auswahl im Bild auf. Halten Sie noch zusätzlich die ⇧-Taste gedrückt, dann bleiben die Seiten exakt gleich lang (es entsteht ein Quadrat). Diese Auswahl können Sie noch verschieben und zum Beispiel über *Werkzeuge → Beschneiden* das gesamte Bild auf die Auswahl verkleinern.

❻ Schließlich können Sie mit dem *Stiftsymbol* eine weitere Menüleiste ❼ einblenden. Von dort gibt es eine Reihe von Linien und Formen sowie Texte, die als Anmerkungen oder Beschriftung eingesetzt werden können.

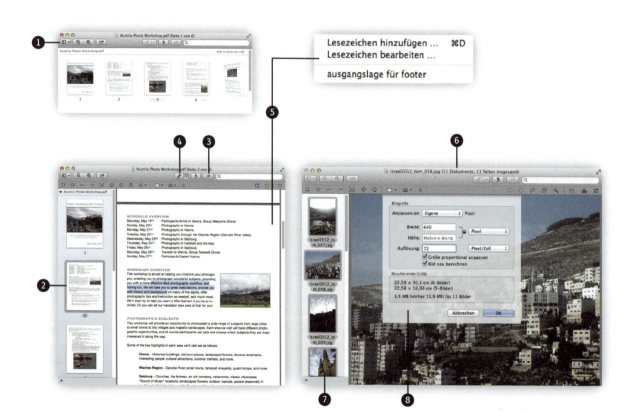

Vorschau II

So betrachten und bearbeiten Sie eine **mehrseitige PDF-Datei** in Vorschau:

❶ Öffnen Sie eine mehrseitige PDF-Datei im Programm Vorschau. Schalten Sie zur Darstellung Ihrer Wahl um – über das Menü *Darstellung* mit den ersten vier Einträgen oder über die entsprechenden Buttons in der Symbolleiste für *Nur Inhalt, Miniaturen, Inhaltsverzeichnis, Hervorhebung und Notizen, Kontaktbogen*. Ein PDF kann ja sowohl Text als auch Bildinformationen enthalten, ein- oder mehrseitig sein, ein Inhaltsverzeichnis und Lesezeichen darstellen uvm. Das Programm Vorschau unterstützt viele dieser Eigenschaften.

❷ Wählen Sie eine bestimmte Seite mit einem Klick in die Seitenübersicht (Miniaturen) aus. Die aktuelle Seite wird im Hauptbereich des Fensters dargestellt. Die Anzeigegröße können Sie im Menü *Darstellung* noch anpassen.

❸ Innerhalb der Seite können Sie nun mit den Scrollbalken rechts und unten navigieren, mit dem Mauscursor Textpassagen in der PDF-Datei markieren oder mit dem Button ganz rechts die Werkzeugleiste einblenden. Von hier ist es möglich, entweder rechteckige Bildauswahlen oder Textauswahlen zu erstellen. Markierte Texte können Sie über ⌘ + C in die Zwischenablage kopieren und als Text in einem anderen Dokument einfügen. Auswahlen können sie zum Beispiel mit einem Link versehen, der auf eine andere Seite im Dokument springt.

❹ Über das Textmarker-Symbol haben Sie zusätzliche Möglichkeiten, um beispielsweise Anmerkungen einzufügen, etwas durchzustreichen oder hervorzuheben.

❺ Im Menü *Lesezeichen* können Sie darüber hinaus die aktuelle Seite oder Textstelle als Lesezeichen innerhalb der PDF-Datei abspeichern und beliebig benennen. Über das gleiche Menü können Sie es auch wieder aufrufen sowie die Lesezeichen löschen (bearbeiten).

So gehen Sie vor, um **mehrere Bilder** auf einmal zu ändern:

❶ Markieren Sie Bilder im Finder und ziehen Sie sie auf das Programmsymbol von Vorschau.
❷ Wählen Sie *Bearbeiten → Alles auswählen* oder den Kurzbefehl ⌘ + A.
❸ Treffen Sie nun die Einstellung, die Sie auf alle Bilder anwenden wollen (z.B. Größenkorrektur).
❹ Wählen Sie *Ablage → Ausgewählte Bilder exportieren…* und wählen Sie einen Speicherort.

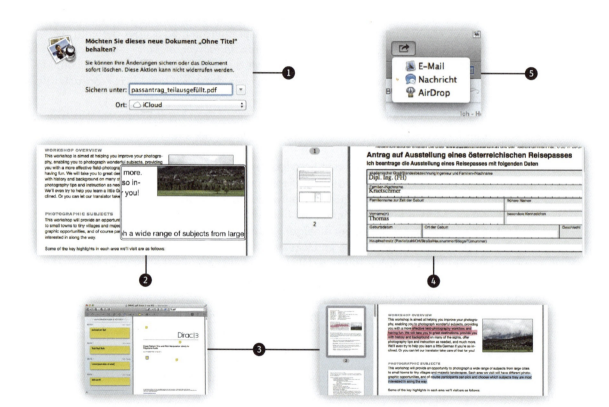

Vorschau III

Ein paar praktische **neue Funktionen von Vorschau** innerhalb von OS X Mountain Lion möchte ich Ihnen an dieser Stelle vorstellen:

1. Unterstützung von iCloud – Im Speichern-Dialog begegnet Ihnen wie bei vielen anderen OS X-Programmen die Möglichkeit, PDF-Dateien in der iCloud abzuspeichern. So haben Sie diese auch auf anderen Geräten jederzeit bereit und können dort mit Ihrer Arbeit fortfahren.
2. Lupe für vergößerte Anzeige – Um bei sehr dicht gestalteten PDF-Seiten oder sehr kleinem Text auf kein Detail verzichten zu müssen, können Sie über das Menü *Werkzeuge → Lupe einblenden* eine Vergrößerung einblenden. An der Stelle Ihres Mauscursors wird dann der Inhalt in einem kleinen Rahmen vergrößert.
3. Hervorheben und Kommentieren – Das Hervorheben und Kommentieren funktioniert nun noch einfacher. Um beispielsweise eine Textnotiz im Text einzufügen, schalten Sie mittels *Werkzeuge → Anmerken → Notiz* in den entsprechenden Modus um und klicken an die gewünschte Stelle im Dokument. Sie können gleich zu schreiben beginnen. Sobald Sie an eine andere Stelle klicken, wird die Notiz automatisch ausgeblendet, bleibt aber als kleiner gelber Klebezettel erhalten. Bei einem Klick darauf sehen Sie Ihre Notiz wieder. Sie können sie auch über das Menü *Darstellung → Hervorhebungen und Notizen* einblenden.
4. PDF-Formulare ausfüllen – Beim Ausfüllen von Dokumenten erkennt das Programm Vorschau nun automatisch Formularfelder. Sie brauchen nur an die entsprechende Stelle zu klicken und können einfach lostippen. Diese Texteingaben lassen sich selbstverständlich abspeichern. Sollte das im Originaldokument nicht möglich sein, weist Sie Vorschau darauf hin und legt eine Arbeitskopie an.
5. Bereitstellen-Button – Wie bei vielen anderen Programmen und auch im Finder von OS X Mountain Lion gibt es auch in Vorschau den Bereitstellen-Button. Von hier aus können Sie das aktuell geöffnete Bild oder PDF-Dokument per Mail verschicken, veröffentlichen und vieles mehr.

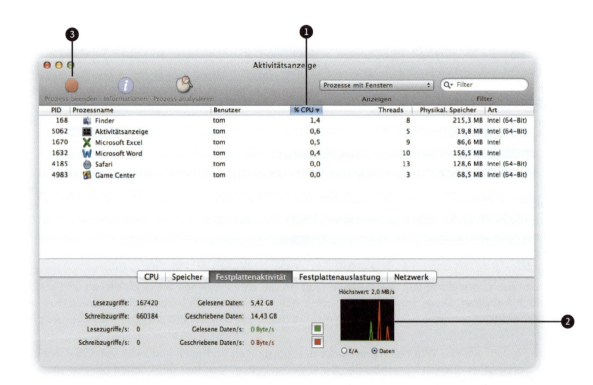

Dienstprogramme – Aktivitätsanzeige

Es gehört zu den wesentlichen Aufgaben eines Betriebssystems, Programme zu starten, ihnen Arbeitsspeicher zuzuordnen und die Arbeitslast der verschiedenen Programme für den Prozessor intelligent zu verteilen. Programme sind nicht nur Anwendungen, die Sie zum Beispiel mit einem Klick auf das Symbol im Dock starten, sondern auch viele kleine Dienste, die im Hintergrund laufen. Die verschiedenen Freigaben (siehe Seite 175), die wir schon kennengelernt haben, starten beispielsweise jeweils einen kleinen Serverdienst. So kommen in einer Session – also ab Anmeldung des Benutzers am System – eine ganze Reihe an Programmen zusammen, die Ihr Mac gleichzeitig im Arbeitsspeicher halten und dort verwalten muss.

In UNIX-Systemen wie Mac OS X werden diese gestarteten Programme als Prozesse bezeichnet. Jeder Prozess erhält eine eindeutige Nummer. Manchmal sind Prozesse von anderen über- oder untergeordneten Prozessen abhängig. Prozesse, die gerade im Vordergrund verwendet werden, bekommen bei Bedarf mehr Speicher oder Prozessorleistung zugeordnet, während andere gerade nicht genutzte Programme »auf Sparflamme« gehalten werden.

Die **Aktivitätsanzeige** aus den Dienstprogrammen dient nun dazu, die verschiedenen aktiven Prozesse aufzulisten, mit einem Klick in den jeweiligen Spaltenkopf nach bestimmten Kriterien zu sortieren ❶ und sich ganz genau die Abhängigkeiten und den Verlauf der Nutzung anzusehen ❷, was allerdings nur für Softwareentwickler von echtem Interesse sein wird. Die Prozesse können von hier aus auch direkt gestoppt (beendet) werden ❸. Dieses umgangssprachliche »Abschießen« von Programmen empfiehlt sich allerdings nur dann, wenn ein Programm wirklich nicht mehr reagiert oder das Arbeiten darin absolut nicht mehr möglich ist. Beachten Sie dabei, dass alle nicht auf der Festplatte gespeicherten Änderungen verloren gehen. Im Vergleich dazu ist das saubere Schließen eines Dokuments oder Beenden eines Programms über das zugehörige Menü die sichere Methode. Hier sind dann Routinen eingebaut, die zumindest nachfragen und sicherstellen, dass Sie Ihre letzten Änderungen in einer Datei speichern können.

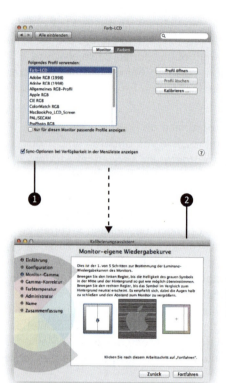
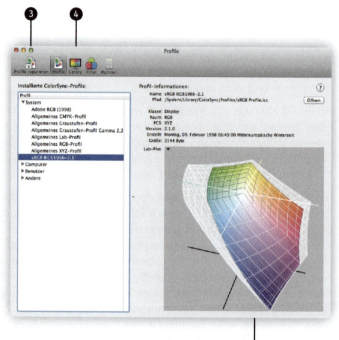

Dienstprogramme – das ColorSync-Dienstprogramm

Wenn Sie auf unterschiedlichen Computern mit Farben arbeiten, wünschen Sie sich vermutlich, möglichst vergleichbare Ergebnisse zu erzielen. Voraussetzung dafür ist die richtige Farb- und Kontrasteinstellung auf Ihrem Monitor. Die Darstellung auf dem Bildschirm (aber auch Aufnahmen mit einer Digitalkamera oder Ausdrucke mit einem Farbdrucker) werden Computer-intern mit sogenannten Farbprofilen geregelt. Dabei handelt es sich um Vorgaben, wie eine bestimmte Farbe auf dem Monitor dargestellt werden soll. Diese Profile werden mit der Dateiendung .icc (International Color Consortium) abgespeichert.

Den Vorgang, einen Monitor auf die korrekte Farbdarstellung einzustellen, nennt man Farbkalibrierung. Dabei unterscheidet man zwischen softwaremäßiger und hardwaremäßiger Kalibrierung, wo mit zum Teil kostspieligen Messgeräten ein Monitor ausgemessen und kalibriert wird. Obwohl erstere nicht so zuverlässig wie eine Hardware-Kalibrierung ist, stellt sie eine sinnvolle Möglichkeit dar, die Farben auf Ihrem Monitor möglichst gut abzubilden. In Mac OS X nennt sich die Technologie zur Darstellung von Farben mithilfe von Farbprofilen **ColorSync**. Sie können sie über *Apfel-Menü → Systemeinstellungen → Monitor → Farben → Kalibrieren…* ❶ starten und befolgen dann einfach Schritt für Schritt den Assistenten ❷.

Das **ColorSync-Dienstprogramm** dient nun dazu, diese Profile zu verwalten, gegebenfalls zu überprüfen und zu reparieren ❸. Manchmal kommt es vor, dass Farbprofile nicht regelkonform angelegt werden, was im schlimmsten Fall dazu führt, dass ein Profil einfach ignoriert wird. Außerdem können nicht nur der Monitor, sondern zum Beispiel auch Scanner – also generell bildverarbeitende Geräte ❹ – mittels Farbprofilen verwaltet werden. Zu guter Letzt lassen sich in diesem Dienstprogramm Farbprofile sehr gut visualisieren. Wenn Sie bei der Profil-Darstellung in 3D ❺ auf den kleinen Pfeil klicken und dort Für Vergleich merken anwählen, können Sie zwei Profile übereinanderlegen und die teilweise großen Unterschiede in bestimmten Farbbereichen feststellen. Vielleicht sind Sie auf Ihrer Digitalkamera schon einmal über die Farbeinstellung sRGB oder AdobeRGB gestolpert. Hier sehen Sie den wirklich erheblichen Unterschied der beiden Profile.

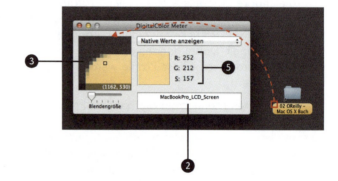

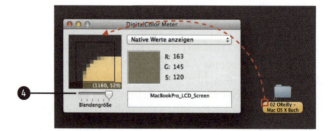

Farbe als Text kopieren	⇧⌘C
Farbe als Bild kopieren	⌥⌘C

Dienstprogramme – DigitalColor Meter

Eine große Gruppe unter den Mac-Benutzern waren immer schon Kreative. Für all jene, die mit der Gestaltung von Grafiken oder Oberflächen von Programmen beschäftigt sind, bringt Mac OS X ein praktisches Werkzeug zur Bestimmung von Farbwerten auf dem Bildschirm mit: das Dienstprogramm **DigitalColor Meter**. Die Farbwerte werden über eine Art Lupe, die die aktuelle Region rund um den Mauszeiger darstellt, ausgemessen und als RGB (also Werte für Rot, Grün und Blau) wiedergegeben. So gehen Sie vor, um den Farbwert eines Bildschirmausschnittes zu bestimmen und weiterzuverwenden:

❶ Klicken Sie auf das Launchpad, wechseln Sie dort in den Ordner Dienstprogramme und starten Sie mit einem einfachen Klick das Programm DigitalColor Meter.

❷ Positionieren Sie das Fenster des Programms frei auf dem Bildschirm, sodass es nicht im Weg steht. Im unteren Bereich des Fensters wird auch das aktuell gewählte Farbprofil für Ihren Monitor (vgl. Seite 291) angezeigt.

❸ Fahren Sie nun mit Ihrem Mauscursor über den Bildschirmbereich, den Sie gerne farblich ausmessen würden. In der kleinen Vorschau sehen Sie eine entsprechende Vergrößerung. Diese können Sie noch im Menü Darstellung → Vergrößerung um einige Stufen herabsetzen.

❹ Regeln Sie nun die Blendengröße und beobachten Sie das Quadrat in der Mitte des Vorschaufensters. Es umfasst den gesamten Bereich, der gemessen wird. Befinden sich nun unterschiedliche Farben in diesem Quadrat, wird ein Mischwert angegeben.

❺ Rechts davon erhalten Sie in einem recht großen Feld die gemessene Farbe einerseits visuell und andererseits mit Zahlenwerten dargestellt. Da es verschiedene Arten gibt, RGB-Farbwerte auszugeben, können Sie über das Menü Darstellung → Werte anzeigen zwischen als Dezimalwert (0 bis 255), als Hex-Wert (hexadezimal) und als Prozentwert (0 bis 100) wählen.

❻ Zu guter Letzt können Sie den aktuellen Farbwert über das Menü Farbe entweder als Text oder als farbiges Feld zur Weiterverarbeitung in anderen Programmen in die Zwischenablage kopieren. Benutzen Sie dazu unbedingt die angegebenen Kurzbefehle, weil Sie sonst ja mit der Maus den gewünschten Bereich verlassen müssten, um das Menü aufzurufen.

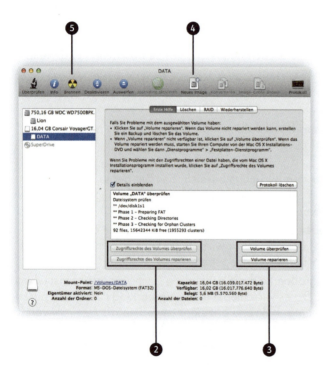

Dienstprogramme – Festplatten-Dienstprogramm

Das **Festplatten-Dienstprogramm** (Disk Utility) dient zunächst dazu, alle installierten oder angeschlossenen Datenspeicher aufzulisten und ihre technischen Details darzustellen. (Zur Begriffserklärung siehe Seite 145). Von hier aus können Volumes ganz neu partitioniert und formatiert werden ❶. Beachten Sie bitte, dass es sich dabei um sehr tiefgreifende Änderungen eines Datenspeichers handelt. Wenn Sie ein Volume neu formatieren, werden alle eventuell darauf vorhandenen Daten unwiederbringlich gelöscht. Aber vielleicht wollen Sie ja genau das, um mit diesem Datenspeicher sozusagen von vorne zu beginnen. Allerdings kann sich sinnvollerweise Mac OS X nicht »selbst auffressen« – das Startvolume, von dem aus Sie OS X Mountain Lion ausführen, kann also nicht gelöscht oder neu partitioniert werden. Wenn Sie OS X Mountain Lion allerdings von einem Installations-Medium (z.B. USB-Stick) aus oder den Mac bei gedrückter Tastenkombination ⌘ + R in den Recovery-Modus starten, dann können Sie auch am Startvolume Änderungen vornehmen. Sie sollten sich aber wirklich ganz sicher sein, was Sie dabei tun!

Bei Problemen mit dem Zugriff auf Volumes kann das Festplatten-Dienstprogramm aber auch mit Reparaturfunktionen helfen, ohne Daten zu löschen. Manchmal kommt es vor, dass ein Computerabsturz oder andere Fehler dazu führen, dass nicht alles rund läuft oder vor allem der Dateizugriff ungewohnt langsam abläuft. In einem solchen Fall können sowohl die Zugriffsrechte des Volumes ❷ als auch das Volume selbst überprüft ❸ und repariert werden. Haben Sie dabei ausreichend Geduld. Es ist – abhängig von der Größe des Volumes – ein langwieriger Prozess; in der Regel läuft danach aber alles wieder rund.

Außerdem könnten Sie mit diesem Dienstprogramm eine funktionierende Installation zum Beispiel auf einer externen Festplatte als Disk Image (.dmg) sichern und aus diesem Backup auch wieder ein komplettes System wiederherstellen. Schließlich können Sie das Programm auch zum Anlegen von neuen Volumes ❹ mittels Disk Images (.dmg) nutzen sowie Volumes auf CD und DVD brennen ❺.

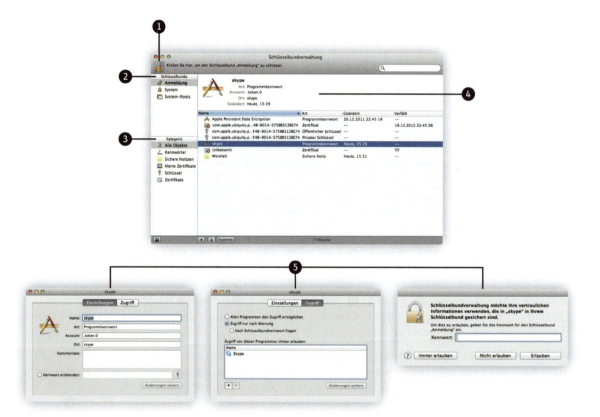

Dienstprogramme – Schlüsselbundverwaltung

An vielen Stellen Ihrer täglichen Arbeit werden Sie dazu aufgefordert Benutzername und Passwort einzugeben. Das betrifft zum einen die Anmeldung auf dem Mac, aber zum Beispiel auch den Zugriff auf Webseiten, auf bestimmte Programme oder die Verwendung von Diensten wie iCloud und MobileMe. Um diese Daten vor böswilligen Zugriffen zu schützen, gibt es eine Verschlüsselungstechnik, die mit der **Schlüsselbundverwaltung** in den Dienstprogrammen gesteuert wird. Hier bietet Ihnen eine übersichtliche Maske Zugriff auf die einzelnen verschlüsselt gespeicherten Passwörter und gesicherten Informationen in Ihrem Benutzerkonto. Um Änderungen vorzunehmen oder Informationen einzusehen, müssen Sie sich selbstverständlich immer mit Ihrem Benutzernamen anmelden. Verschaffen wir uns einen kleinen Überblick über die Programmoberfläche:

- Das Schloss-Symbol ❶ ganz links oben dient als zusätzlicher Schutzmechanismus – damit ist der Zugriff auf Schlüsselbünde ❷ nur mittels Passworteingabe möglich. Sie sind unterteilt in *Anmeldung* (alles, was spezifisch mit Ihrem Benutzerkonto zu tun hat), *System* (alles, was generell für das System gilt, zum Beispiel WLAN-Passwörter) und *System-Root* (notwendige Elemente für das gesamte System).

- In der Spalte darunter können Sie nun verschiedene Kategorien ❸ auswählen, die in der großen Spalte rechts davon aufgelistet werden. Hier wird zwischen *Kennwörtern* (also Benutzername, Passwort), *sicheren Notizen* (verschlüsselt abgespeicherte Textnotiz), *meine Zertifikate* (eine Art digitaler Ausweis zum Zugriff auf bestimmte Dienste oder Webseiten), *Schlüssel* (zur Anwendung der Verschlüsselung notwendig) und *Zertifikate* (systemweit notwendige Zertifikate) unterschieden.

- In der rechten Spalte werden oben die wichtigsten Details für einen Eintrag zusammengefasst ❹ und bei einem Doppelklick erhalten Sie weitere Informationen, zum Beispiel das Programm für den Zugriff ❺ oder das eigentliche Passwort, das Sie erst nach Eingabe Ihres Benutzerkennwortes sehen.

Wenn Sie beispielsweise im Anmeldefenster des beliebten Internetdienstes Skype einen Haken vor den Eintrag *Beim Starten von Skype automatisch anmelden* setzen, dann werden Ihre Anmeldedaten hier abgespeichert. Damit ist sichergestellt, dass die automatische Anmeldung nur dann funktioniert, wenn Sie sich als Benutzer im System angemeldet haben.

Index

A

Adressbuch 249
AirDrop 159
    Daten austauschen 159
    Verbindung aufbauen 159
Anwendungen 261
Apfel-Menü 51
    Ausschalten 53
    Benutzer abmelden 53
    Neustart 53
    Ruhezustand 53
    Software-Aktualisierung 51
    Systembefehle 51
    Umgebung 51
App Store
    Softwareaktualisierung 141
Apple-ID 111
Automator 265
    Arbeitsablauf 265
    Arbeitsablauf abspielen 265
    Bibliothek von Aktionen 265
    Protokoll für Arbeitsablauf 265
    Scripting 265

B

Backup 117
    externe Festplatte 117
    Systemeinstellungen 117
    Time Machine 117
    Wiederherstellung von Dateien und Ordnern 117
Bedienung mit Gesten 77
    Magic Mouse 77
    Steuerung mit zwei oder mehr Fingern 77
    Trackpad 77
Bedienungshilfen
    für Menschen mit Einschränkungen 99
    mehrere Tasten gleichzeitig drücken 99
    Voice-Over 99
    Zoom (Bildschirm) 99
Benutzer
    Anmeldemaske 29
    Anmelden 29
    Authentifizierung (Anmeldung) 109
    Benutzerrechte pro Datei 115
    Benutzerrechte pro Ordner 115
    erstellen 109
    Kennwort 109
    Kurzname 109
    mehrere Benutzer 29, 109
    Read Write Execute 115
    Rechte 115
    Schreibtisch 29
Benutzerfreundlichkeit 9, 11
Benutzeroberfläche
    Bereitstellen 255
    Facebook 255
Benutzeroberfläche (GUI) 25

Benutzerordner 107
Benutzerrechte 115
Bereitstellen
   iMessage 47
   Mail 47
   Soziale Netzwerke 47
Betriebssystem
   Ordnerstruktur 105
Bilder 285
Bluetooth
   Datenverbindung zu Mobiltelefon 139
Boot Camp 147

C

CD und DVD 133
   individuelles Programm zuweisen 133
   Medientyp 133
   Systemeinstellung 133
Cloud Computing 225
Cloud-Service
   iCloud 19
   Kritik 19
Codename
   Mountain Lion 13

D

Darstellung von Texten 85
Dashboard 67
   Kleine Helfer 67
   Widgets 67

Dienstprogramme
   Aktivitätsanzeige 289
   ColorSync 291
   DigitalColor Meter 293
   Disk Utility 295
   Festplatten-Dienstprogramm 295
   Schlüsselbundverwaltung 297
Digital Hub 191
Digitale Bilder 129
   Auswahl von Bildern 129
   Bilder von Speicherkarte laden 129
   Digitalkamera 129
Dock 31, 39
   anpassen 41
   Dateityp öffnen 41
   Drag-and-Drop 39
   Hüpfen des Symbols 39
   Ordner 39
   Ordner und Dateien 41
   Programmsymbole 41
   Trennlinie 41
   Verknüpfung 39
   Zugriff auf Programme 39
Drucken
   Art der Verbindung 123
   Details einblenden 125
   Details zum Druckauftrag 127
   Druckauftrag 125
   Druckauftrag löschen 127
   Drucker installieren 123
   Druckertreiber 123
   einfacher Modus 125

Gerät anhalten 127
PDF-Datei erzeugen 125
Warteliste 127
DVD abspielen 273
DVD-Player 273
    Abspielsteuerung 273
    VIDEO_TS 273

E

Eingabe von Texten 85
Emulation
    Parallels 149
    VMWare 149
Energiesparen 135
    Aufgaben im Hintergrund 137
    MacBook mit SSD 137
    Monitor ausschalten 135
    Netzteil oder Batterie 135
    PowerNap 137
    Relevanz für mobile Geräte 135
    Ruhezustand 135
Erinnerungen
    Aktualisierung über iCloud 271

F

Facebook 255
FaceTime 267
    Frontkamera 267
    Kontakt mit mobilem Gerät 267
    Kontaktaufbau 267
    Webcam 267

Farbe 91
    Farbauswahl 91
    Farbregler 91
    Farbwert ausgeben 293
    systemweiter Farbwähler 91
Farben messen 293
Fenster 31
Festplatte
    formatieren 295
    partitionieren 295
Finder 27
    Aktuelle Version 27
    Aufgaben 27
    Darstellung der Fenster 43
    Fenster 43
    Fortschrittsanzeige 49
    Kontrolle 49
    Ladebalken 49
    Mitteilungszentrale 73
Finder-Fenster
    Bereitstellen-Button (Sharing) 47
    Größe anpassen 45
    im Dock ablegen 45
    maximieren 45
    Pfadleiste 45
    schließen 45
    Seitenleiste 45
    Statusleiste 45
    Suchfeld 59
    Symbolleiste 45
Fotos 191, 277, 285

G

GarageBand 191, 213
   .band Dateiformat 215
   Apple Loops 215
   Arbeitsoberfläche 213
   Dialog 213
   Gitarre lernen 217
   Instrument lernen 217
   Klavier lernen 217
   Lektion 217
   Lernen und Spielen 217
   Neues Projekt anlegen 213
   Podcast 215
   Spuren 213
   Spuren-Editor 215
   Stimmaufnahme 215
Geräte verbinden
   mittels Bluetooth 139

H

Heimverzeichnis 107

I

iCal 257, 259
iChat 269
iCloud 223, 225, 227
   Dienste 225, 227
   Game Center 279
   in der Benutzeroberfläche 227
   in Programmen (Anwendungen) 227
   komfortable Einrichtung 229
   Konto 227
iLife 191
IM (Instant Messaging) 269
iMovie 191, 219
   Effekte 221
   Ereignis-Mediathek 219
   Exportieren – Bereitstellen 221
   Funktionen des Programms 219
   Monitor-Fenster 219
   Oberfläche 219
   Projekt 219
   Symbolleiste 219
   Videomaterial laden 221
   Videoschnitt 221
   Zielformat 221
Installation
   Anwendungen (.app) 263
   Disk Images 263
   Installation von Paketen 263
   Komponenten 263
   Mac App Store 263
   Systemeinstellungen 263
Internationalisierung 95
   Anpassung 95
Internet 223
iPhoto 191, 193
   Album erstellen 197
   Auslese der besten Fotos 197
   Bearbeitungsmodus für Fotos 197
   Bibliothek 193
   Druckdialog 199

Ereignisse anlegen 195
Foto bearbeiten 197
Fotokamera anschließen 195
Fotos ausdrucken 199
Hauptbereich 193
Importieren von Fotos 195
Mediathek 193
Navigationsleiste 193
professioneller Druck (Printprodukte) 199
rechte Seitenleiste 193
Symbolleiste 193
iTunes 191, 201
   Abspielfolge steuern 201
   Abspielreihenfolge 205
   Albenliste 203
   Backup 207
   CoverFlow 203
   Darstellung der Mediathek 203
   Einstellungen 205
   Hauptfenster 201
   iTunes Store 201
   iTunes-Medienordner 205
   Liste 203
   Mediathek 201, 203
   Mediathek synchronisieren 207
   mobile Geräte 207
   Navigationsleiste 201
   Raster 203
   Synchronisation 207
   Version von iOS 207
   Wiedergabelisten 205

K

Kalender 223, 257
   Anlegen eines neuen Termins 257
   Benachrichtigungen 259
   Jahresübersicht 257
   Kalenderverwaltung 257
   Mitteilungszentrale 259
   Monatsübersicht 257
   Suchfunktion 259
   Tagesübersicht 257
   Verbesserungen 259
   Wochenübersicht 257
Kontakte 223, 249
   .vcf 251
   Adressetiketten 253
   Ändern eines Kontaktes 251
   Darstellungsarten 249
   Eingabe eines Kontaktes 251
   Gruppe 249
   Kontaktliste 253
   Listen 249, 253
   Sicherheit 253
   Taschen-Adressbuch 253
   Umschläge 253
   Visitenkarte 249
   Visitenkartenformat 251
Konten
   Aol 229
   Facebook 229
   Flickr 229
   Gmail 229

iCloud 229
Microsoft Exchange 229
Soziale Netzwerke 229
Twitter 229
Vimeo 229
Webservices 229
Yahoo! 229

L

Launchpad 55
   Programme aus dem App Store 55
   Symbole aller Programme 55
Leseliste 247
Lexikon 275
   Duden Dictionary Data Set 275
   Nachschlagewerke 275
   Suchen 275
   Wikipedia 275

M

Mac
   Arbeitsumgebung 83
Mac OS X 13
   Betriebssystem 15, 25
   Neuerungen 17
   Oberfläche 25
   OS X Mountain Lion 15, 17
Mac OS X Oberfläche
   Mitteilungszentrale 73
Macintosh 13
Magic Trackpad 23

Mail 223, 233
   Arbeitsoberfläche 233
   Einrichten 231
   Funktionen 233
   Junk-Mail 233
   Konto einrichten 231
   Postfächer 233
   Spam 233
   Suchen 235
   Symbolleiste 233
   technische Daten 231
   VIP (Very Important Person) 235
   Zugangsdaten 231
Mailkonto 229
   Detaileinstellungen 229
   Kontotypen 229
Maus 23
   rechter Mausklick 23
   Trackpad 23
Mehrere Benutzer 109
   Anmeldemaske 113
   Anmeldeoptionen 113
   Details eines Kontos 111
   Gastbenutzer 113
   Kontotyp 111
   schneller Benutzerwechsel 113
Menüleiste 31, 35
   Apfel-Menü 35
   Benachrichtigungen 73
   Benutzername 35
   Darstellung der Befehle in Menüs 37
   Mitteilungszentrale 35, 73

Navigation mittels Maus 37
Navigation mittels Pfeiltasten 37
Programm-Menü 35
Spotlight (Suche) 35
Status-Menü 35
verfügbare Befehle 37
Mission Control 63
   alle Fenster eines Programms 65
   alle geöffneten Fenster zur Seite 65
   Dashboard 63
   Spaces 63
   Übersicht bewahren 63
Mobile Geräte 207
Monitor
   Farbe messen 293
   Farbe und Kontraste 291
   Farbkalibrierung 291
   Farbprofil 291
Musik 191

N

Nachrichten 269
   Audiokonferenz 269
   Chat 269
   Hilfe 269
   Screensharing (Bildschirmübertragung) 269
   Sprachübertragung 269
   Textchat 269
   Videokonferenz 269

Netzwerk 155
   AirDrop 159
   Airport-Dienstprogramm 181
   alle bekannten WLAN Netzwerke einblenden 169
   Anschlüsse 155
   auf FTP-Server zugreifen 187
   Bildschirmfreigabe (VNC) 183
   Computer-zu-Computer 169
   Datenaustausch 173
   DHCP (Dynamic Host Control Protocol) 163
   DNS-Server 165
   Drucken im Netzwerk 181
   Drucker einrichten 181
   Drucker-Freigabe 181
   eigenes Wi-Fi-Netz anlegen 169
   Ethernet (LAN) 157
   Freigabe für Windows-Computer 185
   Freigaben (Sharing) 173, 175
   FTP (File Transfer Protocol) 187
   Gerätename 175
   IP-Adresse 163, 165
   LAN (Ethernet) 157
   mit Windows-Computern austauschen 185
   mittels WLAN 167
   Netzwerk-Assistent 163
   Netzwerkdienst (Freigaben) 173
   Netzwerkdienste 175
   Netzwerkkonfiguration 161
   OS X Server 175
   Protokolle 173
   Router 157, 163
   Steuerung eines entfernten Schreibtisches 183

Systemeinstellung 161
　　　Verbindungsart 161
　　　verfügbare Netzwerke über WLAN 167
　　　Verschlüsselung (VPN) 171
　　　VPN (Virtual Private Network) einrichten 171
　　　WLAN 157
　　　Zuordnung einer Adresse 163
　　Netzwerkfreigaben (Sharing)
　　　Bildschirmfreigabe 177
　　　Bluetooth 179
　　　Dateifreigabe 175
　　　Druckerfreigabe 177
　　　DVD- und CD-Freigabe 177
　　　Entfernte Anmeldung 179
　　　Entfernte Apple-Events 179
　　　Entfernte Verwaltung 179
　　　Internetfreigabe 179
　　　Scannerfreigabe 177
　　　Webfreigabe 177
　　　Xgrid 179
　　Notizen
　　　Aktualisierung über iCloud 271

O

　　Oberfläche
　　　Arbeiten innerhalb der Finder-Fenster 79
　　　Dateisuffix (Dateiendung) 79
　　　Dock 31
　　　Fenster 31
　　　Menüleiste 31
　　　Schreibtisch (Desktop) 31
　　　Seitenleiste (Finder-Fenster) 79
　　　Systemweite Detaileinstellungen 79
　　Ordnerstruktur
　　　Benutzerordner 105
　　　Briefkasten 107
　　　Für alle Benutzer 107
　　　Library 105
　　　Ordner anderer Benutzer 107
　　　Pfad 105
　　　System-Ordner 105
　　　wichtigste Ordner 105
　　OS (Operating System) 13

P

PDF-Datei 285
Personal Computer (PC) 11
　　Faszination Mac 11
　　Innovation 11
PhotoBooth 277
　　Benutzerfotos 277
　　Effekte 277
　　Fotos verwenden 277
　　lustiger Schnappschuss 277
　　Videos 277
plug and play 83
Podcast 215
Preferences 143
Programme 261, 289
　　aktiver Prozess 289
　　anhalten 289
　　Application (app) 261

Erinnerungen 271
Game Center 279
Installation 261
Installation von Anwendungen 263
Kalender 257, 259
Kontakte 249
Mail 233, 235
Notizen 271
Nutzung 289
Ordner Programme 261
Prozessorleistung 289
Safari 243
Speicherverwaltung 289
Übersicht 289
Vorschau 287

Q

QuickTime 191, 209
   neue Audiospur aufnehmen 211
   neues Video aufnehmen 211
   Video bearbeiten 211

R

Rechner 281
   drei Ansichten 281
   einfacher Rechner 281
   logische Verknüpfung (Boolsche Algebra) 281
   Programmierer 281
   umgekehrte Polnische Notation 281
   wissenschaftlich 281

S

Safari
   Automatisches Ausfüllen 245
   Brillen-Symbol 247
   Browser 237
   Einstellungen 245
   Erweiterungen 245
   Fenster 241
   Hauptaufgabe 237
   Ladebalken im Adressfeld 243
   Leisten 241
   Leseliste 247
   Lesezeichen 239
   Lesezeichenleiste 241
   Neuerungen in Mountain Lion 243
   Reader-Funktion 243
   Suche im Adressfeld 243
   Symbolleiste 241
   tabbed browsing 237
   Tabs 237
   Top-Sites 239
   Übersicht 239
   Webbrowser 237
   Webseiten später besuchen 247
Scannen
   Auswahlrahmen 131
   Farbanpassung mittels Bildkorrektur 131
   Programm Digitale Bilder 131
   Scanner ansteuern 131
   Übersicht-Scan 131

Schlüsselbund
    Beispiel Skype 297
    Benutzer und Passwort 297
    Kategorien 297
    schützen 297
    Sicherheit 297
    Wichtige Details 297
Schreibtisch 31, 33
    Anordnung der Elemente 33
    auf Speichermedium zugreifen 33
    Darstellungsoptionen 33
    Daten zusammentragen 33
    Hintergrundbild 33
    Überblick 33
    Volume 33
Schriftsammlung (Programm) 89
    Sammlungen 89
    Schriften 89
    Schriftschnitt 89
    Vorschau 89
Shortcuts (Tastenkurzbefehle) 81
Sicherheit 49
    File Vault 49
    Gatekeeper 263
    Verschlüsselung 49
Softwareaktualisierung 141
    App Store 141
    Internet 141
    Katalog verfügbarer Updates 141
    relevante Aktualisierungen 141
Software-Emulation 149

Soziale Netzwerke
    Facebook 255
    Twitter 189
Speakable Items 101
Spiele 279
    Game Center 279
Spotlight 57
    Dateinamen und Inhalt 57
    Intelligente Ordner 61
    Kategorien der Suche (Systemeinstellungen) 61
    Metadaten 57
    Suchergebnis 57
    Suchindex 61
    zugehöriges Programm zum Öffnen 57
Sprache 93
    Einstellungen 93
    Ersetzung von Zeichen 93
    mehrsprachige Programme 93
    Rechtschreibprüfung 93
    Tastatur einstellen 95
    Textformatierungen 95
Spracheingabe 101
Suche
    Ergebnisse filtern 59
    im Finder 59
    Pfadleiste 59
Suchen 57
    im Lexikon 275
Systemeinstellungen 51, 71
    Bedienung 71
    Bedienungshilfen 99, 101
    Benachrichtigungen 73

CDs & DVDs 133
Datum & Uhrzeit 103
Energie sparen 135, 137
erweitern 143
Freigaben 173, 175, 177, 179
Installation 71
Kategorien 71
Mail, Kontakte & Kalender 47, 229, 231
Netzwerk 161, 163, 167
Preference Pane 143
Sicherheit 49
Sprache & Text 93
Suchfeld 71, 143
Time Machine 117
Ton 97

T

Tägliche Aufgaben 83
Taschenrechner 281
Tastatur
    Auswurftaste 21
    Befehlstaste (cmd) 21
    Controltaste (ctrl) 21
    Funktionstasten 21
    Optionstaste (alt) 21
Tastenkurzbefehle (Shortcuts) 81
Terminal 151
    Befehle 153
    Eingabeaufforderung 151
    Hilfe-System 153
    man (Manual) 153
    Textzeilen im Fenster 151

Texte
    Dateiformate für Schriften 87
    formatieren 85
    Schrift installieren 87
    Schrifteffekte anwenden 85
    Schriften verwalten 87
    Schriftschnitt und Familie 85
    Schriftstil festlegen 85
Ton
    Ausgabe und Eingabe 97
    Gesamtlautstärke 97
    Toneffekte 97
    Warnton 97

U

Uhr 103
Updates 141

V

Versionen 13, 121
    bestimmte Version wiederherstellen 121
    Dokumente 119
    in Mac OS X Anwendungen 121
    Optionen 121
    Sicherung 121
    zeitliche Entwicklung einer Datei 119
Versionskontrolle 119
Video 191
    Container-Format 209
    Filminformationen 209
    MOV-Format 209

Player 209
Technologie 209
Videotelefonie 267
Volume
   Reparaturfunktionen 295
   Startvolume 295
   System wiederherstellen 295
   überprüfen 295
   Zugriffsrechte reparieren 295
Volumes
   Auswurf-Symbol 145
   Datenspeicher 145
   Startvolume 145
Vorschau 283
   auf eine Datei 69
   Auswahl erstellen 283
   Bereitstellen (Sharing) 287
   Bildformate 283
   farbliche Anpassung eines Fotos 283
   Fenster bildschirmfüllend 69
   Foto bearbeiten 283
   Hauptwerkzeuge 285
   Hervorheben und Kommentieren 287
   in Dialogen zum Öffnen und Speichern 69
   Leertaste 69
   Lesezeichen 285
   Lupe 287
   mehrere Bilder ändern 285
   mehrseitige PDF-Datei 285
   Neuerungen 287
   PDF ausfüllen 287
   PDF-Dateien 283
   Programm 283
   Seitenübersicht 285
   Speichern in iCloud 287
   Symboldarstellung 69

W

Webcam 277
Webseite 237
Widgets 67
Windows auf Mac 147, 149

Z

Zeitzone 103
Zwischen geöffneten Programmen wechseln 65